U0670950

装备综合评价
理论与方法

韩建立　高　山　陆巍巍　戢治洪　编著

电子工业出版社

Publishing House of Electronics Industry

北京 · BEIJING

内 容 简 介

本书在继承通用教材理论体系的基础上，结合作者在该领域的多年教学经验，按照"基础性与应用性相结合，专业性与通用性相统一"的原则优化整合教材内容。以综合评价理论与方法为主线，以军事装备在论证、设计、生产、保障和作战使用等领域的评价作为应用案例，力求实现综合评价理论和方法与武器装备的高度融合，目的是培养学生掌握常用评价方法的原理、特点及在装备领域的应用。本书涉及系统工程、决策科学、管理科学、模糊数学、灰色系统、智能计算等交叉学科的前沿研究领域，期望通过综合评价理论与方法的系统学习，促使军事装备领域的评价工作更为系统、规范、科学、合理。

本书可作为军事装备学、军事运筹学、军队管理工程和武器系统运用工程等领域研究生和高年级本科学生的教材或教学参考书，也可供从事装备全寿命保障的理论与应用研究的科技人员参考和使用。

未经许可，不得以任何方式复制或抄袭本书之部分或全部内容。
版权所有，侵权必究。

图书在版编目（CIP）数据

装备综合评价理论与方法 / 韩建立等编著. —北京：电子工业出版社，2021.8
ISBN 978-7-121-42093-1

Ⅰ. ①装… Ⅱ. ①韩… Ⅲ. ①军事装备－综合评价－高等学校－教材 Ⅳ. ①E145

中国版本图书馆 CIP 数据核字（2021）第 195426 号

责任编辑：章海涛 文字编辑：路越
印　　刷：北京虎彩文化传播有限公司
装　　订：北京虎彩文化传播有限公司
出版发行：电子工业出版社
　　　　　北京市海淀区万寿路 173 信箱　邮编：100036
开　　本：720×1 000　1/16　印张：15.5　字数：242 千字
版　　次：2021 年 8 月第 1 版
印　　次：2021 年 8 月第 1 次印刷
定　　价：65.00 元

凡所购买电子工业出版社图书有缺损问题，请向购买书店调换。若书店售缺，请与本社发行部联系，联系及邮购电话：（010）88254888，88258888。

质量投诉请发邮件至 zlts@phei.com.cn，盗版侵权举报请发邮件至 dbqq@phei.com.cn。
本书咨询联系方式：luy@phei.com.cn。

前　言

随着科学技术的飞速发展，特别是高新技术的不断涌现，军事装备不断推陈出新，从论证、设计、制造到使用保障的理念和方法都发生了根本性变化。近年来的几场高技术条件下的局部战争表明，军事对抗已从单一武器装备的对抗转变为武器装备体系的对抗。为使军用装备发展和装备体系建设适应新军事变革的需要，必须进一步提高装备综合评价工作的科学性。

装备评价乃至装备综合评价贯穿于装备的全寿命过程，涉及面非常广。在装备研发过程中，从方案论证、设计，到试验、定型、生产及装备使用等都需要经过评价后，实现"里程碑"式节点转换，为正确的选型和方向的确定提供辅助决策。在装备研制阶段，综合评价使得所设计的装备兼有性能指标先进、技术风险低、开发周期短、研制费用经济而合理、使用效能高等特点，在当前新军事变革成效初现端倪、我国周边环境日趋复杂及军事战略思想发生重大转变的特定环境下，做好装备研制工作，尤其是做好装备综合评价理论与方法的基础性研究工作，显得尤为重要。在装备生产过程中，生产单位通过评价，确定元器件和材料选型、优化设计方案和生产工艺，在出厂时通过装备质量综合评价，评价装备的综合性能是否达到研制要求，对于保证后续战斗力的快速生成，是一项重要的基础支撑。装备交付部队后，必须通过及时有力的技术保障、调配保障、战备工作、作战指挥等活动，才能发挥其应有的作战效能从而产生战斗力，对其装备保障能力评价、作战效能评价、战法评价可以直接反映装备保障、使用效果以及综合战斗力水平。

目前，装备综合评价由于涉及面广、内容繁杂，一直处于凭经验、非连续状态，采用综合评价方法，可以较准确给出相关辅助决策建议，是装备发挥其最大效益的关键。但装备评价的内容过于繁杂，尚无法从全方位进行把握。所以，本书结合作者在该领域多年来的教学经验，选择目前使用较多的经典和较为前沿的综合评价理论与方法，以通俗的方式展现给学生，使学生可以快速准确掌握相关方法的思想和模型，然后，通过典型案例展现其在装备某个领域或某个环节的应用，重点选择在装备论证、设计、生产、保障和作战使用等领域的应用作为评价案例，力求达到举一反三的效果。本书涉及系统工程、决策科学、管理科学、模糊数学、灰色系统、智能计算等交叉学科的前沿研究领域，期望给出系统的综合评价理论与方法，促使军事装备领域的评价工作更为系统规范和科学合理。

本书分为10章。第1章介绍综合评价的基本问题，包括概念、指标体系建立、权重的确定和评价方法的选择；第2章至第10章分别介绍层次分析法、模糊综合评判法、灰色综合评判法、数据包络分析法、人工神经网络评价法、粗糙集评价法、支持向量机评价方法、基于可拓学的综合评价方法，以及基于集对分析的综合评价法的原理、模型、步骤、使用方法和应用案例。

本书由韩建立、高山、陆巍巍、戚治洪编著。韩建立负责纲目策划、设计和统稿，高山、陆巍巍负责部分素材的搜集和整理，戚治洪、但波等负责校对。在本书编著过程中，得到了海军航空大学滕克难教授的认真指导和帮助，还得到了作者所在学院和教研室的大力支持，在此表示深深的谢意。

本书在编写过程中，参考和借鉴了国内外专家学者的相关研究成果，在此，一并表示感谢。限于编著人员水平有限，错误之处在所难免，并且随着现代科技的快速发展，装备综合评价的理论和方法也在不断创新，因此，本书的观点和方法难免有一定的局限性，诚恳希望同行专家和读者不吝指教。

本书可作为军事装备学、军事运筹学、军队管理工程和武器系统运用工程等领域研究生和高年级本科学生的教材或教学参考书，也可供从事装备全寿命保障领域的理论与应用研究的科技人员参考和使用。

作者

2021 年 8 月

目　录

第 1 章　绪论

本章知识要点

本章在简要介绍评价、综合评价的基本概念和内涵基础上，系统阐述综合评价的思想、基本步骤与评价过程，使学生掌握综合评价的主要内容、评价类型、评价指标体系的建立、评价指标权重的确定及装备综合评价的相关问题，为后续章节内容的学习奠定基础。

重点把握内容

(1) 评价和综合评价的概念；

(2) 评价要素包含的内容；

(3) 评价程序的主要内容；

(4) 评价指标体系的建立；

(5) 评价指标权重的确定；

(6) 装备综合评价指标构建。

1.1　基本概念

在军事装备领域，评价及综合评价贯穿于装备的全寿命过程，从方案论证、设计，到试验、定型、生产及装备使用等各个阶段和重要环节都需要经过评价，实现"里程碑"式节点转换，为装备选型和战斗力快速生成提供辅助决策。

在装备研制阶段，综合评价可以使所设计的装备兼有性能指标先进、技术风险低、开发周期短、研制费用经济而合理、使用效能高等特点；在装备生产过程中，生产单位通过评价确定元器件和材料选型、优化生产工艺；在出厂时通过装备质量综合评价，评价装备的综合性能是否达到了研制要求，对于保证后续战斗力的快速生成，是一项重要的基础支撑；装备交付部队后，装备保障能力评价可以从保障装备、人员、设施、设备、器材、法规制度等方面综合反映装备保障水平，通过装备作战效能评价、战法评价综合反映装备的使用效果及综合战斗力水平。综合评价技术的科学化、现代化对促进装备发展和技术进步有着积极的意义。做好装备综合评价理论与方法的基础性科学研究工作，在当前新军事变革时期显得尤为重要。

1.1.1　评价的定义

1. 评价的发展过程

评价，自古有之。"论功行赏"之说，足以佐证。从查阅的文献资料来看，评价在许多领域都有应用，但所用术语和概念略有不同。统计学界用"评价""指标"概念较多；信息学界用"决策""属性"概念较多；管理学界从系统工程背景探讨问题，用"评价""指标"概念较多，从管理决策角度探讨问题，用"决策""属性"概念较多；经济学界从风险投资角度用"决策""属性"概念较多，从经济发展角度用"评价""指标"概念较多；在装备领域，"评价""指标""决策""属性"都有使用。

艾奇·沃斯（Edge Worth）是创现代评价之先河者，早在 1888 年，他在英国皇家统计学会的杂志上发表了论文《考试中的统计学》，那时，他就已经提出了对考试中的不同部分应如何加权的问题；19 世纪中后期的许多经典的综合指数的计算公式都反映了对多种因素进行区分和合成的思想，如拉氏指数、派氏指数等。1913 年，斯皮尔曼（Spearman）发表了《和与差的相关性》一文，讨论了不同加权的作用，此文实际上已应用了多元回归和典型分析的方法。

20 世纪 30 年代，瑟斯通（Thurstone）和利克特（Likert）对定性记分方法进行了新的发展。这些思想可能是综合评价理论方法较早的雏形。20 世纪 70 年代和 80 年代是现代科学评价蓬勃兴起的时期。在此期间，产生了多种应用广泛的评价方法，如选择与淘汰转换算法（ELECTRE，1971 年）、多维偏好分析的线性规划法（LINMAP，1973 年）、层次分析法（AHP，1977 年）、数据包络分析法（DEA，1978 年）、逼近于理想解的排序方法（TOPSIS，1981 年）等。随着数学和人工智能技术的发展，一些新兴的学科方法如模糊数学、人工神经网络技术、灰色系统理论等都被引入评价的研究中。后来，又出现了模糊综合评判法（FCE，1992 年）、灰色综合评判法（GCE，1982 年）、人工神经网络评价法（ANN，1988 年）等。

2. 评价的定义

评价是评定价值的意思，是指在系统、科学和全面地收集、整理、处理和分析相关信息的基础上，由评价者对被评价对象的价值做出判断的过程。一般是按照预定的目的确定研究被评价对象的属性，并把这种属性变为客观定量的量值或主观效用的行为。属性是关于目的的框架结构，是对被评价对象本质特征的概括。

评价是一项经常性、极其重要的活动。按被评价对象所处的阶段，评价分成事前评价、中间评价、事后评价，事前评价是在项目实施前对现有数据和使用的技术，以及可行性论证决策进行的评价；事后评价一般是指对结果的评价，其目的是评价行动在多大程度上得到预期效果，为下一步行动提供决策依据；评价的目的是揭示行动过程中存在的问题，以促进过程的改进。

评价的依据是评价指标，是关于研究对象属性的测度，是对象属性的具体化。由于影响评价事物的因素众多而复杂，如果仅从单一评价指标上对被评价对象进行评价不尽合理，因此往往需要将反映被评价对象的多项评价指标加以汇集，得到一系列的多个评价指标，以此反映被评价对象的整体情况，这就是多指标评价方法。

1.1.2 综合评价的定义

综合评价是针对被评价对象的全体，根据评价目的，采用一定的方法，给每个被评价对象赋予一个评价值，再据此择优或排序。综合评价是对被评价对象所做的客观、公正、合理的全面评价。综合评价的目的通常是希望能对若干被评价对象，按一定意义进行排序或择优，从中挑出最优或最劣对象。对于每个被评价对象，通过综合评价和比较，找到自身的差距，也便于及时采取措施，进行改进。

根据面向的评价对象环境，可分为综合评价和多属性决策。综合评价面向过去已发生的环境，而多属性决策面向未来尚未发生的环境。两者的主要区别有以下几点。

（1）综合评价处理的是已经发生的环境，比较确定，客观上很少存在信息不充分或不确定的情况；而未发生的环境是面向将来的，因分析问题的不同或多或少表现出一定的不确定性。

（2）相对综合评价，多属性决策面对的环境不确定性高，需要引入专家知识、经验以弥补信息不充分、不确定给决策造成的不利影响。

（3）"公平性"原则是综合评价方法应当遵循的主要原则；"可预见性"原则是多属性决策方法应当遵循的主要原则。

（4）综合评价方法是排序，多属性决策方法是择优。

这里在综合评价方法或多属性决策方法的引用或论述上，放松对两者区分的严格性，根据表达问题的适宜程度而定，在一般无特殊要求的情况下，主要以综合评价方法进行体现。

综合评价方法是一个多学科边缘交叉、相互渗透、多点支撑的新兴研究领域，是对被评价对象全体进行综合评价的一系列有效方法的总称。它包含了若干评价指标，多个评价指标分别说明被评价对象的不同方面；评价方法最终要对被评价对象做出一个整体性的评判，用一个总评价指标来说明被评价对象的一般水平。对于装备领域的多评价指标或多属性评价问题，必须运用综合评价理论和方法，才能提高评价的质量和效果。

1.1.3 与评价相关的五种关系

1. 评价与价值

由评价的定义可知，评价的本质是对被评价对象的价值做出判断，而进行价值判断离不开一定的价值观。因此，没有正确的价值观，就谈不上客观、公正、有效的评价。

什么是价值？马克思曾经指出："价值这个普遍的观念是从人们对待满足他们需要的外界物的关系中产生的。"因此，价值从本质上属于一种关系范畴，即是通过主体和客体的相互关系而体现的，这种关系的连接涉及主体对客体的需要和客体的客观属性。只有当主体具有某种需要，而同时客体本身也具有满足主体需要的客观属性，才能体现出价值。缺少主体的需要，或者主体有需要，但客体本身没有满足这种需要的客观属性，那么，主体和客体就没有形成连接的可能性，也就无法谈论价值。

2．评价与认识

评价从本质上说是一种认识活动。马克思主义认识论认为，认识的本质是能动的反映，而评价尽管过程是复杂的，但它首先是客观社会存在的反映。可见，二者都是主观形态的意识活动，反映的对象都是客观存在的。但也应该看到作为特殊认识的评价与人的认识活动之间的区别，明确两者之间的区别，便于人们更深入地了解两者之间的关系，评价与认识的主要区别有以下几点。

（1）对象的区别。认识通常是指对客体某方面的本质或规律的认识，因此其对象是客体本身。评价的对象不是客体本身，即不是客体的实体性属性，而是客体的社会属性。

（2）主体性的区别。认识和评价的主体都是人，但认识的目的在于揭示事物的本质联系，而评价则不同，主体在评价事物时，总是把客观事物的属性同自身的需要紧密联系起来，主体的需要不能排除在评价内容之外，为此，评价较认识具有更强的主体性。

（3）反映形式的区别。评价、认识的本质是反映，然而，两者的反映形式是有区别的。认识常以理性的、抽象的思维形式来反映客体的本质和规律，而评价是只有在主体的需要和兴趣的关系中才能得到实现的特殊反映。每种评价不仅是行为主体物质状况的反映，还是评价主体世界观的体现。因此，评价作为价值判断，常常以理性和抽象思维之外的形式来反映客体与主体需要的关系。

3．评价与实践

人的认识不能离开实践，实践是认识的来源和目的；认识的基础是实践，又反过来指导实践；认识过程要经过从实践到认识，又从认识到实践两次飞跃才能完成。评价活动本身就是一种实践活动，其特点主要表现在以下两个方面。

（1）评价是以事实判断为基础的价值判断，评价主体的理性和实事求是是其客观性的保证。

在评价的实践中，人们对事实判断的客观性深信不疑，对价值判断的客观性却一直持怀疑态度。究其原因，是因为事实判断和价值判断是不同的。事实判断是关于客体本身是什么的判断，而价值判断是关于客体对主体的意义是什么，对主体意味着什么的判断。两者的本质区别在于，评价在价值判断中多了一种对于价值而言决定其本质的因素——人的需要。人的需要是复杂的，"人"

和"需要"这两个概念的内涵是复杂的。但这种复杂性并不能使我们放弃对评价客观性的追求，反而加深了对评价客观性的认识，那就是理性和实事求是。

（2）评价是人类发现被评价对象价值，揭示被评价对象价值的一种基本活动。合规律性和合目的性的统一是衡量其客观性的标准。

评价既基于对被评价对象客观规律的认识，又基于对满足人和社会需要的价值关系的认识。被评价对象本身的规律以及社会价值，构成了评价活动的两个尺度，其一称为合规律，其二称为合目的。所谓"合规律"，是指评价要合事实、合逻辑、合规范，"合目的"是指评价目的和评价依据的合理性。而合目的也就是价值判断，就其表面而言，它是被评价对象满足人和社会需要而产生的一种效应。它是一种效果，是一种可以感知的存在。当这一效果不是可能的而是现实时，它是外在的、表面的、多变的、丰富多彩的，可以直接认识的。只有做到合规律和合目的，评价才是科学的。从这一点上可以认为：

评价=定量描述（或定性描述）+价值判断

4．评价与测量

测量是依据一定的法则（标准）用数值来描述被评价对象的属性，是事实判断的过程。要对被评价对象的价值做出判断，必须取得有关被评价对象大量的、系统的信息。要获取这些信息，测量被评价对象是有效手段，它是评价的基础。

但是，测量与评价有着根本区别。测量本质上是一个事实判断过程，而评价实质上是一种价值判断过程。它们的区别主要表现在以下两个方面。

（1）由于测量是对事实做判断，在判断的法则（标准）确定后，若排除测量误差的影响，则不同的人进行测量应能得到相同的结果，即测量具有较强的客观性；评价是对被评价对象的价值做出判断，由于评价主体的价值观念和标准有所不同，因此判断的结果可能是不相同的。

（2）测量是在事实判断的基础上进行赋值的过程，因此测量注重量化，但评价既有定量的评价，也有定性的评价，也就是说，测量的结果是评价的主要依据之一，评价的价值判断标准是多方面的。评价不仅要对当前结果做出描述，还要考察其发展过程，诊断其症结所在，提出补救措施。

5．评价与评估

评价和评估是非常接近的两个概念，在许多场合是通用的。事实上，从认识的角度分析，评价和评估的本质都是精神对物质、意识对存在的一种反映。二者均从一定社会的角度出发，按照一定的价值观来考察和评定被评价对象的社会价值，判断其好与坏、功与过、正确与不正确及其表现的程度。

在实际中具体使用时，不同的范围和场合又有不同的习惯用法，如装备领域常泛称为装备评价，但在装备保障领域多称为保障能力评估，在装备使用领域多称为作战效能评估，在我国正式公布的文件中有时用"评价"一词，有时用"评估"一词。可见，"评价"和"评估"在使用中并无严格的界限。

1.1.4　评价的功能

评价在装备全寿命周期的各个环节都起着重要的辅助决策作用，归纳起来，其功能主要体现在导向功能、鉴定功能、改进功能、调控功能和服务功能方面。

1. 导向功能

导向功能是指评价本身具有的引导被评价对象朝着理想目标前进的功效和能力。评价中，对任何被评价对象所做的价值判断都是根据一定的评价目标、评价标准进行的。因此，有什么样的评价内容，被评价对象就会注重哪方面工作；有什么样的评价标准，被评价对象就会朝什么方向努力。也就是说，评什么、怎样评，将引导被评价对象在工作中做什么、怎么做。这些评价内容、评价标准，对被评价对象来说，起着"指挥棒"的作用，发挥着导向功能。被评价对象必须按目标努力，才能达到合格的标准；如果达不到合格标准，就得不到好的评价。

为了更好地发挥评价的导向功能，就必须依据目标制定恰当的评价内容和标准，对效果实行全面评价。另外，评价要顺应时代的发展，注意科学文化进展新动向，了解改革理论和信息，及时调整评价内容和重点，使之既符合实际，又体现出发展性和先进性。

2. 鉴定功能

鉴定功能是指评价认定、判断被评价对象合格与否、优劣程度、水平高低等实际价值的功效和能力。从评价的历史发展看，评价在其早期阶段是以发挥鉴定功能为主要特征的。它主要表现在以下几个方面。

（1）用于配置和决策。例如，通过对学生德、智、体等方面评价，鉴定学生发展水平，合理制定教育方案，因材施教。

（2）进行认可鉴定。例如，对学生某一阶段的学习或者对教师的教学进行认可性的评定。例如，结合学年末的考试所进行的评价，就是对学生发展水平的认可，如果认为学生已达到应有的水平，即可进入高一年级深造，否则需留级，重新学习。

（3）资格鉴定。资格鉴定就是判断被评价对象是否具备某种资格。例如，学生的毕业鉴定就是一种学历的资格鉴定评价。

3. 改进功能

改进功能是指评价本身所具有的促进被评价对象为实现理想目标不断改进和完善行动的功效与能力。改进功能主要运用"反馈原理"，通过评价及时获得过程、结果的信息，及时强化正确的、有利于目标实现的行为，及时调节和矫正不良的、不利于目标实现的行为，从而控制活动和工作的过程，促使其不断完善和优化。

评价的改进功能能否充分发挥，取决于评价既要重视结果也要重视过程与条件，也取决于评价结果是否具有客观性、公正性和激励性。只有重视过程的评价分析，才能科学地解释结果，总结经验，找出问题，从而最大限度地体现评价的改进功能。

4. 调控功能

调控功能是指评价对被评价对象的活动进行调节和控制的功效与能力。通过评价，可获得有关活动满足需要程度的信息，并将这个信息进行反馈，改善和调节管理目标、管理活动等过程，这就是评价的调控功能，主要包括以下两个方面。

（1）评价者为被评价对象调节进程。例如，通过评价，评价者认为被评价对象已达到目标并能达到更高目标时，就会将目标调高，将进程相对调快，如果认为被评价对象几乎没有可能达到设定的目标，就会将目标调低，将进程相对调慢，使之符合被评价对象的实际。

（2）被评价对象通过评价了解自己的长短、功过，明确需要努力的方向和采取针对性改进措施，以实现自我调节。

5. 服务功能

服务功能是指评价为决策服务的功效和能力。随着评价的进一步发展，评价的服务功能在各种活动中日益显现出来，并发挥着重要的作用。为了更好地、更科学地管理，准确把握未来，减少失误，评价为决策服务的功能已越来越被广大决策部门所重视。

1.2 综合评价的基本程序

1.2.1 综合评价的基本步骤

综合评价的具体方法尽管很多且不尽相同，但基本步骤是统一的，通常在对评价问题详细研究的基础上，经历"确定被评价对象""明确评价目标""构建综合评价指标体系""构建评价指标值的计算方法""确定各评价指标的权重""选择或设计评价方法""构建综合评价模型""计算综合评价值并进行排序或分类""评价结果分析"等过程。其中构建综合评价指标体系、确定各评价指标的权重、构建综合评价模型三个环节是综合评价的关键环节，具体见图 1-1。

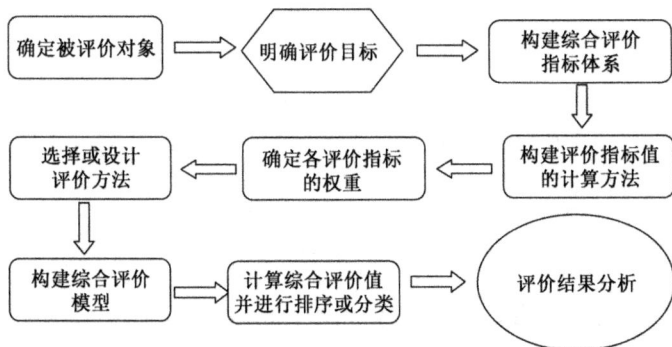

图 1-1 综合评价的基本步骤

1. 确定被评价对象

面对一个综合评价问题，首先要弄清被评价对象是什么，也就是要确定被评价对象，被评价对象应该是同类事物（横向）或同一事物在不同时期的表现（纵向），具有一定的可比性，假设有 n 个评价对象，可记为 $s_1, s_2, \cdots, s_n$ $(n>1)$。

2. 明确评价目标

在确定了被评价对象之后，紧接着就是确定评价目标，也就是对被评价对象进行评价，即评价是干什么的？评价的目的是什么？评价目标不同，所考虑的因素就有所不同，建立的评价指标体系、评价组织和评价模型也就不同。

3. 构建综合评价指标体系

为了进行评价，对于每个被评价对象都应该有能够充分反映其现状的若干指标，每项评价指标分别从不同侧面反映被评价对象的优劣程度，这些评价指标一起称为综合评价指标体系。综合评价指标体系从总的或一系列目标出发，逐级发展子目标，最终确定各专项评价指标。如果有 m 项评价指标，可以依次记为 $x_1, x_2, \cdots, x_m$ $(m>1)$，用评价指标数组可表示为 $X = (x_1, x_2, \cdots, x_m)$。

4. 构建评价指标值的计算方法

在构建综合评价指标体系中，评价指标的类型繁多，有的是定性评价指标，有的是定量评价指标，这就需要将评价指标值进行处理，建立良好的初始条件。对于定性评价指标需要评定量化；对于定量评价指标，需要无量纲化处理，最后还需要将定性指标和定量评价指标进行统一的归一化处理。

5. 确定各评价指标的权重

在具体评价问题中，对于不同的评价目的，各项评价指标的重要程度是不同的，评价指标之间的相对重要性大小通常用权重进行衡量。若用 ω_i 表示第 i 项评价指标的 x_i 权重系数，则

$$\omega_i \geqslant 0(i = 1, 2, \cdots, m) 且 \sum_{i=1}^{m} \omega_i = 1 \tag{1-1}$$

权重系数的合理与否将关系到综合评价结果的正确性和可信度。因此，权重系数的确定至关重要，需要按照一定的方法和原则进行。

6. 选择或设计评价方法

要选择成熟的、公认的评价方法，并注意评价方法与评价目的的匹配，以及评价方法的内在约束，同时要掌握不同评价方法的评价角度与评价途径。

7. 构建综合评价模型

评价问题的关键是从众多的方法模型中选择一种恰当的方法模型，将评价对象的多项评价指标和权重系数，利用适当的数学方法"合成"为一个整体性综合评价指标值，用于合成整体性综合评价指标的表达式（或算法），该表达式称为综合评价模型。如果设有 n 个被评价对象 $s_1, s_2, \cdots, s_n$ $(n>1)$，其 m 项评价指标记为 $x_1, x_2, \cdots, x_m$ $(m>1)$，相应的权重为 $\omega_1, \omega_2, \cdots, \omega_m$，综合评价模型（函数）可记为 $y = f(\omega, x)$。

8. 计算综合评价值并进行排序或分类

按照综合评价模型（函数）计算求取 n 个被评价对象的综合评价指标值：

$$y_i = f(\omega, x_i) \qquad i = 1, 2, \cdots, n \qquad (1-2)$$

根据 n 个被评价对象的综合评价指标值 $y_1, y_2, \cdots, y_n$ 的大小，将 n 个被评价对象进行排序或分类，从而为决策提供依据。

9. 评价结果分析

综合评价工作是一件主观性很强的工作，我们在评价工作中必须以客观性为基础，提高评价方法的科学性，保证评价结果的有效性。由于综合方法的局限性，使得它的结论只能作为认识事物、分析事物的参考，而不能作为决策的唯一依据。

1.2.2 综合评价的组织实施

评价系统由两部分组成，即评价主体和评价客体。评价主体指参与评价的人的群体，评价客体指评价的直接对象。评价系统就其本质来说，是一个信息处理系统，开展评价的过程是一个将无序信息有序化的过程。

评价主体也称为评价者，在评价实施时分成两个子系统，即由专家群体组成的智囊子系统和领导组成的决断子系统。智囊子系统的主要人物在"谋"。具体说来，一是要设计一套体现评价目的和要求的评价指标体系，二是要选择一种有代表性的评价方法，计算出几个评价结果（也叫评价方案）并提交给决断子系统进行遴选。决断子系统的主要任务在"断"。也就是说，领导集体必须对智囊子系统提出的备选方案，权衡利弊，最终做出抉择。

这里不考虑决断子系统对评价结果的遴选，而重点关注智囊子系统如何完成评价结果的技术实现，从这一点上，可以认为综合评价由评价小组实施，通常评价小组由评价所需要的技术专家、管理专家和评价专家组成。参加评价的专家资格、组成及工作方式等都应满足评价目标的要求，以保证评价结论的有效性和权威性。

1.2.3 评价的构成要素

评价是评价者根据一定的评价目的和评价标准对客体进行认识的活动。评价的实质是意识对存在的一种反映，是一种主体性活动，总是随着评价者的变化和发展而变化和发展，评价涉及评价者、评价客体、评价目的和标准、评价技术和方法及评价环境，这些要素结合起来就形成了评价系统。评价系统构成要素主要有 7 种，如图 1-2 所示。

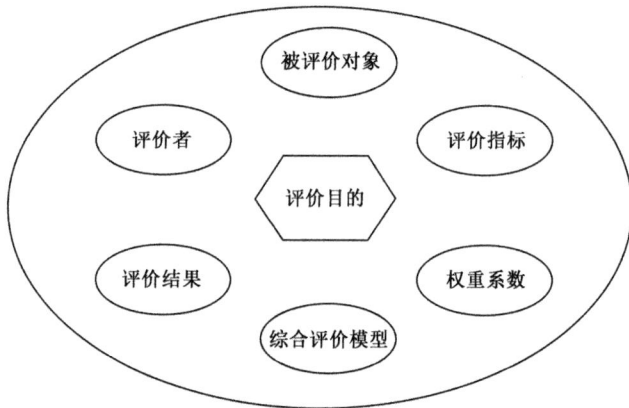

图 1-2 评价系统构成要素

（1）评价目的：对某一事物开展综合评价，首先要明确为什么要综合评价、评价事物的哪一方面、评价的精确度要求如何，等等。

（2）被评价对象：被评价对象可能是人、事、物，也可能是它们的组合，同一类被评价对象的个数要大于 1。这一步的实质是明确被评价对象系统，被评价对象系统的特点直接决定着评价的内容、方式及方法。

（3）评价者：评价者可以是某个人（专家）或某个团体（专家小组）。评价者是整个评价工作的主体，评价目的的确定、被评价对象的确定、评价指标的建立、权重系数的确定、评价模型的选择都与评价者有关。

（4）评价指标：所谓评价指标是指根据研究的对象和目的，能够确定地反映研究对象某一方面情况的特征依据，每个评价指标都是从不同侧面刻画对象所具有的某种特征。所谓评价指标体系是指由一系列相互联系的评价指标所构成的整体，它能够根据研究的对象和目的，综合反映出对象各个方面的情况。评价指标体系不仅受评价客体与评价目的的制约，而且受评价者价值观念的影响。

（5）权重系数：相对于某种评价目标来说，评价指标之间的相对重要性是不同的。各个评价指标对评价目的之间的这种相对重要性的大小，可用权重系数来表征。当被评价对象及评价指标都确定时，综合评价的结果依赖于权重系数。权重系数确定得合理与否，关系到综合评价结果的可信程度，因此，对权重系数的确定应特别谨慎。

（6）综合评价模型：综合评价就是指通过一定的数学模型将多个评价指标值"合成"为一个整体性的综合评价值。可用于"合成"的数学方法很多，问题在于如何根据评价目的及被评价对象的特点来选择较为合适的"合成"方法。

（7）评价结果：评价结束后要输出评价结果并解释其含义，依据评价结果进行决策。应该注意的是，应正确认识综合评价方法，公正看待评价结果。评价结果只具有相对意义，即只能用于性质相同的对象之间的比较和排序。

1.3　评价指标体系的建立

评价指标体系是联系评价者与被评价对象的纽带，也是联系评价方法与被评价对象的桥梁。在进行综合评价时，确定评价指标体系是基础，评价指标的选择好坏对分析对象常有举足轻重的作用。评价指标选多了，会有重复的评价指标，对评价结果有干扰；评价指标选少了，缺乏足够的代表性，评价结果会有片面性。

1.3.1　评价指标的选取原则

评价指标体系是由多个相互联系、相互作用的评价指标，按照一定层次结构组成的有机整体。评价指标体系的建立要综合考虑各因素的影响，抓住主要因素，剔除次要因素。在建立评价指标体系时，应遵循以下原则。

（1）完备性原则。评价指标应尽可能完整、全面地反映和度量被评价对象。

（2）客观性原则。评价指标的确定应尽量避免加入太多的个人主观意愿，应使评价指标含义尽量明确，并注意参与评价指标确定人员的权威性、广泛性和代表性，通常在制定评价指标时要广泛征集意见。

（3）简明性原则。评价指标宜少不宜多，宜简不宜繁，选取评价指标时关键要考虑评价指标在评价过程中所起作用的大小，目的性是出发点，同时考虑评价指标体系应涵盖为达到评价目的所需的基本内容，既要能反映被评价对象的全部信息，又要考虑在满足评价要求情况下，尽量减少评价指标个数；评价指标的简练可减少评价的时间和成本，使评价活动易于开展，所以选取评价指标时能少则少。

（4）独立性原则。每个评价指标要内涵清晰、相对独立；同一层次的各评价指标间应尽量不相互重叠，相互间不存在因果关系。整个评价指标体系的构成必须紧紧围绕着评价目的层层展开，使最后的评价结果确实反映评价意图。

（5）代表性原则。评价指标应能很好地反映被评价对象某方面的特性，同时能代表评价目的的要求和希望。

（6）可比性原则。评价指标和标准要适用于所有的被评价对象，评价指标间应具有明显的差异性。而且，评价指标和评价标准要客观实际，便于比较。

（7）可行性原则。评价指标应符合客观实际水平，有稳定的数据来源，易于操作，也就是应具有可测性。

1.3.2 评价指标体系的确定方法

常用的评价指标体系的确定方法有经验确定法和数学方法两种，多数情况下常采用经验确定法，数学方法可以降低选取评价指标体系的主观随意性。

1. 经验确定法

经验确定法是根据研究目的的要求和研究对象的特征，利用专家的经验和专业知识，通过统计和推理性分析确定评价指标的方法。具体采用的方法主要有专家直接确定法和德尔菲法。

评价指标体系后，对评价指标进行简化，约简一些对评价结果影响不大的评价指标，使评价工作更加有效进行。

1.4.1 评价指标体系简化的意义

通常，当需要对某个问题进行评价时，人们似乎更热衷于追求评价指标体系的完备，对被评价对象剖析越来越细，评价指标越来越多，计算越来越复杂，操作也变得越来越困难。本来，评价指标体系的完备性是追求的目标之一，但若主次不分，过分在细枝末节上纠缠不清，则不可取。

评价指标体系简化的现实意义主要体现在以下几点：

（1）简化的评价模型会大大节省财力和人力；

（2）简化的评价模型使得数据处理更加容易；

（3）简化的评价模型会大大节约数据处理时间；

（4）简化的评价模型使得对评价过程的控制更加容易；

（5）简化的评价模型会减少评价人员的抵触心理；

（6）简化的评价模型会提高评价实施的可行性。

1.4.2 评价指标体系简化的前提

评价指标体系必须存在简化的前提条件，即有简化的必要性和可行性，才应对评价指标体系进行分析简化。否则，简化将毫无意义。在具体评价前，要对各个评价指标做概略的定性分析。

1. 存在与评价目标不一致的评价指标

任何评价都具有一定的目的，当一个评价指标不能反映所要求的目标时，它就是无效的。这种无效的评价指标只会干扰评价目标的实现，应该去掉。

2. 某些评价指标对目标信息反映较少

评价指标体系不是所有相关评价指标的罗列，应抓住重要性评价指标，抓住能反映本质特性的评价指标。主次不分只能使人们失去对事物本质的认识。因此，即使有些评价指标与评价目标有关，但只反映了较少的信息，这种评价指标也应进行简化。

3. 评价指标间存在相关性

若某些评价指标可用其他评价指标线性表示，则这些评价指标就不能为评价目标提供附加的信息，而且评价指标的相关性同样会带来信息的冗余，这样会增大评价的工作量，使重复的评价指标被重复地评分，影响结论的合理性。

4. 存在不可操作的评价指标

不可操作是指在实际评价过程中无法对评价指标变量进行测量或丧失了进行操作的意义。它有以下几种情况。

（1）无充足的人力、财力保证。某些评价指标可能涉及面广、难度大，要耗费大量的人力、财力、物力，在经费有限的评价中，对此类评价指标变量进行测量是不现实的。

（2）不可测性。在特定的评价时段与评价空间内，有些评价指标是不易或不能取得有关的资料与数据的，这种评价指标对评价的实施显然是无意义的。

（3）评价指标变量不符合评价对象的实际。有些评价指标在理论上或许是可取的，但被评价对象均无此条件或均明显具有同一条件，如此一来，使实际测量丧失意义。

1.4.3 评价指标体系简化的原则

在简化评价指标体系时应该遵循以下原则。

1. 整体完备性与评价指标简化的平衡

评价指标的整体完备性是指评价指标体系不遗漏任何重要评价指标，同一子系统的评价指标全体反映它的上一级评价指标的整体，同一层次结构的评价指标全体反映目标的整体。整体完备性考虑的是评价指标的全面与信息的充分，而评价指标的简化则着眼于评价指标的精简与操作的易行，往往会损失一部分信息。在简化评价指标时，要考虑这两者之间的度。

完备性的要求往往会导致评价指标体系数目门类很多，从而增加数据统计的工作量。这样一来，难免发生评价指标与评价指标的重叠，相关性太高，甚至出现相互对立的现象，再加上有些数据难以获得或者水分过大，最终影响评价的顺利开展，以及会影响评价结果的有效性。为此，在追求数据完备性的前提下，应当注重完备性与简明性的有机结合，使得评价指标的选择既要全面，又要避免繁杂，评价指标选取应当去伪存真，去粗取精，抓住主要矛盾，使复杂的问题简单化，尽可能达到描述区域维持可持续发展态势的最小完备集。正如爱因斯坦所说，"万事万物应该尽量简单，而不是越简单越好"。

2. 相关性的把握

评价指标体系由许多评价指标组成，评价指标最好不相关，即同一级内的各个评价指标互不重叠。若评价指标相关，则说明有冗余评价指标存在，不但加大了评价的工作量，而且影响了评价指标体系及评价结论的科学性。

3. 抽象与具体的平衡

评价指标体系中的评价指标，应是一些具体的、可以行为化的内容。但也要清楚地认识到，有时具体的东西并非需要评价的东西，而是与被评价对象有关联的某种效应。因而，在评价指标体系简化时要注意到，不能因过分强调这种具体性而丧失了评价指标效应与被评价对象的一致性。

4. 评价要求的精度

评价的性质不同，评价者的需要不同，评价所要求的精确程度也就不同。当然，对评价指标体系的简化程度也不一样。一个规格比较高的、对下一步工作具有指导意义的评价可能会对评价的可信性与全面性考虑得更多一些，而小范围的、了解情况性质的评价则可能只要求评价结果反映出被评对象的大概即可。因此，简化评价指标体系时要注意评价所要求的精确程度，以决定评价指标简化的程度。

1.4.4 评价指标简化的方式

评价指标简化主要有两种方式：一是评价指标变量个数的减少；二是组合方式的简化。

1. 评价指标变量个数的减少

假设有评价模型为：

$$p = f(x_1, x_2, \cdots, x_n) \tag{1-3}$$

其中，p 为评价结果；x_i 为评价指标变量（$i=1, 2, \cdots, n$）；f 为映射关系。

（1）若在评价过程中，发现 x_j 与 x_k ($j≠k$)之间有关系：

$$x_k = l x_j (l \neq 0) \tag{1-4}$$

则称 x_j 与 x_k 为确定性关系。

（2）若在评价过程中，发现 x_j 与 x_k （$j≠k$）之间有相关系数：

$$r(x_j, x_k) \geq \alpha \quad (\alpha \geq 0.6，为阈值) \tag{1-5}$$

则称 x_j 与 x_k 为不确定性关系。

上述两种关系，不论是确定性关系还是不确定性关系，都可以试探减少一个变量，如去掉 x_k，在出现 x_k 处用 $l x_j$（确定性）或 x_j（不确定性）代替。

以上是以相关性为例说明评价指标变量个数的减少。在判断评价指标是否符合实际、是否具有可区别性等其他评价指标后，同样可对评价指标变量进行调整。

2. 组合方式的简化

假设有两个评价模型为：

$$p = f(x_1, x_2, \cdots, x_n)$$

与

$$p' = g(x_1, x_2, \cdots, x_n)$$

其中各符号的意义同前。如果 g 的组合方式比 f 简单，并在评价过程中发现：

$$\frac{|p - p'|}{p} \leq \varepsilon \quad 0 < \varepsilon < 1 （确定性） \tag{1-6}$$

或

$$r(p, p') \geq \alpha \quad \alpha \geq 0.6 \text{为阈值（不确定性）} \tag{1-7}$$

就可使用 p' 替代 p 作为采用的评价模型。

组合方式的简化还包括这样一种情况，即评价指标本身并不改变，但评价指标变量的性质发生了变化，从而使得评价简单易行。例如，某些评价指标作为门槛型变量处理后，仅对评价指标做门槛值的判断即可，这样显然简化了评价过程。

1.4.5　评价指标体系简化的方法

评价指标体系简化的方法主要分为以专家经验为主的定性方法和以数据分

析为主的定量方法。

1. 专家调研法

专家调研法是一种向专家发函、征求意见的调研方法。评价者可根据评价目标和被评价对象的特征，在所设计的调查表中列出一系列评价指标，分别征询专家对所设计的评价指标的意见，然后进行统计处理，并反馈咨询结果，经几轮咨询后，若专家意见趋于集中，则由最后一次咨询结果确定具体的评价指标体系。

这种方法具有主观性，其结果是否全面和可靠取决于专家的知识结构和经验，比较适用于定性评价指标的筛选。

2. 极大不相关法

评价指标体系有 p 个评价指标 $x_1, x_2, \cdots, x_p$，如果有 n 组数据，相应的全部数据用矩阵 X 表示，如果 x_1 与 $x_2, \cdots, x_p$ 是独立的，表明 x_1 无法由其他评价指标来代替，因此保留的评价指标应该是相关性越小越好。

$$X = \begin{bmatrix} x_{11} & x_{12} & \cdots & x_{1p} \\ x_{21} & x_{22} & \cdots & x_{2p} \\ \vdots & \vdots & & \vdots \\ x_{n1} & x_{n2} & \cdots & x_{np} \end{bmatrix}$$

由矩阵 X 得到方差、协方差，形成矩阵：

$$\mathop{S}_{p \times p} = (s_{ij}) \tag{1-8}$$

其中，方差 $s_{ii} = \dfrac{1}{n} \sum\limits_{a=1}^{n} (x_{ai} - \overline{x}_i)^2 \quad (i = 1, 2, \cdots, p)$；

协方差 $s_{ij} = \dfrac{1}{n} \sum\limits_{a=1}^{n} (x_{ai} - \overline{x}_i)(x_{ai} - \overline{x}_j) \quad (i \neq j \text{且} i, j = 1, 2, \cdots, p)$；

均值 $\overline{x}_i = \dfrac{1}{n} \sum\limits_{a=1}^{n} x_{ai} \quad (i = 1, 2, \cdots, p)$。

可求出相关系数矩阵为：

$$r = \begin{bmatrix} r_{11} & r_{12} & \cdots & r_{1p} \\ r_{21} & r_{22} & \cdots & r_{2p} \\ \vdots & \vdots & & \vdots \\ r_{n1} & r_{n2} & \cdots & r_{np} \end{bmatrix} \tag{1-9}$$

$$r_{ij} = \frac{s_{ij}}{\sqrt{s_{ii}s_{ij}}} \qquad (i,j=1,2,\cdots,p) \tag{1-10}$$

r_{ij} 称为 x_i 与 x_j 的相关系数，它反映了 x_i 与 x_j 的线性相关程度。要考虑一个变量 x_i 与余下的 $p-1$ 个变量的相关性，用复相关系数 ρ_i 来反映：

$$\rho_i = \sqrt{1-(1-r_{i1}^2)(1-r_{i2\cdot1}^2)(1-r_{i3\cdot12}^2)\cdots(1-r_{ip\cdot12\cdots(p-1)}^2)} \tag{1-11}$$

其中，$r_{i2\cdot1}$ 为一级偏相关系数；$r_{i3\cdot12}$ 为二级偏相关系数，以此类推。

$$r_{i2\cdot1} = \frac{r_{i2}-r_{i1}r_{21}}{\sqrt{(1-r_{i1}^2)(1-r_{21}^2)}} \tag{1-12}$$

$$r_{i3\cdot12} = \frac{r_{i3\cdot1}-r_{i2\cdot1}r_{32\cdot1}}{\sqrt{(1-r_{i2\cdot1}^2)(1-r_{32\cdot1}^2)}} \tag{1-13}$$

算得 $\rho_1,\rho_2,\cdots,\rho_p$ 后，其中最大的一个表示与其余变量相关性最大，指定临界值 D 之后，当 $\rho_i > D$ 时，就可删去 x_i。

3. 条件广义方差极小法

条件广义方差极小法的基本思想：假定要从 N 个评价指标中选取一个来评价某被评价对象，则应选取其中最具代表性的评价指标，但一个评价指标绝不可能把 N 个评价指标的评价信息都反映出来，反映不完全的部分就是这个评价指标作为代表而产生的误差。选取的评价指标越具有代表性，这个误差就越小。重复这一过程，就可以选出若干代表性评价指标，并使代表误差控制在最小范围内，基本算法如下。

给定 P 个评价指标 $x_1, x_2, \cdots, x_p$ 的 n 组数据，用矩阵 $\boldsymbol{X}$ 表示，即

$$\boldsymbol{X} = \begin{bmatrix} x_{11} & x_{12} & \cdots & x_{1p} \\ x_{21} & x_{22} & \cdots & x_{2p} \\ \vdots & \vdots & & \vdots \\ x_{n1} & x_{n2} & \cdots & x_{np} \end{bmatrix}$$

由矩阵 $\boldsymbol{X}$ 得方差、协方差，形成矩阵

$$\underset{p\times p}{\boldsymbol{S}} = (s_{ij})$$

其中，方差 $s_{ii} = \frac{1}{n}\sum_{a=1}^{n}(x_{ai}-\overline{x}_i)^2 \qquad (i=1,2,\cdots,p)$

协方差 $s_{ij} = \frac{1}{n}\sum_{a=1}^{n}(x_{ai}-\overline{x}_i)(x_{ai}-\overline{x}_j) \qquad (i \neq j \text{且} i,j=1,2,\cdots,p)$

均值 $\overline{x}_i = \dfrac{1}{n} \sum_{a=1}^{n} x_{ai}$　　$(i = 1, 2, \cdots, p)$

将矩阵 $\boldsymbol{X}$ 分块表示，也就是将 $x_1, x_2, \cdots, x_p$ 分成两部分，$(x_1, x_2, \cdots, x_{p1})$ 和 $(x_{p1+1}, x_{p1+2}, \cdots, x_p)$ 分别记为 $\boldsymbol{X}_{(1)}$ 和 $\boldsymbol{X}_{(2)}$，即

$$\boldsymbol{S} = \begin{bmatrix} \boldsymbol{s}_{11} & \boldsymbol{s}_{12} \\ \boldsymbol{s}_{21} & \boldsymbol{s}_{22} \end{bmatrix} \begin{matrix} p_1 \\ p_2 \end{matrix} \qquad (p_1 + p_2 = p) \tag{1-14}$$

这样表示后，$\boldsymbol{s}_{11}$ 和 $\boldsymbol{s}_{22}$ 分别表示 $\boldsymbol{X}_{(1)}$ 和 $\boldsymbol{X}_{(2)}$ 的协方差矩阵。可以推导得到，在正态分布的前提下给定 $\boldsymbol{X}_{(1)}$ 之后，$\boldsymbol{X}_{(2)}$ 对 $\boldsymbol{X}_{(1)}$ 的条件协方差矩阵为：

$$S(\boldsymbol{X}_{(2)} \big| \boldsymbol{X}_{(1)}) = \boldsymbol{s}_{22} - \boldsymbol{s}_{11}^{-1} \boldsymbol{s}_{12} \tag{1-15}$$

如果已知给定 $\boldsymbol{X}_{(1)}$ 后，$\boldsymbol{X}_{(2)}$ 的变化很小，那么 $\boldsymbol{X}_{(2)}$ 这部分评价指标则可删去，表示 $\boldsymbol{X}_{(2)}$ 所反映的信息在 $\boldsymbol{X}_{(1)}$ 中几乎都可得到，这就是条件广义方差最小的删去方法。

将 $x_1, x_2, \cdots, x_p$ 分成两部分，$(x_1, x_2, \cdots, x_{p-1})$ 看成 $\boldsymbol{X}_{(1)}$，x_p 看成 $\boldsymbol{X}_{(2)}$，就可算出 $S(\boldsymbol{X}_{(2)} \big| \boldsymbol{X}_{(1)})$，它是一个数值，它是识别 x_p 是否应删去的量，记为 t_p。类似地，对 x_i，可以将 x_i 看成 $\boldsymbol{X}_{(2)}$，余下的 $p-1$ 个看成 $\boldsymbol{X}_{(1)}$，类似得到 t_i。于是得到 p 个值 $t_1, t_2, \cdots, t_p$。比较它们的大小，最小的一个可以考虑删去，这与所选的临界值有关，这个临界值 C 是自己选定的，认为小于 C 就可删去，大于 C 不宜删去。给定 C 之后，逐个检查

$$t_i < C_i \quad i = 1, 2, \cdots, p \tag{1-16}$$

是否成立，若成立则删去，删去后，对留下的变量重复上面的过程，可以进行到没有可删的为止。这样就选到了既有代表性又不重复的评价指标集。

例：设有 $x_1, x_2, \cdots, x_5$ 5 个评价指标的 3 组评价值

$$\begin{bmatrix} 9.0 & 1.2 & 4.3 & 14.0 & 22.0 \\ 9.5 & 1.7 & 5.4 & 13.0 & 20.0 \\ 10.8 & 1.8 & 4.8 & 15.0 & 23.5 \end{bmatrix}$$

可得其协方差矩阵为

$$\boldsymbol{S}_{5 \times 5} = \begin{bmatrix} 0.58 & 1.73 & 1.73 & 1.73 & 1.73 \\ 0.21 & 0.07 & 0.21 & 0.26 & 0.10 \\ 0.61 & 0.26 & 0.20 & 0.61 & -1.18 \\ 1.30 & 0.10 & -0.60 & 0.67 & 2.00 \\ 6.17 & 6.17 & 3.64 & 6.17 & 2.06 \end{bmatrix}$$

若将 5 个评价指标 $x_1, x_2, \cdots, x_5$ 分成两部分 $(x_1, x_2, \cdots, x_4)$ 和 x_5，分别记为 $\boldsymbol{X}_{(1)}$ 和 $\boldsymbol{X}_{(2)}$，则

$$t_5 = S(\boldsymbol{X}_{(2)} | \boldsymbol{X}_{(1)}) = \boldsymbol{s}_{22} - \boldsymbol{s}_{21}\boldsymbol{s}_{11}^{-1}\boldsymbol{s}_{12}$$

$$= 2.06 - (6.17, 6.17, 3.64, 6.17)\begin{bmatrix} 0.58 & 1.73 & 1.73 & 1.73 \\ 0.21 & 0.07 & 0.21 & 0.26 \\ 0.61 & 0.26 & 0.20 & 0.61 \\ 1.30 & 0.10 & -0.60 & 0.67 \end{bmatrix}\begin{bmatrix} 1.73 \\ 0.10 \\ -1.18 \\ 2.00 \end{bmatrix}$$

$$= 2.06 - 372.27 = -374.21$$

依此类推，计算出 $t_1, t_2, \cdots, t_4$，比较它们的大小，将最小的一个删去。也可以设定一个临界值 C 后进行删除。

4. 主分量法

主分量法的基本思路：由主分量分析可以得到原评价指标的若干分量，这些分量包含原评价指标的信息量，它们是顺序降低的，最后一个分量的信息量很少，由此可将该分量线性式中权系数较大的指标剔除。

原评价指标向量（成分）$\boldsymbol{X} = (\boldsymbol{X}_1, \boldsymbol{X}_2 \cdots, \boldsymbol{X}_p)$，新评价指标向量（成分）$\boldsymbol{Y} = (\boldsymbol{Y}_1, \boldsymbol{Y}_2, \cdots, \boldsymbol{Y}_p)^{\mathrm{T}}$，它是 $\boldsymbol{X}$ 的线性组合，即

$$\boldsymbol{Y} = \boldsymbol{C}\boldsymbol{X}^{\mathrm{T}} \tag{1-17}$$

式中，$\boldsymbol{Y}_1$ 为线性组合中方差最大者，称为第一主分量；$\boldsymbol{Y}_2$ 为方差次大者，称为第二主分量，依此递推。$\boldsymbol{C}$ 为式（1-18）所给出的特征方程中 M 个特征值（$\lambda_1 > \lambda_2 > \cdots > \lambda_M > 0$）所对应的特征向量，其元素值反映了各原评价指标属性对相应主分量的大小，即权重，式中的 $\boldsymbol{R}$ 是原评价指标评价样本数据标准化后的相关系数矩阵。

$$|\boldsymbol{R} - \lambda\boldsymbol{I}| = 0 \tag{1-18}$$

筛选评价指标的方法：将最小特征值（其贡献率约为 0，表示该主分量对总体几乎没有什么贡献）所对应特征向量中具有最大分量相对应的原评价指标量（贡献最小的成分中起最大作用的评价指标量）删除掉。余下 $(M-1)$ 个评价指标再进行主分量分析，直到筛选出最佳评价指标子集为止。

5. 最小均方差法

对于 n 个取定的被评价对象 $s_1, s_2, \cdots, s_n$，每个被评价对象都可用 m 个评价指标 $\boldsymbol{X}_j$ 的观测值 x_{ij}（$i = 1, 2, \cdots, n$；$j = 1, 2, \cdots, m$）来表示。容易看出，如果 n 个

被评价对象关于某项评价指标的取值都差不多，那么，尽管这个评价指标是非常重要的，但对于这 n 个评价结果来说，它并不起什么作用。因此，为了减少计算量就可以删除这个评价指标。可通过建立最小均方差进行筛选。

按 n 个被评价对象取值，构成评价指标 x_j 样本的均方差为：

$$s_j = \left(\frac{1}{n} \sum_{i=1}^{n} (x_{ij} - \bar{x}_j)^2 \right)^{\frac{1}{2}} \quad j = 1, 2, \cdots, m \quad (1\text{-}19)$$

其中，$\bar{x}_j$ 为按 n 个被评价对象取值而构成的评价指标 x_j 的样本均值

$$\bar{x}_j = \frac{1}{n} \sum_{i=1}^{n} x_{ij} \quad j = 1, 2, \cdots, m \quad (1\text{-}20)$$

对于 $k_0(1 \leq k_0 \leq m)$，使得：

$$s_{k0} = \min_{1 \leq j \leq m} \{s_j\} \quad (1\text{-}21)$$

若 $s_{k0} \approx 0$，则可删除相应的评价指标 x_{k0}。

这种方法只考虑评价指标差异程度，故容易将重要的评价指标删除，但是其引用的数据是原始数据，具有保持客观的特点。

6. 极小极大离差法

极小极大离差法的原理基本与最小均方差法的原理相同，其判断标准为评价指标的离差值。

设评价指标 $\boldsymbol{X}_j$ 的最大离差为

$$r_j = \max_{1 \leq i, k \leq m} \left\{ \left| x_{ij} - x_{kj} \right| \right\} \quad (1\text{-}22)$$

令

$$r_o = \min_{1 \leq j \leq n} \{r_j\} \quad (1\text{-}23)$$

若 r_0 接近于零，则可以删除与 r_0 相应的评价指标。

7. 权重判断法

评价指标的权重是评价指标在评价问题中相对重要程度的一种主观评价和客观评价的综合度量。可以根据评价指标权重的大小决定评价指标的取舍，剔除一些权重非常小的评价指标，一方面有利于简化评价问题，另一方面也可避免由于评价指标体系因素过多，引起评价者判断上的失误和混乱。评价指标权重取舍的大小标准取决于评价者及评价目标的复杂程度。如果评价目标涉及因素多，那么其取舍权重取小一些；如果涉及因素少，那么其取舍权重大一些。

评价者也可以客观地利用评价指标权重来适当地简化评价指标体系，其具体步骤如下。

设评价指标体系 $F = \{x_1, x_2, \cdots, x_p\}$，综合考虑每个评价指标的重要性后，确定各评价指标的权重，具体方法可采用层次分析法或熵法等。

设权重集为 $\lambda = \{\lambda_1, \lambda_2, \cdots, \lambda_p\}$，其中 $\lambda_i \in [0,1]$（$i = 1,2,\cdots,p$），取舍权重为 λ_k（$\lambda_k \in [0,1]$），当 $\lambda_i \leqslant \lambda_k$ 时，则筛选掉评价指标 x_i；当 $\lambda_i > \lambda_k$ 时，则保留该评价指标 x_i。

大多数人对不同事物在相同属性上差别的分辨能力在 5 级到 9 级之间，因此建议某一准则下的评价指标数量不宜超过 9 个。据此认为通常取舍权重取 0.1 较合适。当 $\lambda_i < 0.1$ 时，可认为该评价指标影响较小，不足以考虑。也就是认为当其中一个评价指标的权重比其他小一个数量级时，应当剔除掉。当然，研究者为了简化问题，对其取舍权重 λ_k 取大一些，或者根据问题的需要将 λ_k 取小一些，都是可行的。

8. 几种方法的比较

虽然以上几种方法都能进行评价指标的筛选，但是都有一定的适用范围。实践表明：对于评价指标间有较明显的相关性，评价指标数据较为丰富、可靠性较高的情况，可以主观决定采用极大不相关法较为适宜；主分量法适宜样本数据非常丰富，样本数大于 10 的情况，其结果较为可信；而对于小样本，宜采用条件广义方差极小法；权重判断法适合于评价指标少，且定性评价指标较多的评价指标体系简化。

1.5　评价指标的预处理

在实际建立的评价指标体系中有的评价指标值越大越好，如武器射程、装备的速度等，这些称为效益型评价指标；有些评价指标值越小越好，如装备的经费、火炮的反应时间等，这些称为成本型评价指标。另一些评价指标既非效益型评价指标又非成本型评价指标，如在编制中的装备数量既不能太多（经费限制），又不能太少（没有战斗力）。若这几类评价指标放在同一个表中，则不便于直接从数值大小判断方案的优劣，因此需要对评价矩阵中的数据进行预处理。对于定性评价指标经过各种处理，使其转化成数量表示的评价指标；对于定量评价指标,其性质和量纲也有不同,造成了各评价指标间的不可共度性,需要对评价指标做无量纲化处理,仅用数值的大小来反映属性值的优劣。评价指标的预处理主要包括一致化处理和无量纲化处理两种类型。

1. 一致化处理

一致化处理就是将不同类型评价指标值转化为同一类型（一般取极大型），以保持评价指标的同趋势化和可比性。对于非极大型评价指标 x 通过一致化处理都可转换为极大型评价指标。

（1）对于极小型评价指标 x 的处理方法：

$$x^* = M - x \text{ 或 } x^* = \frac{1}{x} \quad (x > 0 \text{ 或 } x < 0) \qquad (1\text{-}24)$$

其中，M 是某评价指标所有取值中的最大值。

（2）对于居中型评价指标 x 的处理方法：

$$x^* = \begin{cases} 2(x-m)/(M-m) & m \leqslant x \leqslant \dfrac{M+m}{2} \\ 2(M-x)/(M-m) & \dfrac{M+m}{2} \leqslant x \leqslant m \end{cases} \qquad (1\text{-}25)$$

其中，M 是某评价指标所有取值中的最大值，m 是某评价指标所有取值中的最小值。

（3）对于区间型评价指标 x 的处理方法：

$$x^* = \begin{cases} 1.0 - \dfrac{q_1 - x}{\max\{q_1 - m, M - q_2\}} & x < q_1 \\ 1.0 & x \in [q_1, q_2] \\ 1.0 - \dfrac{x - q_2}{\max\{q_1 - m, M - q_2\}} & x > q_2 \end{cases} \qquad (1\text{-}26)$$

其中，M 是某评价指标所有取值中的最大值，m 是某评价指标所有取值中的最小值，$[q_1, q_2]$ 是该评价指标的最佳稳定区间。

2. 无量纲化处理

无量纲化处理也称为归一化处理，把评价指标的数值均变换到同一区间，评价指标归一化的目的主要是以统一的价值形式解决评价指标值（包括评价指标的量纲、量级和最佳值等）的不可公度问题，它是通过一定的数学变换来消除评价指标量纲不同对评价或评价结果的影响，即把性质、量纲各异的评价指标转化为可以进行综合的一个相对数（"量化值"）。常见的无量纲化处理有三类：直线型方法、折线型方法和曲线型方法，通常归一化为无量纲的[0,1]之间的值。

1）直线型方法

在将评价指标原始值转化为不受量纲影响的评价指标标准值时，假定二者呈线性关系，评价指标原始值的变化引起评价指标标准值一个相应的比例变化。线性无量纲化的方法主要有阈值法、Z-Score法、比重法等。

假设所考虑的评价指标 $x_j(j=1,2,\cdots,m)$ 为极大型评价指标，其观测值为 $\{x_{ij}, i=1,2,\cdots,n; j=1,2,\cdots,m\}$。

（1）阈值法

阈值法是将评价指标原始值 x_i 与该种评价指标的某个阈值相对比，从而使评价指标原始值转化成标准值的方法。这里阈值往往采用极大值或极小值等实际数据，也可采用满意值、不允许值等。

$$x_{ij}^* = \frac{x_{ij}}{\max\{x_{ij}\}} \tag{1-27}$$

经过式（1-27）处理，归一化值随评价指标值的增大而增大，归一化值不为零，最大为1，归一化区间为 $[\frac{\min\{x_{ij}\}}{\max\{x_{ij}\}}, 1]$。

$$x_{ij}^* = \frac{(\max\{x_{ij}\} - x_{ij})}{\max\{x_{ij}\}} \tag{1-28}$$

经过式（1-28）处理，归一化值随评价指标值的增大而减少，归一化值不为零，最大为1，归一化区间为 $[\frac{\min\{x_{ij}\}}{\max\{x_{ij}\}}, 1]$，用于成本型评价指标的归一化。

$$x_{ij}^* = \frac{x_{ij}}{\min\{x_{ij}\}} \tag{1-29}$$

经过式（1-29）处理，归一化值随评价指标值的增大而增大，归一化区间为 $[1,\infty)$，用于成本型评价指标的归一化。

$$x_{ij}^* = \frac{x_{ij} - \min\{x_{ij}\}}{\max\{x_{ij}\} - \min\{x_{ij}\}} \tag{1-30}$$

经过式（1-30）处理，归一化值随评价指标值的增大而增大，归一化值最小值为 0，最大值为 1，归一化区间为[0,1]。

$$x_{ij}^* = \frac{x_{ij} - \min\{x_{ij}\}}{\max\{x_{ij}\} - \min\{x_{ij}\}}k + q \qquad （1-31）$$

经过式（1-31）处理，归一化值随评价指标值的增大而增大，归一化值最小值为 q，最大值为 $k+q$，归一化区间为[q, k+q]。

（2）Z -Score 法

Z -Score 法也称为标准化处理法，其变换公式为：

$$x_{ij}^* = \frac{x_{ij} - \bar{x}_j}{s_j} \qquad （1-32）$$

其中，$\bar{x}_j$ 和 s_j（$j = 1, 2, \cdots, m$）分别为第 j 项评价指标观测值的（样本）平均值和均方差；x_{ij} 为评价指标观测值。

评价指标原始值与归一化值的关系如图 1-3 所示。可以看出，无论评价指标原始值如何，评价指标的标准值总是分布在零的两侧。评价指标原始值比平均值大的，其标准值为正，反之为负。这种方法与极值法最大的差别在于：它利用了原始数据的所有信息，同时它要求样本数据较多。

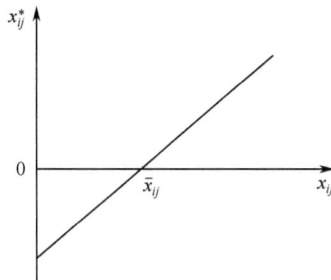

图 1-3　Z -Score 法变换关系

（3）比重法

比重法是将评价指标原始值转化为其在评价指标值总和中所占的比重，主要公式为：

$$x_{ij}^* = \frac{x_{ij}}{\sum\limits_{i=1}^{n} x_{ij}} \qquad （1-33）$$

$$x_{ij}^* = \frac{x_{ij}}{\sqrt{\sum_{i=1}^{n} x_{ij}^2}} \qquad (1\text{-}34)$$

2）折线型方法

评价指标在不同区间内的变化，对被评价事物的综合水平影响是不一样的。例如，x_{ij} 小于某个点 x_m 时，x_{ij} 变化对综合水平影响较大，此时归一化值 x_{ij}^* 也有较大变化；当 x_{ij} 大于某个点 x_m 时，x_{ij} 变化对综合水平影响较小，此时归一化值 x_{ij}^* 应变化较小。在上述情况下，应采用折线型方法做无量纲分段处理，如图 1-4 所示。

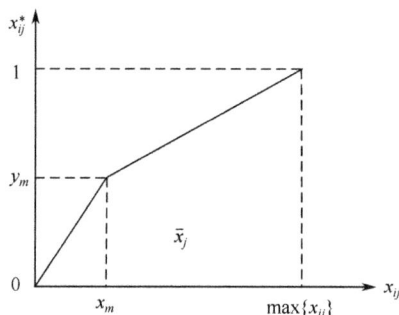

图 1-4　折线型方法转换关系

采用极值法分段做无量纲处理的计算公式为：

$$x_{ij}^* = \begin{cases} 0 & x = 0 \\[2mm] \dfrac{x_{ij}}{x_m} y_m & (0 < y_m < 1, 0 < x_{ij} < x_m) \\[3mm] y_m + \dfrac{x_{ij} - x_m}{\max\{x_{ij}\} - x_m} & (x > x_m) \end{cases} \qquad (1\text{-}35)$$

3）曲线型方法

曲线型方法意味着评价指标实际值对评价值的影响不是等比例的，对于极大型评价指标的曲线型归一化方法主要有升半Γ型分布、半正态分布、升半柯西分布、升半凹（凸）分布、升半岭分布、功效系数法等。

（1）升半Γ型分布：

$$x_{ij}^* = \begin{cases} 0 & 0 \le x_{ij} \le a \\ 1 - e^{-k(x_{ij}-a)} & x_{ij} > a, k > 0 \end{cases}$$

（1-36）

（2）半正态分布：

$$x_{ij}^* = \begin{cases} 0 & 0 \le x_{ij} \le a \\ 1 - e^{-k(x_{ij}-a)^2} & x_{ij} > a, k > 0 \end{cases}$$

（1-37）

（3）升半柯西分布：

$$x_{ij}^* = \begin{cases} 0 & 0 \le x_{ij} \le a \\ \dfrac{k(x_{ij}-a)^2}{1+k(x_{ij}-a)^2} & x_{ij} > a, k > 0 \end{cases}$$

（1-38）

（4）升半凹（凸）分布：

$$x_{ij}^* = \begin{cases} 0 & 0 \le x \le a \\ a(x_{ij}-a)^k & a \le x_{ij} \le a + \dfrac{1}{\sqrt[k]{a}} \\ 1 & x_{ij} \ge a + \dfrac{1}{\sqrt[k]{a}} \end{cases}$$

（1-39）

（5）升半岭分布：

$$x_{ij}^* = \begin{cases} 0 & 0 \le x \le a \\ \dfrac{1}{2} - \dfrac{1}{2}\sin\dfrac{\pi}{b-a}\left(x - \dfrac{a+b}{2}\right) & a \le x \le b \\ 1 & x > b \end{cases}$$

（1-40）

对于极小型评价指标可仿照上述方法变为降半型分布，区间型评价指标的曲线型无量纲化方法应由升、平、降三部分组成。

（6）功效系数法：

$$x_{ij}^* = c + \frac{x_{ij} - m_j'}{M_j' - m_j'}d$$

（1-41）

其中，c 的作用是对变换后的值进行"平移"；d 的作用是对变换后的值进行"放大"或"缩小"。通常取 $c=60$，$d=40$。

1.6 评价指标权重的确定

各个评价指标对被评价对象的作用并不同等重要，为了体现各个评价指标在评价指标体系中的作用地位及重要程度，在评价指标体系确定后，必须对各评价指标赋予不同的权重系数。

评价指标权重是反映在评价过程中评价指标相对重要程度的一种主观和客观度量。造成评价指标间的权重差异的主要原因有以下几点：

（1）评价者对各评价指标的重视程度不同，反映评价者的主观差异；

（2）各评价指标在评价中所起的作用不同，反映各评价指标间的客观差异；

（3）各评价指标的可靠程度不同，反映了各评价指标所提供的信息的可靠性不同。

权重是以某种数量形式对被评价事物总体中诸因素相对重要程度的量值。合理确定权重对评价或决策有着重要意义。同一组评价指标数值，不同的权重系数，会导致截然不同的甚至相反的评价结论，权重系数的确定是综合评价中十分重要的问题。

确定权重也称为加权，表示对某评价指标重要程度的定量分配。加权的方法大体上可以分为两大类。

（1）经验加权，也称为定性加权。它的主要优点是由专家直接估计，简便易行。

（2）数学加权，也称为定量加权。它以经验为基础、数学原理为背景，间接生成，具有较强的科学性。

根据计算权重时原始数据的来源不同，可将确定评价指标权重的方法分为主观赋权法、客观赋权法和组合赋权法。

1.6.1 主观赋权法

主观赋权法主要有专家咨询法、层次分析法、特征法等，其研究比较成熟。这类方法的特点是原始数据主要由专家判断得到，能较好地反映评价对象所处的背景条件和评价者的意图，但各个评价指标权重系数的准确性有赖于专家的知识和经验的积累，因而具有较大的主观随意性。这里重点论述专家咨询法。

专家咨询法也称为德尔菲法，评价者组织若干对评价问题熟悉的专家，通过一定方式对评价指标权重独立地发表见解，经过统计用算术平均值代表评委们的集中意见，使得权重的确定由个人经验决策转向专家集体决策。具体做法如下。

（1）组合 n 个专家，对每个评价指标 $X_j(j=1,2,\cdots,m)$ 的权重进行估计，得到评价指标权重为 $\omega_{j1},\omega_{j2},\cdots,\omega_{ji}(i=1,2,\cdots,n)$；

（2）根据 n 个专家给出的权重，计算其平均值：

$$\bar{\omega}_j = \frac{1}{n}\sum_{i=1}^{n}(\omega_{ji}) \qquad j=1,2,\cdots,m \qquad (1\text{-}42)$$

式中，n 为评委的数量；

m 为评价指标总数；

ω_{ji} 为第 i 个评委给第 j 个评价指标权重的打分值；

$\bar{\omega}_j$ 为第 j 个评价指标的权重平均值。

（3）计算估计值和平均值的偏差：

$$\Delta\omega_{ji} = \left|\omega_{ji}-\bar{\omega}_{ji}\right|(j=1,2,\cdots,m;i=1,2,\cdots,n) \qquad (1\text{-}43)$$

（4）对于偏差 $\Delta\omega_{ji}$ 较大的第 j 个评价指标权重估计值，再请第 n 个专家重新估计 ω_{ji}，经过几轮反复，直到偏差满足一定的要求为止，最后得到一组评价指标权重的平均估计修正值 $\bar{\omega}_j(j=1,2,\cdots,n)$。

（5）归一化处理。归一化的公式如下：

$$\omega_j' = \omega_j/\sum_{j=1}^{m}(\omega_j) \qquad (1\text{-}44)$$

上述方法依据评委专家的知识、经验和个人价值观对评价指标体系进行分析、判断并主观赋权，在这里，评价专家的挑选很重要。一般来说，这样所确定的权重能正确反映各评价指标的重要程度，保证评价结果的准确性。

为了提高科学性，也可采用其他确定评价指标权重的方法，如层次分析法（Analytic Hierarchy Process，AHP）。该方法具有坚实的理论基础，对各评价指标之间重要程度的分析更具有逻辑性，再加上数学处理，可信度较大，应用范围较广，并在实践中创造出多种多样的变形方法。

1.6.2 客观赋权法

客观赋权法的原始数据来源于评价矩阵的实际数据，如熵值法、拉开档次法、逼近理想点法等。这类方法切断了权重系数的主观来源，使权重系数具有绝对的客观性，但容易出现"重要评价指标的权重系数小而不重要"的不合理现象。赋权的原始信息应当直接来自样本，赋权过程深入讨论各参数间的相互联系和影响，以及它们对目标的"客观"贡献分。然而，这种方法仅能考虑数据自身的结构特性，不能建立各影响评价指标与评价目标间所呈现的复杂非线性映射关系，有时还需要用变量变换的方法将非线性问题转化为线性问题。

1. 熵值法

熵是信息论中测定不确定性的量，信息量越大，不确定性越小，熵值也就越小；反之，信息量越小，不确定性就越大，熵值也就越大。其基本计算过程如下。

（1）将 x_{ij} 做正向正规化处理，并计算第 j 个评价指标第 i 个方案所占的比重。

$$p_{ij} = \frac{x_{ij}}{\sum_{i=1}^{n} x_{ij}} \quad (i = 1, 2, \cdots, n; j = 1, 2, \cdots, m) \tag{1-45}$$

（2）计算第 j 个评价指标的熵值 e_j。

$$e_j = -k \sum_{i=1}^{n} p_{ij} \ln p_{ij} \quad (j = 1, 2, \cdots, m; k \geqslant 0) \tag{1-46}$$

（3）计算第 j 个评价指标的差异系数 $g_j (j = 1, 2, \cdots, m)$。

$$g_j = 1 - e_j \tag{1-47}$$

（4）计算第 j 个评价指标的权重。

$$\omega_j = \frac{g_j}{\sum_{i=1}^{n} g_j} \tag{1-48}$$

熵值法根据同一评价指标观测值之间的差异程度来确定权重，若各个评价指标观测值差异越大，则该评价指标的权重系数越大，反之越小。如果最重要的评价指标不一定使所有评价方案的属性值具有较大差异，而最不重要的评价指标可能使所有评价方案的属性值具有最大差异，则这样确定的权重系数就会出现重要评价指标的权重系数小而不重要评价指标的权重系数大等情况。这样显然是不合理的。

2. 拉开档次法

从几何角度看，m 个被评价对象可以看成是由 n 个评价指标构成的 n 维评价空间中的 m 个点（或向量）。寻求 m 个被评价对象的评价值（标量）就相当于把这 m 个点向某一维空间做投影。选择评价指标权重系数使得各评价对象之间的差异尽量拉大，也就是根据 n 维评价空间构造一个最佳的一维空间，使得各点在一维空间上的投影点最为分散，即分散程度最大。

取极大型评价指标 $x_1, x_2, \cdots, x_n$ 的线性函数做为系统综合评价的函数：

$$y = \omega_1 x_1 + \omega_2 x_2 + \cdots + \omega_n x_n = \boldsymbol{W}^{\mathrm{T}} \boldsymbol{X} \tag{1-49}$$

$\boldsymbol{W} = (\omega_1, \omega_2, \cdots, \omega_n)^{\mathrm{T}}$ 是 n 维待定正向量（其作用相当于权重系数向量），$\boldsymbol{X} = (x_1, x_2, \cdots, x_n)^{\mathrm{T}} = (x_{ij})_{m \times n}$ 为被评价对象的状态向量。

如果将第 i 个系统的 n 个标准观测值 $x_{i1}, x_{i2}, \cdots, x_{in}$ 代入，即得

$$\boldsymbol{Y} = \begin{bmatrix} y_1 \\ y_2 \\ \vdots \\ y_n \end{bmatrix} = \boldsymbol{W}^{\mathrm{T}} \boldsymbol{X} \tag{1-50}$$

确定权重系数向量 $\boldsymbol{W} = (\omega_1, \omega_2, \cdots, \omega_n)^{\mathrm{T}}$ 的准则是最大限度地体现出各个系统的差异，使评价指标向量 $\boldsymbol{X} = (x_1, x_2, \cdots, x_n)^{\mathrm{T}} = (x_{ij})_{m \times n}$ 的线性函数 y_i 的取值分散程度或方差尽可能大。

因此，m 个被评价对象取值构成样本的方差为：

$$s^2 = \frac{1}{m} \sum_{i=1}^{m} (y_i - \bar{y})^2 = \frac{\boldsymbol{Y}^{\mathrm{T}} \boldsymbol{Y}}{m} - \bar{y}^2 \tag{1-51}$$

得到 $ms^2 = \boldsymbol{W}^{\mathrm{T}} \boldsymbol{A}^{\mathrm{T}} \boldsymbol{A} \boldsymbol{W} = \boldsymbol{W}^{\mathrm{T}} \boldsymbol{H} \boldsymbol{W}$，限定 $\boldsymbol{W}^{\mathrm{T}} \boldsymbol{W} = 1$，由此得到拉开档次法的权重模型为：

$$\begin{aligned} &\max \boldsymbol{W}^{\mathrm{T}} \boldsymbol{H} \boldsymbol{W} \\ &\text{s.t.} \boldsymbol{W}^{\mathrm{T}} \boldsymbol{H} = 1 \\ &\boldsymbol{W} > 0 \end{aligned} \tag{1-52}$$

与熵值法不同，拉开档次法是突出整体差异的权重确定方法，即从整体上尽量体现各评价指标之间的差异，是一类求大同存小异的方法，具有客观、评价过程透明和保序性好的特点。

3. 逼近理想点法

设被评价对象的理想值为 $\boldsymbol{X}^* = (x_1^*, x_2^*, \cdots, x_n^*)$ ，任一被评价对象 $\boldsymbol{X}_j = (x_{j1}, x_{j2}, \cdots, x_{jn})$ 与 $\boldsymbol{X}^*$ 间的加权欧几里得距离为：

$$h_j = \sum_{i=1}^n [\omega_j(x_{ij} - x_j^*)]^2 = \sum_{i=1}^n \omega_j^2 (x_{ij} - x_j^*)^2 \qquad j = 1, 2, \cdots, m \qquad (1\text{-}53)$$

求优化问题的最优解，使所有的 h_j 之和取最小值，即为逼近理想点法求得的权重系数 w_j。

$$\min \sum_{j=1}^m h_j = \sum_{j=1}^m \sum_{i=1}^n \omega_j^2 (x_{ij} - x_j^*)^2$$

$$\text{s.t.} \sum_{j=1}^m \omega_j = 1 \qquad (1\text{-}54)$$

$$\omega_j > 0 \qquad j = 1, 2, \cdots, m$$

用拉格朗日函数求解，得：

$$\omega_j = \frac{\dfrac{1}{\sum\limits_{i=1}^n (x_{ij} - x_j^*)^2}}{\sum\limits_{j=1}^m \dfrac{1}{\sum\limits_{i=1}^n (x_{ij} - x_j^*)^2}} \qquad j = 1, 2, \cdots, m \qquad (1\text{-}55)$$

逼近理想点法与拉开档次法具有共同的特点，可以从整体上尽量体现各评价指标之间的差异。

1.6.3　组合赋权法

组合赋权法是结合主观赋权法和客观赋权法的各自特点形成的，其首先分别在主观赋权法和客观赋权法内部找出最合理的主观和客观权重系数，再根据具体情况确定主观赋权法和客观赋权法权重系数所占比例，最后求出综合评价权重系数。这种方法在一定程度上既反映了决策者的主观信息，又可以利用原始数据和数学模型使权重系数具有客观性。但是权重系的确定有赖于主观赋权法和客观赋权法权重系数所占的比例。

1.7　评价方法的选择

评价方法的分类很多。按照评价与所使用信息特征的关系，评价方法可以分为基于数据的评价、基于模型的评价、基于专家知识的评价，以及基于数据、模型、专家知识的综合评价。我们的定位是现代综合评价方法，根据各评价方法所依据的理论基础，这里把综合评价方法大体分为四类。

（1）专家评价方法，如专家打分综合法。

（2）运筹学与其他数学方法，如层次分析法、数据包络分析法、灰色综合评判法、模糊综合评判法。

（3）新型评价方法，如人工神经网络评价法、支持向量机综合评价法。

（4）混合方法，这是几种方法混合使用的情况，如层次分析法+模糊综合评判、模糊神经网络评价法。

在选择评价方法时需要适应综合评价对象和综合评价任务的要求，根据现有资料的状况，做出科学的选择。也就是说，评价方法的选取主要取决于评价者本身的目的和被评价事物的特点。而且，就同一种评价方法本身而言，在一些具体问题的处理上也并非相同，需要根据不同的情况做不同的处理。因此，从一定程度上讲，综合评价方法是一门科学，对该方法的应用也是一门艺术。

评价方法的选择原则如下：

（1）选择评价者最熟悉的评价方法；

（2）所选择的方法必须有坚实的理论基础，能为人们所信服；

（3）所选择的方法必须简洁明了，尽量降低算法的复杂性；

（4）所选择的方法必须能够正确地反映评价对象和评价目的。

近年来，围绕综合评价，其他相关知识不断渗入，使得综合评价方法不断丰富，有关研究也不断深入。国内出现了不少用现代方法研究装备领域多评价指标综合评价问题的案例。然而在研究中也还存在一些问题，主要表现在以下方面。

（1）在理论发展和实践应用之间还存在空白，缺少应用理论基础研究。

（2）各评价方法往往结合某个现实问题独立地被运用，缺少系统化综合研究和集成研究。

本书讲述了几种比较经典的综合评价方法的理论和应用，主要包括层次分析法、模糊综合评判法、数据包络分析法、人工神经网络评价法、灰色综合评判法及其在装备领域中的典型应用案例。考虑到评价理论近些年的发展，本书也讲述了几种较为新颖的综合评价方法和应用，主要包括基于粗糙集评价法、支持向量机评价方法、基于可拓学的综合评价方法和基于集对分析的综合评价方法及其在装备领域中的典型应用案例。

1.8　装备战斗力生成评价指标构建

装备综合评价贯穿于装备的全寿命周期，在装备论证、装备研制、装备生产、装备保障和作战使用等各阶段都需要进行评价，确定方案或效能，围绕各自追求的目标,建立相应的综合评价指标体系,以准确反映各阶段的状态水平，促进战斗力的快速生成和保持。

装备部队如何迅速形成战斗力，是装备使用管理的核心内容和重要任务。装备战斗力生成评价指标体系的建立应遵循以下原则。

（1）目的性原则。评价的目的性是评价的动因，也是建立评价指标体系的出发点。评价指标体系应围绕装备战斗力生成这一目标来设计。

（2）科学性原则。装备战斗力生成评价指标的科学性体现在两个方面：①所有评价指标及评价过程和模式有相应科学依据，有科学性原理的支持，能够反映装备战斗力生成的真实情况；②评价指标体系能够涵盖影响新装备战斗力生成的主要因素。简单地说，装备战斗力生成评价指标的科学性是由评价指标的合理性和评价指标体系的完整性来决定的。

（3）可操作性原则。评价指标的可操作性有两方面含义：①评价指标可以定量表示，即使不能定量表示，也应方便定性判断；②追求评价指标的目标实现过程应具有可操作性，这种过程应能被逐级分解到管理组织的各单位，甚至分解到个人。

（4）客观性原则。评价指标体系所涉及的事件属性应能全面真实地反映事物的本质和评价的目标，避免因主观因素过多而造成偏差。

通过分析，可将影响装备战斗力生成的各方面因素归结为装备质量特性、装备数量与规模、人员素质、训练与演练、综合保障及装备信息管理六个方面，在此基础上，以装备战斗力生成为目标层，将六个一级评价指标分别进一步细化为若干二级评价指标,构建了装备战斗力生成评价指标体系,如图 1-5 所示。

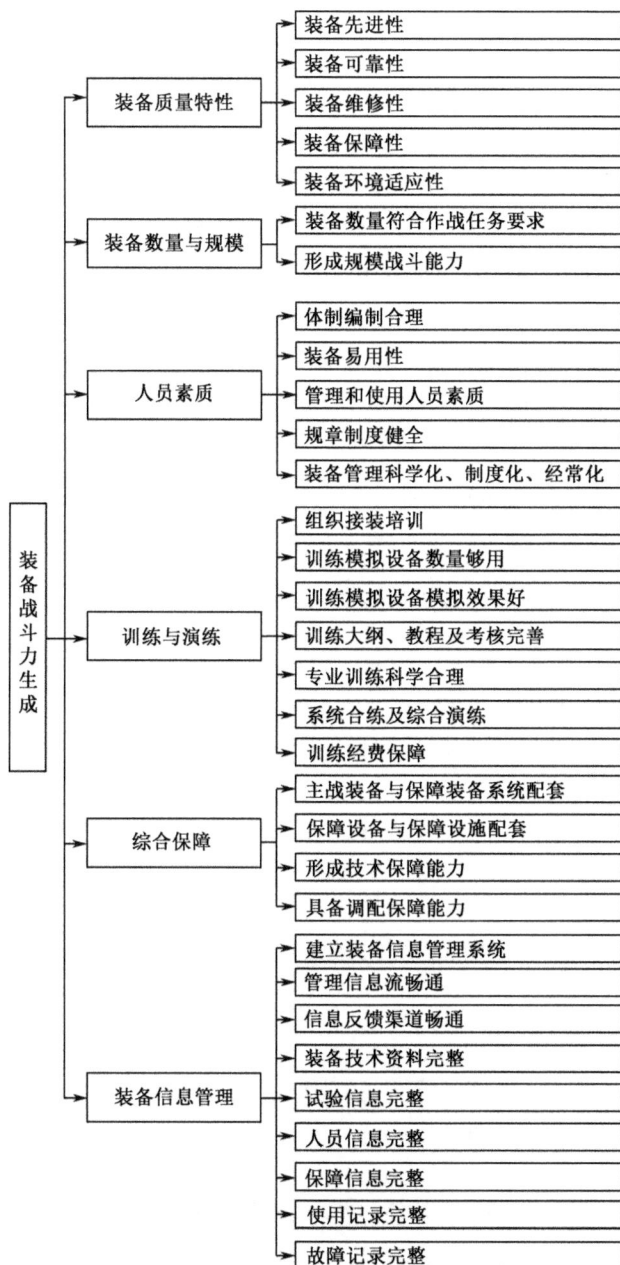

图 1-5 装备战斗力生成评价指标体系

思考题

1. 什么叫评价？什么叫综合评价？评价与决策、评估有何区别？

2. 简述评价与价值、评价与认识、评价与实践、评价与测量、评价与评估之间的区别和相互关系。

3. 简述综合评价的七个要素。

4. 简述综合评价的基本程序。

5. 简述评价指标的选取原则。

6. 简述评价指标体系的确定方法。

7. 何谓评价指标的一致化处理？有哪些常用方法？

8. 什么叫权重？确定权重有哪些方法？

9. 简述评价方法选择的基本原则。

第 2 章　层次分析法

本章知识要点

层次分析法是通过构建层次结构模型，采用定性判断与定量分析相结合的手段，综合确定决策诸因素相对重要性的方法。本章在系统介绍层次分析法的思想和原理基础上，详细阐述层次分析法的模型和分析步骤，使学生准确掌握建立评判问题递阶层次结构、构造判断矩阵及一致性检验、确定单一准则下元素相对权重及计算层次总权重的方法，并以某航空兵团奖金的使用、通信系统效能评价指标排序作为应用实例进行分析。

重点把握内容

（1）层次分析法的思想和原理；

（2）层次分析法的模型和分析步骤；

（3）递阶层次结构的构建方法；

（4）判断矩阵的构建及一致性检验；

（5）单一准则下元素相对权重计算；

（6）层次总权重的计算；

（7）层次分析法的应用。

2.1　层次分析法的基本原理

层次分析法（Analytical Hierarchy Process，AHP）是美国匹兹堡大学著名的运筹学家萨迪教授（A.L.Saaty）等人于 20 世纪 70 年代提出的一种定性与定量分析相结合的多准则决策方法，其特点是在对复杂决策问题的本质、影响因素及内在关系等进行深入分析的基础上，构建一个层次结构模型，然后利用较少的定量信息，把决策思维过程数学化，从而为求解多目标、多准则或无结构特性的复杂决策问题，提供一种简便的决策方法。

层次分析法是一种基本的综合评价方法，其基本思路有以下几个方面。

（1）将需要评价的问题分解为各个组成因素，并把这些因素按照相互支配关系形成目标、准则、方案等层次，从而形成一个有序的递阶层次结构。

（2）对层次结构中每一层次因素利用两两比较的方法确定层次中诸因素的相对重要性，根据人们对各个组成因素重要性的客观判断进行定量表示，再利用数学方法确定每一层次中全部因素相对重要性次序的权重。

（3）通过综合计算各层次因素的相对重要性的权重，得到最低层（方案层）相对于最高层（目标层）的权重，并将其作为评价和选择方案的依据。

层次分析法将定性判断与定量分析相结合，用数量形式表达和处理人的主观偏好，综合人的判断以确定决策诸因素相对重要性的总排序，从而为科学决策提供依据。在排序计算中，每一层次的因素相对于上一层次某一因素的排序问题又可简化为一系列成对因素的判断比较。为了将比较判断定量化，引入 1～9 度量法，并写成判断矩阵形式，通过计算判断矩阵的最大特征值及其对应的特征向量，计算某一层次对于上一层次某一元素的相对重要性权值，最终确定层次总排序权值。

尽管层次分析法的应用需要掌握一些简单的数学工具，但从数学原理上层次分析法有深刻的内容，层次分析法从本质上讲是一种思维方式。它把复杂问题分解成因素，又将这些因素按支配关系分组形成递阶层次结构。通过两两比较的方式确定层次中诸因素的相对重要性。然后综合决策者的判断，确定决策方案相对重要性的总的排序。整个过程体现了人的决策思维的基本特征，即分解、判断、综合。

层次分析法的特点是将决策者对复杂系统的评价决策思维过程数学化，特别是，层次分析法提供给决策者直接进入分析过程，将科学性与艺术性结合的有利渠道，层次分析法十分适用于具有定性的，或定性和定量兼有的决策分析，它是一种十分有效的系统分析和科学决策方法。

2.2 层次分析法的模型及步骤

层次分析法在评价实际问题时要经过六个步骤，如图 2-1 所示。

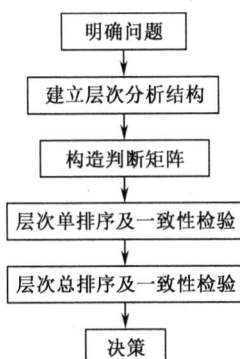

图 2-1　层次分析法基本步骤

1）明确问题

通过对评价问题的深入分析，广泛收集信息，确定该问题的总目标，弄清涉及的范围、需要采取的措施方案、实现目标的准则、策略和各种约束条件等。

2）建立层次分析结构

按目标的不同、实现功能的差异，将评价问题分为几个等级层次，如目标层、准则层、方案层等，用关系图的形式说明层次的递阶结构与因素的从属关系。当某个层次包含的因素较多时，可将该层次进一步划分为若干子层次。层次分析模型是层次分析法赖以建立的基础，这是层次分析法的第一个基本特征。

3）构造判断矩阵

一般采用 1～9 标度及其倒数的标度方法，根据人们对各因素相对重要性的认识，对各因素相对重要程度进行赋值。为了从判断矩阵中提炼出有用的信息，实现对事物的规律性认识，为决策提供科学的依据，就需要计算每个判断矩阵的权重向量和全体判断矩阵的合成权重向量。通过两两对比按重要性等级赋值，完成从定性分析到定量分析的过渡，这是层次分析法的第二个基本特征。

4）层次单排序及一致性检验

判断矩阵 A 的特征方程 $AW = \lambda_{\max} W$ 的解 W，经归一化后即为同一层次有关因素相对于上一层次某因素相对重要性的排序权值，这一过程称为层次单排序。为判断矩阵的一致性，需要计算一致性指标，当随机一致性比率满足要求时，可以认为层次单排序的结构具有满意一致性，否则需要调整判断矩阵的元素取值。

5）层次总排序及一致性检验

计算各层元素对系统目标的合成权重，进行总排序，以确定结构图中最底层各个元素总目标中的重要程度。这一过程是从最高层次到最低层次逐层进行的。

6）决策

根据层次总排序结果，对相关因素进行优劣分析，给出相关决策建议。

2.2.1　构造层次结构模型

在运用层次分析法进行综合评价时，首先要将所包含的因素分组，每一组作为一个层次，按照最高层、若干有关因素的中间层和最低层的形式排列起来，通常可以构成如图 2-2 所示的层次结构模型。

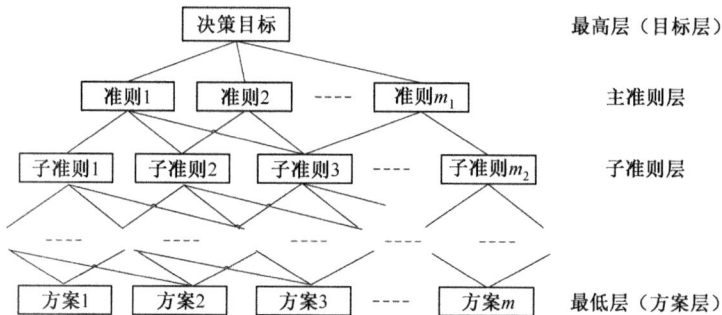

图 2-2　层次结构模型

（1）最高层：评价问题的预定目标或理想结果，即应用层次分析法要达到的目标，也称为目标层。

（2）中间层：包括为实现目标涉及的所有中间环节，也可以由若干层次组成，包括所考虑的主准则、子准则，也称为准则层。

（3）最低层：实现目标的各种措施、决策方案等，也称为方案层。

建立了递阶层次结构后，上下层次之间因素的隶属关系就被确定了，如果某个因素与下一层次所有因素均有联系，那么称这个因素与下一层次存在完全层次关系；如果某个因素与下一层次部分因素有联系，那么称这个因素与下一层次存在不完全层次关系。

2.2.2　构造判断矩阵

建立层次分析模型之后，评价者就可以在各层次元素中对上一层次对应因素的重要度进行两两比较，构造出比较判断矩阵，首先需要评价者将每一层次中各因素对应于上一层次，并对主因素相对重要性给出判断，这些判断通过引入合适的标度用数值表示出来，写成判断矩阵。判断矩阵是层次分析法的基本信息，也是进行相对重要度计算的重要依据。下面探讨一下如何建立起两两比较判断矩阵。

为讨论方便，这里建立如图 2-3 所示的层次结构模型。

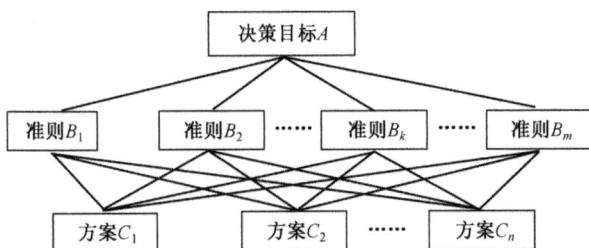

图 2-3 层次结构模型

假定以上一层次的元素 B_k 作为准则，其对下一层次元素 $C_1, C_2, \cdots, C_n$ 有支配关系，针对准则 B_k，按照下一层次各元素的相对重要性，赋予 $C_1, C_2, \cdots, C_n$ 各自相应的权重。在这一步中要解决的问题：针对准则 B_k，任意两个元素 C_i 和 C_j 哪个更重要，重要性的大小需要对"重要性"赋予一定的数值并进行量化。赋值的根据或来源可以是由决策者直接提供，或是通过决策者与分析者对话确定，或是由分析者通过某种技术咨询而获得。

在层次分析法中，为了使决策判断定量化，形成数值判断矩阵，引入 1～9 及其倒数作为标度，称之为 1～9 度量法，判断矩阵标度及其含义如表 2-1 所示。

表 2-1 判断矩阵标度及其含义

序号	重要性等级	a_{ij} 赋值
1	i, j 两元素同等重要	1
2	i 元素比 j 元素稍重要	3
3	i 元素比 j 元素明显重要	5
4	i 元素比 j 元素强烈重要	7
5	i 元素比 j 元素极端重要	9
6	i 元素比 j 元素稍不重要	1/3

（续表）

序号	重要性等级	a_{ij} 赋值
7	i 元素比 j 元素明显不重要	1/5
8	i 元素比 j 元素强烈不重要	1/7
9	i 元素比 j 元素极端不重要	1/9

为了对表 2-1 中的重要性等级进一步细化，可用 $a_{ij}=\{2,4,6,8,1/2,1/4,1/6,1/8\}$ 表示 i 和 j 两元素重要性等级介于 $a_{ij}=\{1,3,5,7,9,1/3,1/5,1/7,1/9\}$ 等级之间。这些数字是根据人们进行定性分析的直觉和判断力而确定的。

对于 n 个元素来说，我们得到两两比较判断矩阵 $A=(a_{ij})_{n\times n}$。其中 a_{ij} 表示因素 i 和因素 j 相对于目标 B_k 的重要值。

一般来说，构造的判断矩阵取如下形式：

B_k	C_1	C_2	$\cdots$	C_n
C_1	a_{11}	a_{12}	$\cdots$	a_{1n}
C_2	a_{21}	a_{22}	$\cdots$	a_{2n}
$\vdots$	$\vdots$	$\vdots$	$\vdots$	$\vdots$
C_n	a_{n1}	a_{n2}	$\cdots$	a_{nn}

根据因素 i 和因素 j 相对于目标 B_k 重要性两两比较，得出 a_{ij} 的特点，矩阵 A 具有如下性质：

（1） $a_{ij}>0$ ；

（2） $a_{ij}=1/a_{ji}(i\neq j)$ ；

（3） $a_{ii}=1(i=1,2,\cdots,n)$ 。

我们把这类矩阵 A 称为正反矩阵。对正反矩阵 A，若有 $a_{ij}\times a_{jk}=a_{ik}$，则称该矩阵为一致矩阵。在求解实际问题时，构造的判断矩阵并不一定具有一致性，常常需要进行一致性检验。

实际上，凡是较复杂的决策问题，其判断矩阵一般是经由多位专家（评价者）填写咨询表之后形成的。专家咨询的本质在于把专家渊博的知识和丰富的经验，借助于对众多相关因素的两两比较，转化成决策所需的有用信息。因此，专家在填写咨询表之前，必须全面深入地分析每个影响因素的地位和作用，纵览全局，做到心中有数，切忌盲目行事。

2.2.3　判断矩阵的一致性检验

建立判断矩阵的过程就是使判断思维数学化的过程，该过程简化了繁杂问题的分析，使得一些定性问题的定量化成为可能。此外，这种数学化的方法还有助于决策者检查并保持判断思维的一致性。

判断思维的一致性是指专家在判断评价指标的重要性时，各判断之间协调一致，不出现相互矛盾的结果。但是在多阶判断的条件下，很容易出现不一致现象，不同的条件下不一致的程度上有所差别。在应用层次分析法时，保持判断思维的一致性是非常重要的。

对于实际问题建立起来的判断矩阵往往可能不满足一致性，造成这种问题的原因是多种多样的。例如，由于客观事物的复杂性和人们认识上的多样性，以及可能产生的片面性。要求每一个判断都有完全的一致性显然不太可能，特别是因素多、规模大的问题更是如此。但是，要求判断具有大体的一致性却是应该的。若出现甲比乙极端重要，乙比丙极端重要，丙又比甲极端重要的情况显然是违反常识的。因此，为了保证应用层次分析法得到的结论合理，还需要对构造的判断矩阵进行一致性检验。这种检验通常是结合层次分析法的分析步骤进行的。

根据矩阵理论可以得到这样的结论，即如果 $\lambda_1, \lambda_2, \cdots, \lambda_n$ 满足：

$$Ax = \lambda x \tag{2-1}$$

则称 $\lambda = (\lambda_1, \lambda_2, \cdots, \lambda_n)$ 为矩阵 A 的特征根，并且对于所有 $a_{ii} = 1$，有：

$$\sum_{i=1}^{n} \lambda_i = n \tag{2-2}$$

显然，当矩阵具有完全一致性时，$\lambda_1 = \lambda_{max} = n$，其余特征根均为零；而当矩阵 A 不具有完全一致性时，则有 $\lambda_1 = \lambda_{max} > n$，其余特征根 $\lambda_2, \lambda_3, \cdots, \lambda_n$ 有如下关系：

$$\sum_{i=2}^{n} \lambda_i = n - \lambda_{max} \tag{2-3}$$

由此可以得出：当判断矩阵不能保证具有完全一致性时，相应判断矩阵的特征根也将发生变化，这样就可以用判断矩阵特征根的变化来检验矩阵的一致性程度。因此，在层次分析法中引入判断矩阵最大特征根以外的其余特征根的负平均值，作为度量判断矩阵偏离一致性的指标，定义：

$$CI = \frac{\lambda_{\max} - n}{n - 1} \qquad (2\text{-}4)$$

即用一致性指标 CI 检查决策者判断思维的一致性。CI 值越大，表明判断矩阵偏离一致性的程度越大；CI 值越小（接近于 0），表明判断矩阵的一致性越好。

显然，当判断矩阵具有完全一致性时，CI=0，反之亦然。从而我们有 CI=0，$\lambda_1 = \lambda_{\max} = n$，判断矩阵具有完全一致性。

另外，当矩阵 A 具有满意一致性时，$\lambda_{\max}$ 稍大于 n，其余特征根也接近于零。不过这种说法不够严密，我们必须对于"满意一致性"给出一个度量指标。

对于不同阶的判断矩阵，人们判断的一致误差不同，其 CI 值的要求也不同。衡量不同阶判断矩阵是否具有满意一致性，我们还需引入判断矩阵的平均随机一致性指标 RI。对于 1～9 阶判断矩阵，RI 的值分别列于表 2-2 中。

表 2-2 平均随机一致性指标 RI

1	2	3	4	5	6	7	8	9
0.00	0.00	0.58	0.90	1.12	1.24	1.32	1.41	1.45

在这里，对于 1 阶和 2 阶判断矩阵，RI 只是形式上的，因为 1 阶和 2 阶判断矩阵总是具有完全一致性。当阶数大于 2 时，判断矩阵的一致性指标 CI 与同阶平均随机一致性指标 RI 之比称为随机一致性比率，记为 CR。当

$$CR = \frac{CI}{RI} < 0.10 \qquad (2\text{-}5)$$

即认为判断矩阵具有满意一致性，否则就需要调整判断矩阵，使之具有满意一致性。

2.2.4 单一准则下相对权重确定

计算出某层次因素相对于上一层次中对应因素的相对重要性，这种排序计算称为层次单排序。具体地说，层次单排序是根据判断矩阵，对于上一层次某元素而言，计算本层次与之有联系的元素重要性次序的权值。

例如，根据如图 2-4 所示的单层次结构模型，计算 C 层中元素相对于上层 A 中各目标元素的相对重要性，即为层次单排序，也称为单一准则下相对权重确定。

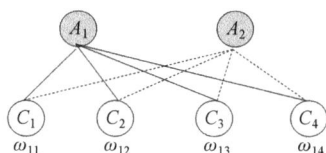

图 2-4　单层次结构模型

对于目标 A_1 而言，C_1、C_2、C_3、C_4 之间的相对重要性权值为 w_{11}、w_{12}、w_{13}、w_{14}。同理，对于目标 A_2 而言，C_1、C_2、C_3、C_4 之间的相对重要性权值则为 w_{21}、w_{22}、w_{23}、w_{24}。

理论上讲，层次单排序计算问题可归结为计算判断矩阵的最大特征根及其特征向量的问题。一般来说，计算判断矩阵的最大特征根及其对应的特征向量，并不需要追求较高的精确度。这是因为判断矩阵本身有误差范围，而且，在应用层次分析法给出的层次中，各种因素优先排序权值从本质上来说是表达某种定性的概念。因此，一般用迭代法在计算机上求得近似的最大特征值及其对应的特征向量，常用方法有幂法，也可以用近似方法计算矩阵最大特征根及其对应的特征向量，常用方法有和积法和方根法。

1）幂法

计算特征根的幂法时，我们可以利用计算机得到任意精度的最大特征根 $\lambda_{\max}$ 及其对应的特征向量 W。这一方法的计算步骤如下。

（1）任取与判断矩阵 A 同阶的正规化的初值向量 W^0。

（2）计算

$$\overline{W}^{k+1} = A\overline{W}^k \qquad k = 0,1,2,\cdots \tag{2-6}$$

（3）令 $\beta = \sum_{i=1}^{n} \overline{W}_i^{k+1}$，计算

$$W^{k+1} = \frac{1}{\beta}\overline{W}^{k+1} \qquad k = 0,1,2,\cdots \tag{2-7}$$

（4）对于预先给定的精确度 ε，当

$$\left| \overline{W}_i^{k+1} - W_i^k \right| < \varepsilon \qquad k = 0,1,2,\cdots \tag{2-8}$$

对所有 $k = 0,1,2,\cdots$ 成立时，则 $W = W_i^{k+1}$ 为所求特征向量。$\lambda_{\max}$ 可由下式求得：

$$\lambda_{\max} = \sum_{i=1}^{n} \frac{W_i^{k+1}}{nW_i^k} \tag{2-9}$$

式中，n 为矩阵阶数；W_i^k 为向量 W^{k+1} 的第 i 个分量。

2）和积法

为简化计算，可采用近似方法——和积法计算，它使得我们可以仅使用简单的计算工具，在保证足够精确度的条件下运用层次分析法，具体计算步骤如下。

（1）将判断矩阵中每一元素按列正规化：

$$\overline{a}_{ij} = \frac{a_{ij}}{\sum\limits_{k=1}^{n} a_{kj}}, \qquad i,j = 1,2,\cdots n \tag{2-10}$$

（2）每一列经正规化后的判断矩阵按行相加：

$$\overline{W}_i = \sum\limits_{j=1}^{n} \overline{a}_{ij}, \qquad j = 1,2,\cdots n \tag{2-11}$$

（3）对向量 $\overline{W} = [\overline{W}_1, \overline{W}_2, \cdots, \overline{W}_n]^{\mathrm{T}}$ 正规化：

$$W_i = \frac{\overline{W}_i}{\sum\limits_{j=1}^{n} \overline{W}_j}, \qquad i = 1,2,\cdots n \tag{2-12}$$

所得到的 $W = [W_1, W_2, \cdots, W_n]^{\mathrm{T}}$ 即为所求特征向量。

计算判断矩阵最大特征根 $\lambda_{\max}$：

$$\lambda_{\max} = \sum\limits_{i=1}^{n} \frac{(AW)_i}{nW_i} \tag{2-13}$$

式中：$(AW)_i$ 表示向量 AW 的第 i 个分量。

3）方根法

为简化计算，也可采用另一种近似方法——方根法，其步骤如下。

（1）计算判断矩阵 A 每一行元素的乘积 M_i，为：

$$M_i = \prod\limits_{j=1}^{n} a_{ij} \qquad i,j = 1,2,\cdots,n \tag{2-14}$$

（2）将所得的乘积 M_i 开 n 次方根，可得：

$$\overline{W}_i = \sqrt[n]{M_i} \qquad i = 1,2,\cdots,n \tag{2-15}$$

（3）将方根向量 $\overline{W} = \left[\overline{W}_1, \overline{W}_2, \cdots, \overline{W}_n\right]^{\mathrm{T}}$ 进行归一化处理，即得特征向量 W：

$$W_i = \frac{\overline{W}_i}{\sum\limits_{j=1}^{n} \overline{W}_j} \qquad i = 1,2,\cdots,n \tag{2-16}$$

则 $W = [W_1, W_2, \cdots, W_n]^{\mathrm{T}}$ 即为所求的特征向量。

（4）计算判断矩阵的最大特征根 $\lambda_{\max}$

$$\lambda_{\max} = \sum_{i=1}^{n} \frac{(AW)_i}{nW_i}$$ （2-17）

其中，$(AW)_i$ 表示向量 AW 的第 i 个元素。

【例 1】分别用和积法和方根法计算表 2-3 中判断矩阵的最大特征根及其对应的特征向量，并判断一致性。

表 2-3　B-C 判断矩阵

B	C_1	C_2	C_3
C_1	1	1/5	1/3
C_2	5	1	3
C_3	3	1/3	1

（1）按和积法计算

① 按列正规化：

$$\overline{a}_{11} = \frac{a_{11}}{a_{11} + a_{21} + a_{31}} = \frac{1}{1+5+3} = 0.111$$

$$\overline{a}_{21} = \frac{a_{21}}{a_{11} + a_{21} + a_{31}} = \frac{5}{1+5+3} = 0.556$$

$$\overline{a}_{31} = \frac{a_{31}}{a_{11} + a_{21} + a_{31}} = \frac{3}{1+5+3} = 0.333$$

同理可求：$\overline{a}_{12} = 0.130, \overline{a}_{22} = 0.652, \overline{a}_{23} = 0.217$

$$\overline{a}_{13} = 0.077, \overline{a}_{32} = 0.692, \overline{a}_{33} = 0.231$$

由此得到按列正规化后的判断矩阵为：

$$\begin{bmatrix} 0.111 & 0.130 & 0.077 \\ 0.556 & 0.652 & 0.692 \\ 0.333 & 0.217 & 0.231 \end{bmatrix}$$

② 将判断矩阵按行相加得：

$$\overline{W}_1 = \sum_{j=1}^{n} a_{1j} = 0.111 + 0.130 + 0.077 = 0.318$$

$$\overline{W}_2 = \sum_{j=1}^{n} a_{2j} = 0.556 + 0.652 + 0.692 = 1.900$$

$$\overline{W}_3 = \sum_{j=1}^{n} a_{3j} = 0.333 + 0.217 + 0.231 = 0.781$$

③ 将向量 $\overline{W}=[0.318, 1.900, 0.780]^{\mathrm{T}}$ 正规化，得：

$$\sum_{j=1}^{n}\overline{W}_j=0.318+1.900+0.780=2.999$$

$$W_1=\frac{\overline{W}_1}{\sum\limits_{j=1}^{n}\overline{W}_j}=\frac{0.318}{2.999}=0.106$$

$$W_2=\frac{\overline{W}_2}{\sum\limits_{j=1}^{n}\overline{W}_j}=\frac{1.900}{2.999}=0.634$$

$$W_3=\frac{\overline{W}_3}{\sum\limits_{j=1}^{n}\overline{W}_j}=\frac{0.781}{2.999}=0.260$$

则所求特征向量为：

$$W=[0.106, 0.634, 0.260]^{\mathrm{T}}$$

计算判断矩阵的最大特征根 $\lambda_{\max}$。

$$AW=\begin{bmatrix}1 & 1/5 & 1/3\\ 5 & 1 & 3\\ 3 & 1/3 & 1\end{bmatrix}\begin{bmatrix}0.106\\ 0.634\\ 0.260\end{bmatrix}$$

$$(AW)_1=1\times0.106+1/5\times0.634+1/3\times0.260=0.320$$

$$(AW)_2=5\times0.106+1\times0.634+3\times0.260=1.941$$

$$(AW)_3=3\times0.106+1/3\times0.634+1\times0.260=0.785$$

$$\lambda_{\max}=\sum_{i=1}^{n}\frac{(AW)_i}{nW_i}=\frac{(AW)_1}{3W_1}+\frac{(AW)_2}{3W_2}+\frac{(AW)_3}{3W_3}$$

$$=\frac{0.320}{3\times0.106}+\frac{1.941}{3\times0.634}+\frac{0.785}{3\times0.260}=3.036$$

$$\mathrm{CI}=\frac{\lambda_{\max}-n}{n-1}=\frac{3.036-3}{3-1}=0.018$$

由表 2-2 可查得，判断矩阵为 3 阶，RI=0.58。

则 $\mathrm{CR}=\dfrac{\mathrm{CI}}{\mathrm{RI}}=\dfrac{0.018}{0.58}=0.031<0.10$，故判断矩阵具有满意一致性。

（2）按方根法计算

① 计算判断矩阵 B 的每一行元素乘积：

$$M_1=a_{11}a_{12}a_{13}=1\times\frac{1}{5}\times\frac{1}{3}=\frac{1}{15}$$

$$M_2 = a_{21}a_{22}a_{23} = 5 \times 1 \times 3 = 15$$

$$M_3 = a_{31}a_{32}a_{33} = 3 \times \frac{1}{3} \times 1 = 1$$

② 计算 M_1、M_2、M_3 的 3 次方根：

$$\overline{W_1} = \sqrt[3]{M_1} = \sqrt[3]{\frac{1}{15}} = 0.405$$

$$\overline{W_2} = \sqrt[3]{M_2} = \sqrt[3]{15} = 2.47$$

$$\overline{W_3} = \sqrt[3]{M_3} = \sqrt[3]{1} = 1$$

③ 将方根向量 $\overline{W_1}$、$\overline{W_2}$、$\overline{W_3}$ 进行正规化：

$$W_1 = \frac{\overline{W_1}}{\overline{W_1} + \overline{W_2} + \overline{W_3}} = \frac{0.405}{0.405 + 2.47 + 1} = 0.105$$

$$W_2 = \frac{\overline{W_2}}{\overline{W_1} + \overline{W_2} + \overline{W_3}} = \frac{2.47}{0.405 + 2.47 + 1} = 0.637$$

$$W_3 = \frac{\overline{W_3}}{\overline{W_1} + \overline{W_2} + \overline{W_3}} = \frac{1}{0.405 + 2.47 + 1} = 0.258$$

所求的特征向量为：$W = [0.105, 0.637, 0.258]^{\mathrm{T}}$。

④ 计算判断矩阵的最大特征根 $\lambda_{\max}$。

$$AW = \begin{bmatrix} 1 & 1/5 & 1/3 \\ 5 & 1 & 3 \\ 3 & 1/3 & 1 \end{bmatrix} \begin{bmatrix} 0.105 \\ 0.637 \\ 0.258 \end{bmatrix}$$

$$(AW)_1 = 1 \times 0.105 + 1/5 \times 0.637 + 1/3 \times 0.258 = 0.318$$

$$(AW)_2 = 5 \times 0.105 + 1 \times 0.637 + 3 \times 0.258 = 1.936$$

$$(AW)_3 = 3 \times 0.105 + 1/3 \times 0.637 + 1 \times 0.258 = 0.785$$

$$\lambda_{\max} = \sum_{i=1}^{n} \frac{(AW)_i}{nW_i} = \frac{(AW)_1}{3W_1} + \frac{(AW)_2}{3W_2} + \frac{(AW)_3}{3W_3}$$

$$= \frac{0.318}{3 \times 0.105} + \frac{1.936}{3 \times 0.637} + \frac{0.785}{3 \times 0.258} = 3.03678$$

$$CI = \frac{\lambda_{\max} - n}{n - 1} = \frac{3.03678 - 1}{3 - 1} = 0.01839$$

由表 2-2 可查得，判断矩阵为 3 阶，RI=0.58。

则 $CR = \dfrac{CI}{RI} = \dfrac{0.01839}{0.58} = 0.0317 < 0.10$，故判断矩阵具有满意一致性。

2.2.5　层次总权重确定

层次总权重的确定是针对最高层次的目标而言的，最高层次的总排序就是其层次总排序。具体方法是依次沿递阶层次结构由上而下逐层计算，即可计算出最低层次因素相对于最高层次（总目标）的相对重要性或相对优劣的排序值，即层次总排序。

针对如图 2-3 所示的层次结构模型，目标层 A 相对于准则层 B 的权重为 $(a_1, a_2, \cdots, a_m)$，m 为准则的个数，第 k 个准则 B_k 相对于方案层 C 的权重为 $(b_k^1, b_k^2, \cdots, b_k^m)$，则 C 层各因素相对于 A 层的综合权重为：$b_i = \sum\limits_{j=1}^{m} a_i b_n^i$，$i = 1, 2, \cdots, n$，具体计算如表 2-4 所示。

表 2-4　层次总权重确定

层次 B	层次 A				C 层各元素相对于 A 层的综合权重
	A_1	A_2	$\cdots$	A_m	
B_1	b_1^1	b_1^2	$\cdots$	b_1^m	$b_1 = \sum\limits_{i=1}^{m} a_i b_1^i$
B_2	b_2^1	b_2^2	$\cdots$	b_2^m	$b_2 = \sum\limits_{i=1}^{m} a_i b_2^i$
$\vdots$	$\vdots$	$\vdots$	$\vdots$	$\vdots$	$\vdots$
B_n	b_n^1	b_n^2	$\cdots$	b_n^m	$b_n = \sum\limits_{i=1}^{m} a_i b_n^i$

根据求得的 b_i 值大小，可以得到最低层次因素相对于最高层次（总目标）相对重要性的排序。

层次总排序要进行一致性检验，检验是从高层次到低层次进行的。但在实际应用时，整体一致性检验常常可以省略，主要原因在于当决策者给出单目标下准则判断矩阵时，是难以对整体进行考虑的，当整体一致性不满足要求时，进行调整也比较困难，因此目前大多数实际评价都没有对整体一致性进行严格检验，但其必要性有待于进一步讨论。

2.2.6　决策

通过数学运算可计算出最低层次各方案对最高层次（总目标）相对优劣的

排序权值，从而对备选方案进行排序。

层次分析法计算结果简单明确，易于被决策者了解和掌握。但我们应该看到，层次分析法得出的结果是粗略的方案排序。对于那种有较高定量要求的决策问题，单纯用层次分析法不大合适。对于定量要求不高的问题，可以获得较好的结果。

2.3 层次分析法的应用

在应用层次分析法进行评价时，绘出的层次结构图可以分为两大类，具体如图 2-5 所示。所以，层次分析法的应用可以分为方案选择和指标排序两个方面。

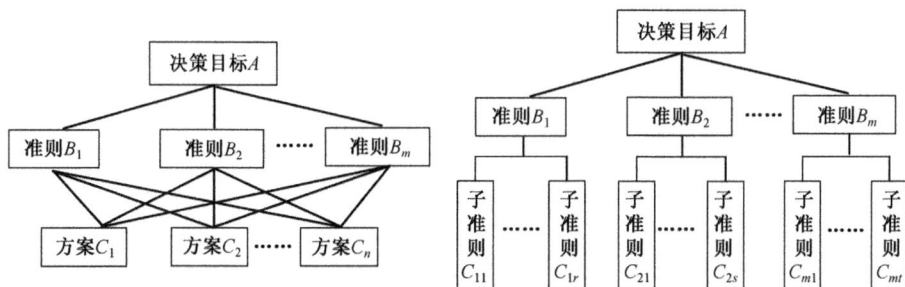

图 2-5 层次结构图类型

2.3.1 层次分析法在方案选择中的应用

某航空兵团荣立集体二等功，获得了上级颁发的奖金，需要团领导研究分析，决定如何合理使用，以最好地发挥奖金的效益。为此，可以采用层次分析法对各方面因素进行综合评价，以提供决策建议。

1. 问题分析

奖金的合理使用与发挥奖金的效益两者相辅相成，具有相同的目标，根据该团实际情况，可以参考的决策方案有：作为奖金发给官兵；扩建官兵宿舍、食堂等福利设施；办技术进修班；修建图书馆；购买新技术设备。这些方案都有其合理性，但是选择的方案，既要符合该团实际情况，又要充分尊重全团官兵的意见。需要从调动官兵工作积极性、提高官兵技术文化水平、改善官兵物质文化生活状况等方面进行综合衡量，最终确定选取哪种方案更为合适。

2. 构造层次结构模型

根据奖金合理使用问题的分析结果，可以构建如图 2-6 所示的层次结构模型。

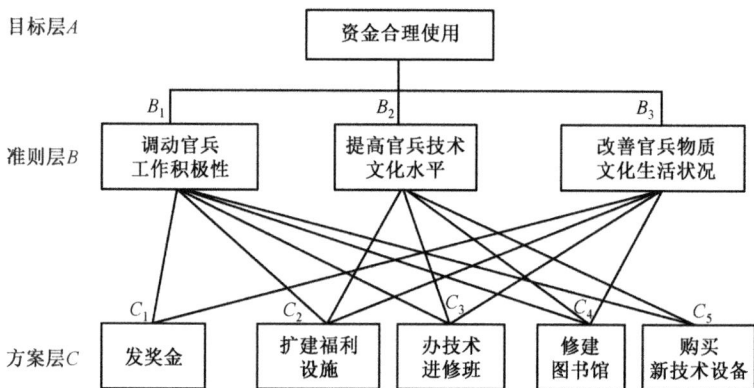

图 2-6　奖金合理使用问题的层次结构模型

3. 计算单一准则下元素的相对重要性

（1）计算第二层相对于第一层的判断矩阵

A-B	B_1	B_2	B_3
B_1	1	1/5	1/3
B_2	5	1	3
B_3	3	1/3	1

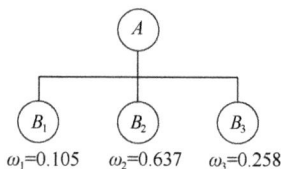

通过方根法计算得判断矩阵的特征向量和特征根分别为：

$$W=(0.105, 0.637, 0.258) \qquad \lambda_{max}=3.039$$

对判断矩阵进行一致性检验，即计算 CI 和 CR：

$$CI=0.019 \qquad CR=0.033<0.1$$

说明判断矩阵的一致性可以接受。

（2）计算第三层元素相对于第二层元素的判断矩阵

B_1-C	C_1	C_2	C_3	C_4	C_5
C_1	1	2	3	4	7
C_2	1/2	1	3	2	5
C_3	1/3	1/3	1	1/2	1
C_4	1/4	1/2	2	1	3
C_5	1/7	1/5	1	1/3	1

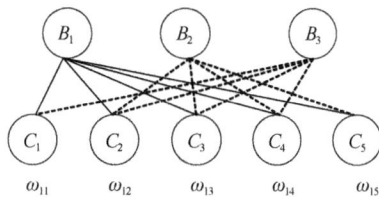

通过方根法计算得判断矩阵的特征向量和特征根分别为：

$$W=(0.491,0.232,0.092,0.138,0.046)\ \lambda_{\max}=5.126$$

对判断矩阵进行一致性检验，即计算 CI 和 CR：

$$CI=0.032 \qquad CR=0.028<0.1$$

说明判断矩阵的一致性可以接受。

B_2-C	C_2	C_3	C_4	C_5
C_2	1	1/7	1/3	1/5
C_3	7	1	5	2
C_4	3	1/5	1	1/3
C_5	5	1/2	3	1

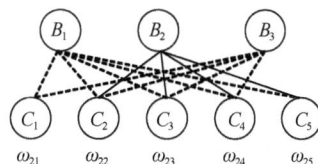

通过计算得判断矩阵的特征向量和特征根分别为：

$$W=(0.055,0.564,0.118,0.265)\quad \lambda_{\max}=4.117$$

对判断矩阵进行一致性检验，即计算 CI 和 CR：

$$CI=0.039 \qquad CR=0.039<0.1$$

说明判断矩阵的一致性可以接受。

B_3-C	C_1	C_2	C_3	C_4
C_1	1	1	3	3
C_2	1	1	3	3
C_3	1/3	1/3	1	1
C_4	1/3	1/3	1	1

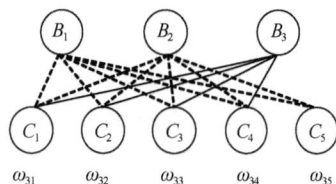

通过计算得判断矩阵的特征向量和特征根分别为：

$$W=(0.406,0.406,0.094,0.094)\quad \lambda_{\max}=4$$

对判断矩阵进行一致性检验，即计算 CI 和 CR：

$$CI=0 \qquad CR=0$$

说明判断矩阵是完全一致性矩阵。

4. 计算各元素的总权重

方案	准则			总权重
	B_1	B_2	B_3	$b_k = \sum_{i=1}^{m} a_i C_{ki}$
	0.105	0.637	0.258	
C_1	0.491	0	0.406	0.157
C_2	0.232	0.055	0.406	0.164
C_3	0.092	0.564	0.094	0.393
C_4	0.136	0.118	0.094	0.113
C_5	0.046	0.265	0	0.172

注意：在计算单一准则下元素的相对重要性时，如果上一层与下一层某个元素没有关系，则在层次总权重确定相应表格中填 0。

5. 结论

发奖金、扩建福利设施、办技术进修班、修建图书馆、购买新技术设备这 5 个方案在合理使用奖金、最好地发挥奖金效益总目标所占的权重为：

$$W=(0.157, 0.164, 0.393, 0.113, 0.172)$$

计算结果表明，对于合理使用上级发放奖金，办技术进修班是首选的方案。

2.3.2 层次分析法在评价指标排序中的应用

某通信部队为了考核通信系统的效能，组织专家提出了一系列评价指标，但这些评价指标在反映通信系统效能评价中所占的重要度不同，需要采取一定方法对评价指标进行排序。

1. 问题分析

GJB451 对系统效能的定义是系统在规定条件下满足给定的定量特征和服务要求的能力。因此根据系统效能的定义，通信系统效能分为组网能力、可靠性及数传能力。另外,在实际战场环境中大部分的通信指挥系统均为车载式系统,因此又增加了通信系统的安全防护能力。

通信系统组网能力具体分为:能够体现通信系统通信范围的最大通信距离、能够体现通信系统最大负载能力的最大用户容量以及能够体现通信系统节点入网效率的入网时间;通信系统可靠性具体分为:能够体现通信系统抗打击的抗毁伤能力、能够体现通信系统在复杂电磁战场环境下生存的抗干扰能力以及能够体现通信系统数据传输准确性的误码率;通信系统数传能力具体分为:能够体现通信系统数据传输能力的吞吐量、能够体现通信系统数据的传输时间、排队等待时间和处理时间的综合效应的传输时延以及能够体现通信系统数据的传输可靠性的交付率;通信系统安全防护能力具体分为:能够体现通信系统快速反应的机动能力以及能够体现通信系统隐蔽性的隐蔽防护能力。

2. 建立层次结构模型

基于上述对通信系统效能的分析以及层次分析法的介绍,根据各元素相互关系建立通信系统效能层次结构模型,如图 2-7 所示。

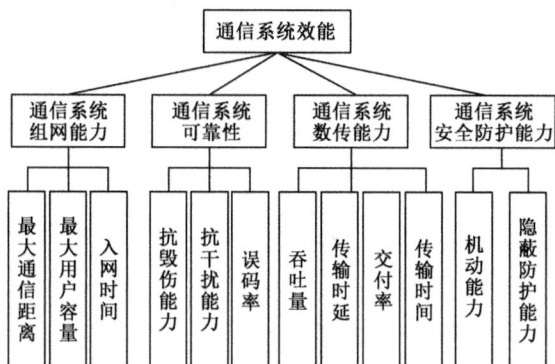

图 2-7　通信系统效能层次结构模型

3. 构造判断矩阵

利用通信系统中各层次元素之间的相对重要程度之比建立判断矩阵,为使元素之间相对重要程度之比便于量化,采用 T.L.Saaty 等人根据心理学提出的 1～9 度量法。根据 1～9 度量法建立如下各层次的判断矩阵。

目标层-准则层的判断矩阵为:

$$\begin{bmatrix} 1 & 1/3 & 1 & 3 \\ 3 & 1 & 3 & 5 \\ 1 & 1/3 & 1 & 3 \\ 1/3 & 1/5 & 1/3 & 1 \end{bmatrix}$$

通信系统组网能力的判断矩阵为：

$$\begin{bmatrix} 1 & 2 & 3 \\ 1/2 & 1 & 3 \\ 1/3 & 1/3 & 1 \end{bmatrix}$$

通信系统可靠性的判断矩阵为：

$$\begin{bmatrix} 1 & 1/3 & 1/2 \\ 3 & 1 & 3 \\ 2 & 1/3 & 1 \end{bmatrix}$$

通信系统数传能力的判断矩阵为：

$$\begin{bmatrix} 1 & 2 & 1/3 \\ 1/2 & 1 & 1/3 \\ 3 & 3 & 1 \end{bmatrix}$$

通信系统安全防护能力的判断矩阵为：

$$\begin{bmatrix} 1 & 2 \\ 1/2 & 1 \end{bmatrix}$$

4. 层次单排序

1）层次单排序计算步骤

根据方根法计算出各判断矩阵的权重向量，具体计算过程如下。

（1）将判断矩阵中各行元素相乘并开 m 次方根：

$$b_j = \sqrt[m]{\prod_{j=1}^{m} a_{ij}}$$

（2）将所得的列向量进行归一化处理得到权重向量：

$$\overline{b}_j = \frac{b_j}{\sum_{j=1}^{m} b_j}$$

（3）求出判断矩阵所对应的一致性指标值：

$$CI = \frac{\lambda_{max} - n}{n - 1}$$

（4）一致性检验：

$$CR = \frac{CI}{RI}$$

若 CR<0.1，则判断矩阵的一致性满足要求，反之则重新调整判断矩阵。

2）层次单排序计算结果

（1）目标层-准则层单排序计算结果

$$\lambda_{max} = 4.0435, \omega = \begin{bmatrix} 0.1998 \\ 0.5222 \\ 0.1998 \\ 0.0781 \end{bmatrix}$$

CI=0.0145, CR=0.0163<0.1

由结果可知，通信系统组网能力、通信系统可靠性、通信系统数传能力以及通信系统安全防护能力所对应的判断矩阵的一致性满足要求，其对应的权重向量符合客观逻辑。通信系统可靠性在最终目标即通信系统效能中所占的比重最大，即通信系统可靠性指标相对于其他评价指标最重要。

（2）通信组网能力计算结果

$$\lambda_{max} = 3.0536, \omega = \begin{bmatrix} 0.5278 \\ 0.3325 \\ 0.1396 \end{bmatrix}$$

CI=0.0268, CR=0.0462<0.1

由结果可知，通信组网能力判断矩阵的一致性满足要求，其对应的权重向量符合客观逻辑。最大通信距离在"通信组网能力"指标中所占比重最大，即最大通信距离相对于其他评价指标最重要。

（3）通信系统可靠性计算结果

$$\lambda_{max} = 3.0536, \omega = \begin{bmatrix} 0.1571 \\ 0.5936 \\ 0.2493 \end{bmatrix}$$

CI=0.0268, CR=0.0462<0.1

由结果可知，通信系统可靠性判断矩阵的一致性满足要求，其对应的权重向量符合客观逻辑。抗干扰能力在"通信系统可靠性"指标中所占比重最大，即抗干扰能力相对于其他评价指标最重要。

（4）通信系统数传能力计算结果

$$\lambda_{\max} = 3.0539, \omega = \begin{bmatrix} 0.2519 \\ 0.1593 \\ 0.5889 \end{bmatrix}$$

CI=0.027, CR=0.0465<0.1

由结果可知，通信系统数传能力判断矩阵的一致性满足要求，其对应的权重向量符合客观逻辑。交付率在"通信系统数传能力"指标中所占比重最大，即交付率相对于其他评价指标最重要。

（5）通信系统安全防护能力计算结果

$$\lambda_{\max} = 2.0000, \omega = \begin{bmatrix} 0.667 \\ 0.333 \end{bmatrix}$$

CI=0, CR=0<0.1

由结果可知，通信系统安全防护能力判断矩阵的一致性满足要求，其对应的权重向量符合客观逻辑。机动能力在"通信系统安全防护能力"指标中所占比重最大，即机动能力相对于其他评价指标最重要。

5. 层次总排序

在完成层次单排序后，准则层中各准则所对应评价指标的相对重要程度被确定，相当于确定各单项评价指标考核时所对应的侧重点。但是对通信系统仅仅进行单项评价指标考核显然缺乏科学性、合理性，也不符合实际战场环境对通信系统的综合性要求。因此需要得出方案层中各底层评价指标相对于通信系统效能的综合权重值，即需要进行方案层的层次总排序。

1）层次总排序计算步骤

层次总排序是层次结构中从第二层开始直到最底层为止各层所有元素相对于目标层中的总目标进行的综合排序，具体计算步骤如下。

（1）计算第 k 层元素的综合权重向量

设 W^k 为第 k 层的层次总排序综合权重向量，ω^k 为第 k 层中相对于上一层各元素相关联各元素所对应的层次单排序权重向量所构成的权重矩阵，其余各层次以此类推。则第 k 层元素综合权重向量计算过程为：

$$W^k = \omega^k \, \omega^{k-1} \, \omega^{k-2} \cdots W^2$$

（2）进行第 k 层总的一致性检验

进行层次总排序后，要进行总的一致性检验以检测各层次累积的不一致性误差是否在有效范围内。具体计算过程为：

$$\mathrm{CR}^k = \mathrm{CR}^{k-1} + \frac{\displaystyle\sum_{j=1}^{m} \mathrm{CI}_j^k a_j}{\displaystyle\sum_{j=1}^{m} \mathrm{RI}_j^k a_j}$$

式中，CR^k——第 k 层的总的一致性比例值，CR^{k-1}——第 $k-1$ 层的总的一致性比例值，CI_j^k——第 k 层中以第 $k-1$ 层的第 j 个元素为准则所得的判断矩阵的一致性指标值，RI_j^k——第 k 层中以第 $k-1$ 层的第 j 个元素为准则所得的判断矩阵的平均随机一致性指标值，a_j——第 $k-1$ 层的第 j 个元素的综合权重值。

2）层次排序计算结果

根据上面所述的层次排序计算步骤可知，最底层各元素的层次总排序需要各层的层次单排序结果，并且在进行层次总的一致性检验时，应将上一层次总的一致性检验值以及各元素综合权重值代入下一层次总的一致性检验中去。

从层次单排序得到方案层各元素的层次单排序权重矩阵：

$$\boldsymbol{\omega}^3 = \begin{bmatrix} 0.5278 & 0 & 0 & 0 \\ 0.3325 & 0 & 0 & 0 \\ 0.1396 & 0 & 0 & 0 \\ 0 & 0.1571 & 0 & 0 \\ 0 & 0.5936 & 0 & 0 \\ 0 & 0.2493 & 0 & 0 \\ 0 & 0 & 0.2519 & 0 \\ 0 & 0 & 0.1593 & 0 \\ 0 & 0 & 0.5889 & 0 \\ 0 & 0 & 0 & 0.6667 \\ 0 & 0 & 0 & 0.3333 \end{bmatrix}$$

目标层-准则层权重向量：

$$\boldsymbol{W}^2 = \begin{bmatrix} 0.1998 \\ 0.5222 \\ 0.1998 \\ 0.0781 \end{bmatrix}$$

因此方案层即最底层各元素的综合权重向量为：

$$\boldsymbol{W}^3 = \begin{bmatrix} 0.5278 & 0 & 0 & 0 \\ 0.3325 & 0 & 0 & 0 \\ 0.1396 & 0 & 0 & 0 \\ 0 & 0.1571 & 0 & 0 \\ 0 & 0.5936 & 0 & 0 \\ 0 & 0.2493 & 0 & 0 \\ 0 & 0 & 0.2519 & 0 \\ 0 & 0 & 0.1593 & 0 \\ 0 & 0 & 0.5889 & 0 \\ 0 & 0 & 0 & 0.6667 \\ 0 & 0 & 0 & 0.3333 \end{bmatrix} \begin{bmatrix} 0.1998 \\ 0.5222 \\ 0.1998 \\ 0.0781 \end{bmatrix}$$

$$= [0.1055, 0.0664, 0.0279, 0.0820, 0.3100, 0.1302, 0.0503,$$
$$0.0318, 0.1177, 0.0521, 0.0260]^{\mathrm{T}}$$

因为第三层的层次总排序需要逐层累积，所以需要对第三层进行总的一致性检验。由于本层次相对于上一层次的层次单排序的一致性指标值和平均随机一致性指标值分别为：

$CI_1=0.0268$，$CI_2=0.0268$，$CI_3=0.027$，$CI_4=0$；$RI_1=0.58$，$RI_2=0.58$，$RI_3=0.58$，$RI_4=0$可求得本层的一致性比例值 $CR_1=0.0462$，上一层次的总一致性比例值 $CR_2=0.0163$。

所以，$CR_3=0.0462+0.0163=0.0625<0.1$。

因此，第三层次总排序权重向量满足要求，可以使用。

各底层评价指标的综合排序权重值如图 2-8 所示。

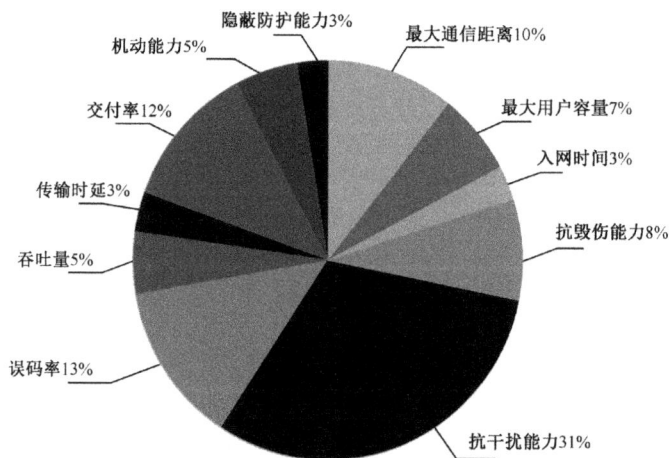

图 2-8　各底层评价指标的综合排序权重值

由图 2-8 中 11 个底层评价指标综合权重值可知，通信系统抗干扰能力所占权重值为 31%，是最重要的，因此，依据层次结构中所确定的判断矩阵，最终确定通信系统效能这个综合指标，应首先准确确定通信系统抗干扰能力的量化评价指标值，然后再按权重的大小，依次确定各评价指标值，再依据线性加权和的方式进行通信系统效能的量化评定。

思考题

1. 尽管从数学原理上层次分析法有深刻的内容，但层次分析法本质上是一种思维方式，简述层次分析法的基本思想和基本步骤。

2. 层次分析法的层次结构一般包括哪几层？各有什么作用？

3. 层次分析法的判断矩阵如何得到？一般具有哪些性质？

4. 何谓一致性矩阵？如何进行检验？

5. 单一准则下元素相对权重有哪几种计算方法？简述各自的核心内容。

6. 简述层次分析法的分析步骤。

7. 层次总排序是如何求取的？

8. 结合实例说明层次分析法在军事装备领域的应用。

第3章 模糊综合评判法

本章知识要点

模糊综合评判法是应用模糊关系合成原理，对被评价对象及其多个因素隶属等级状况进行综合评价和排序的方法。本章在系统介绍模糊现象和模糊性的基础上，引出模糊综合评判法的思想和原理，详细阐述模糊综合评判法的模型和分析步骤，使学生准确掌握模糊、评价因素、评价等级的概念，熟悉构造评价矩阵及计算权重的方法，并以武器装备经济效益评价和武器装备研制进度风险评价作为应用实例进行分析。

重点把握内容

(1) 模糊、模糊现象和模糊评判的概念；

(2) 模糊综合评判法的思想和原理；

(3) 模糊综合评判法的模型和分析步骤；

(4) 构造模糊评价矩阵、确定权重；

(5) 模糊合成的概念、常用的模糊算子；

(6) 模糊综合评判法的应用。

3.1 模糊综合评判法基本原理

3.1.1 模糊现象和模糊数学

客观世界中存在着许多不确定性，这种不确定性表现为以下几种不同的形式。

(1) 事件是否发生的不确定性，即通常所说的随机性，由于受到大量因素影响而导致的事物状态具有统计规律的不规则变化。从信息观点看，随机性涉及信息的量。

（2）由于人的模糊思维而产生对事物状态认定上的不明晰性，即模糊性，是事物本身状态的不确定性。从信息观点看，模糊性关系到信息的含义。模糊性是针对集合的边界而言的。

（3）由于缺乏信息所导致的对事情认识的不完整性、非唯一性和不肯定性，即灰色。灰色是指事物的内涵不确定，表现为系统因素不完全清楚，或系统中因素之间的关系不完全明确，或系统结构不完全知道，或系统的运行机制与状态不完全明白等。

（4）事情的处理不清楚，即粗糙性，对于具有不精确、不一致和不完全性的多源信息，利用粗糙集理论不仅能对其进行有效地分析和推理，还能从中发现隐含的知识，揭示对象内部潜在的规律。

其中（2）就是本章讨论的不确定性中的模糊性。在客观世界中，存在着大量的模糊概念和模糊现象。例如，一个概念和与其对立的概念无法划出一条明确的分界，它们是随着量变逐渐过渡到质变的，"年轻"和"年老"就是如此，人们无法划出一条严格的年龄界限来区分"年轻"和"年老"。这种没有确切界限的对立概念都是所谓的模糊概念。

凡涉及模糊概念的现象被称为模糊现象，现实生活中的绝大多数现象，都存在着中间状态，并不是非此即彼，而是表现出亦此亦彼，存在着许多甚至无穷多的中间状态。模糊性是指某些事物或者概念的边界不清楚，是事物的一种客观属性，是事物的差异之间存在着中间过渡过程的结果，或者说是事物本身状态的不确定性。

1965 年，美国加州大学的控制论专家扎德（L.A.Zadew）经过多年潜心研究，发表了一篇题为《模糊集合》的重要论文，第一次成功地运用精确的数学方法描述了模糊概念，从而宣告了模糊数学的诞生。从此，模糊现象进入了人类科学研究的领域。

模糊数学着重研究"认知不确定"类的问题，其研究对象具有"内涵明确，外延不明确"的特点。模糊数学的产生把数学的应用范围，从精确现象扩大到模糊现象的领域，进而处理复杂的系统问题。模糊数学绝不是把已经很精确的数学变得模糊，而是用精确的数学方法来处理过去无法用数学描述的模糊事物。从某种意义上来说，模糊数学是架在形式化思维和复杂系统之间的一座桥梁，通过它可以把多年积累起来的形式化思维，也就是精确数学的一系列成果，应用到复杂系统。

3.1.2　模糊综合评判法

一个事物往往需要用多个指标刻画其本质与特征，并且人们对一个事物的评价又往往不是简单的好与不好，而是采用模糊语言分为不同程度的评语。由于评价等级之间的关系是模糊的，没有绝对明确的界限，因此具有模糊性。显而易见，对于这类模糊评价问题，利用经典的评价方法存在着不合理性。那么用什么办法解决这类问题呢？应用模糊数学的方法进行综合评判将会取得更好的实际效果。

模糊综合评判法就是以模糊数学为基础，对决策活动中受多种因素制约的人、物、事、方案等评价对象应用模糊关系合成原理，将一些边界不清、不易定量的因素定量化，对被评价对象及其多个因素隶属等级状况，按多项模糊的准则参数对备选方案进行多因素、多目标的综合评价和判断，再根据综合评判结果对各备选方案进行比较排序，选出最好方案的一种方法。

模糊综合评判法作为模糊数学的一种具体应用方法，最早是由我国学者汪培庄提出的。其基本原理是：首先，确定被评判对象的因素（评价指标）集和评语（等级）集；然后，分别确定各个因素的权重及它们的隶属度向量，获得模糊评判矩阵；最后，把模糊评判矩阵与因素的权重向量进行模糊运算并进行归一化，得到模糊评价综合结果。可见，模糊综合评判过程是由着眼因素和评语构成的二要素系统。着眼因素和评语一般都有模糊性，不宜用精确的数学语言描述。

模糊综合评判法是在模糊环境下，考虑多种因素的影响，为了评价目的对评价对象做出综合决策的方法。它的特点在于，将评价因素和评价等级的隶属度进行综合，对被评价对象有唯一的评价值，不受被评价对象所处对象集合的影响。综合评价的目的是从对象集中选出优胜对象，需要将所有对象的综合评价结果进行排序。所以，模糊综合评判法也将针对被评价对象的全体，根据所给的条件，给每个被评价对象的评价指标赋予一个非负实数，再据此排序择优。

模糊综合评判法虽然利用了模糊数学理论，但并不高深，也不复杂，容易为人们所掌握和使用。其主要优点是数学模型简单且容易掌握，对多因素、多层次的复杂问题评判效果比较好，是别的数学分支和模型难以代替的方法。

3.2　模糊综合评判法的思想和模型

3.2.1　确定评价因素和评价等级

评价问题确定后，根据评价最终目标，建立评价指标体系。这些评价指标被称为刻画被评价对象的 m 种因素，简称为评价因素，记为 $U = \{u_1, u_2, \cdots, u_m\}$；每一个评价指标所处状态具有多种评语，为刻画每一个评价指标所处状态的 n 种决断，简称为评价等级，记为 $V = \{v_1, v_2, \cdots, v_n\}$。

m 为评价指标（因素）的个数，由具体评价指标体系决定；n 为评语（评价等级）的个数，一般划分为 3～5 个等级。

3.2.2　构造模糊评判矩阵和确定权重

1. 构造模糊评判矩阵

首先对评价指标集 U 中的单评价指标 $u_i(i = 1, 2, \cdots, m)$ 做单评价指标评判，从评价指标 u_i 着眼，该事物对评价等级 $v_j(j = 1, 2, \cdots, n)$ 的隶属度（可能性程度）为 r_{ij}，这样就得出第 i 个因素 u_i 的单评价指标评判集：

$$r_i = (r_{i1}, r_{i2}, \cdots, r_{in}) \tag{3-1}$$

这样，m 个评价指标的评价集就构造成一个总的矩阵 R，即每一个被评价对象确定了从 U 到 V 的模糊关系矩阵 R，此即为模糊评判矩阵。

$$R = \begin{pmatrix} r_{11} & r_{12} & \cdots & r_{1n} \\ r_{21} & r_{22} & \cdots & r_{2n} \\ \cdots & \cdots & \cdots & \cdots \\ r_{m1} & r_{m2} & \cdots & r_{mn} \end{pmatrix} \tag{3-2}$$

其中，r_{ij} 表示从因素 u_i 着眼，该评判对象能被评为 v_j 的隶属度 $(i = 1, 2, \cdots, m; j = 1, 2, \cdots, n)$。具体地说，$r_{ij}$ 表示第 i 个因素 u_i 在第 j 个评价等级 v_j 上的频率分布，一般将其归一化，使之满足 $\sum r_{ij} = 1$。这样，R 本身就没有量纲，无须进行专门处理。

一般来说，主观或定性的评价指标都具有一定程度的模糊性，可以采用等级比重法确定隶属度，以满足模糊综合评判的要求。用等级比重法确定隶属度时，为了保证可靠性，一般要注意两个问题：第一，评价者人数不能太少，因为只有这样，等级比重才趋于隶属度；第二，评价者必须对被评事物有相当的了解，特别是一些涉及专业方面的评价，更应该如此。

对于客观和定量的评价指标，可以选用频率法。频率法是先划分评价指标值在不同等级的变化区间，然后，以评价指标值的历史资料在各等级变化区间出现的频率作为对各等级模糊子集的隶属度。这种方法操作方便，工作量小，但是比较粗糙，评价指标值的等级区间划分会影响评价结果。

2. 确定权重

得到模糊关系矩阵后，尚不足以对事物做出评价。评价指标集中的各个指标在"评价目标"中有不同的地位和作用，即各评价指标在综合评价中占有不同的比重。引入 U 上的一个模糊子集 A，称为权重或权数分配集，$A = (a_1, a_2, \cdots, a_m)$,其中 $a_i > 0$，且 $\sum a_i = 1$。它反映对各个因素的一种权衡。

权重是表征因素相对重要性大小的度量值。常见的评价问题中的权重赋值，一般多凭经验主观臆测，富有浓厚的主观色彩。在某些情况下，主观确定权重尚有客观的一面，一定程度上反映了实际情况,评价的结果有较高的参考价值。但是主观判断权重有时严重地扭曲了客观实际，使评价的结果严重失真而有可能导致决策者的错误判断。在某些情况下，确定权重可以利用数学的方法，尽管数学方法掺杂主观性，但因数学方法严格的逻辑性且可以对确定的"权重"进行"滤波"和"修复"处理，因此，可以尽量剔除主观成分，符合客观现实。

3.2.3　进行模糊合成和做出决策

这里存在两种模糊集，一种是评价指标集 U 中各元素重要程度的度量，表现为因素集 U 上的模糊权重向量 $A = (a_1, a_2, \cdots, a_m)$；另一种是 $U \times V$ 上的模糊关系，表现为 $m \times n$ 模糊评判矩阵 R。这两类模糊集都是人们价值观或者偏好的反映。

R 中不同的行反映了某个被评价对象从不同的单评价指标来看对各等级模糊子集的隶属度。用模糊权重向量 A 将不同的行进行综合，就可得到该被评判对象从总体上来看对各等级模糊子集的隶属度，即模糊综合评价结果向量。

引入 V 上的一个模糊子集 B，称为模糊评价集，又称为决策集。$B=(b_1,b_2,\cdots,b_n)$，b_j 表示被评价对象具有评价等级 v_j 的程度。如果评判结果 $\sum b_j \neq 1$，应将它归一化。各个评判指标具体反映了被评判对象在所评判的特征方面的分布状态，使评判者对被评判对象有更深入地了解，并能做各种灵活的处理。

如何由 R 与 A 求 B 呢？一般地令 $B=A*R$（*为算子符号），称为模糊变换。B 是对每个被评判对象综合状况隶属度的描述，这个模型看起来简单，但实际上较为复杂。给予不同的算子，就有不同的评价模型。从理论上讲，上述模糊合成运算有无穷多种，但在实际应用中，经常采用的具体模型有以下几种。

（1）最早的合成运算多采用查德算子，该算子为主因素突出型，按照最大隶属度法则，得到最终评判结果。即选择最大的 b_j 所对应的评价等级 v_j 作为综合评判的结果，即权重最大的评价指标属于哪一个评价等级就认为被评价对象属于哪一个等级。但当评价因素较多时，由于 a_i 很小，得到的 b_j 反映不出实际情况，失去了综合评价的意义。因此，应用查德算子做综合评判时，可能得到的结果与实际相差较大。

（2）为了克服查德算子的缺点，人们常常采用"与""或"算子，或者将两种类型的算子搭配使用。当然，最简单的是普通矩阵乘法，即加权平均法，这种模型要让每个因素都对综合评价有所贡献，比较客观地反映了被评价对象的全貌，是一个很容易理解、很容易接受的合成方法。这时的算子为普通积，我们可假设相对于各评价等级 v_j 规定的参数列向量为 $C=(c_1,c_2,\cdots c_n)^{\mathrm{T}}$，则得出等级参数评判结果为 $B*C=p$。p 是一个实数。它反映了由等级模糊子集 B 和等级参数向量 C 所带来的综合信息，在许多实际应用中，它是十分有用的综合参数。

在实际问题中，我们不一定仅限于已知的算子，应该依据具体的情形，采用合适的算子，可以大胆试验、大胆创新。一方面只要采用的算子抓住实际问题的本质，获得满意的效果；另一方面保证其满足 $0<<b_j<1$ 即可。

3.3　模糊综合评判法的步骤

如图 3-1 所示，模糊综合评判法在评价实际问题时基本要经过以下六个步骤：

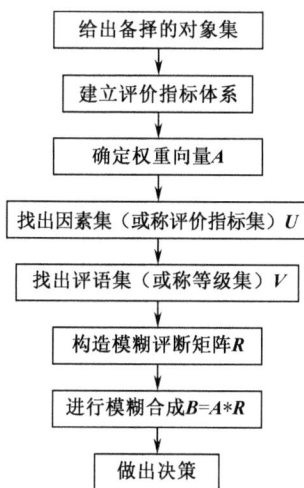

图 3-1 模糊综合评判法基本步骤

1）给出备择的对象集

通过对评价问题的深入分析，确定把握评价目的，给出备择的对象集：

$$X(x_1, x_2, \cdots, x_t)$$

2）建立评价指标体系

根据评价目标的不同，按照递阶层次结构图或表格形式，建立评价指标体系，为后续评价指标集和评语集的建立奠定基础。

3）确定权重向量 A

按照评价指标在"评价目标"中的地位和作用，即各评价指标在综合评价中占有不同的比重，引入 U 上的一个模糊子集 A，称为权重集或权数分配集。

4）找出因素集（或称评价指标集）U

根据评价指标体系找出因素集（或称评价指标集）U，表明对被评价对象从哪些方面进行评价。

5）找出评语集（或称等级集）V

根据评价问题对评价指标所处状态等级需要，确定评价等级的个数，这实际上是对被评价对象变化区间的划分，一般划分为 3～5 个等级。

6）构造模糊评断矩阵 R

着眼于评价指标集 U 中的单评价指标 $u_i(i=1,2,\cdots,m)$，对评价等级 $v_j(j=1,2,\cdots,n)$ 的隶属度进行判断，得出第 i 个因素 u_i 的单评价指标评判集 r_i；m 个评价指标的评判集就构造成一个总的模糊评判矩阵 R，这就是对一个被评

价对象确定的从 U 到 V 的模糊关系。

7）进行模糊合成

采用模糊变换求取 $B=A*R$，也就是用模糊权重向量 A 对模糊评断矩阵 R 不同的行进行综合，就可得到被评价对象从总体上来看对各等级模糊子集的隶属度，即模糊综合评价结果向量。常用的合成算法有加权平均型和主因素突出型，加权平均型算法常用在因素集很多的情形中，它可以避免信息丢失；主因素突出型算法常用在所统计的模糊矩阵中的数据相差很悬殊的情形，它可以防止其中"调皮"的数据的干扰。在实际的应用中，根据现实问题的性质决定算子的选择。

8）做出决策

模糊综合评判的结果是被评判对象对各等级模糊子集的隶属度，它是一个模糊向量，而不是一个点值，因而它能提供的信息比其他方法更丰富。若对多个事物比较并排序，就需要进一步处理，即计算每个被评判对象的综合分值，按大小排序，从中挑选出最优者。

3.4　模糊综合评判法的应用

3.4.1　装备经济效益评价

装备经济效益是装备在研制、生产、采购、使用、储存、维修到报废的全寿命过程中取得的军事成果与付出的资源耗费之间的数量对比关系，是衡量装备建设、发展和管理水平的重要依据。

1. 确定评价指标体系

装备经济效益受多种因素的影响和制约，按照装备的全寿命周期划分，主要包括研制效益、生产效益、采购效益、维修效益、保养效益和管理效益。而每阶段的经济效益又由各自特有的因素决定，为此，按照评价指标的选取原则，制定装备经济效益评价指标体系，其结构如图 3-2 所示。

其中评级指标分为两级，共同构成因素集，评价等级分为优、良、中、差四级，构成评语集。

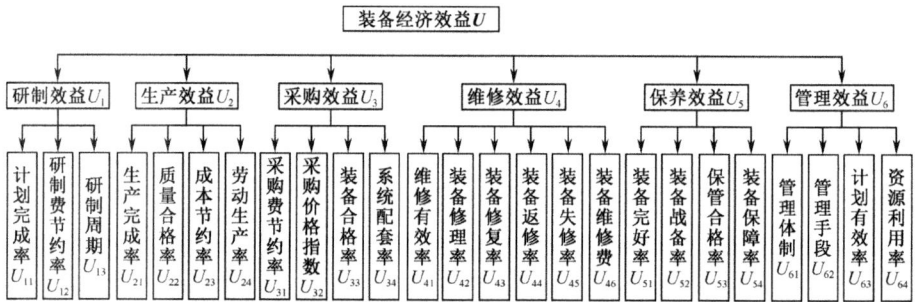

图 3-2 装备经济效益评价指标体系结构

2. 确定评价指标权重

按照层次分析法,计算各层评价指标的权重,如表 3-1 所示。

表 3-1

序号	一级评价指标	权重	二级评价指标	权重	评语集
1	研制效益	0.2695	计划完成率	0.4378	优、良、中、差
			研制费节约率	0.3226	优、良、中、差
			研制周期	0.2396	优、良、中、差
2	生产效益	0.1343	生产完成率	0.2448	优、良、中、差
			质量合格率	0.4097	优、良、中、差
			成本节约率	0.2032	优、良、中、差
			劳动生产率	0.1423	优、良、中、差
3	采购效益	0.2695	采购费节约率	0.3578	优、良、中、差
			采购价格指数	0.2942	优、良、中、差
			装备合格率	0.2169	优、良、中、差
			系统配套率	0.1311	优、良、中、差
4	维修效益	0.1568	维修有效率	0.2732	优、良、中、差
			装备修理率	0.2432	优、良、中、差
			装备修复率	0.1813	优、良、中、差
			装备返修率	0.1654	优、良、中、差
			装备失修率	0.0988	优、良、中、差
			装备维修费	0.0431	优、良、中、差
5	保养效益	0.0988	装备完好率	0.2255	优、良、中、差
			装备战备率	0.2576	优、良、中、差
			保管合格率	0.3748	优、良、中、差
			装备保障率	0.14421	优、良、中、差

（续表）

序号	一级评价指标	权重	二级评价指标	权重	评语集
6	管理效益	0.0346	管理体制	0.3572	优、良、中、差
			管理手段	0.2028	优、良、中、差
			计划有效率	0.3153	优、良、中、差
			资源利用率	0.1247	优、良、中、差

$A_1 = (0.4378, 0.3226, 0.2396)$

$A_2 = (0.2448, 0.4097, 0.2032, 0.1423)$

$A_3 = (0.3578, 0.2942, 0.2169, 0.1311)$

$A_4 = (0.2732, 0.2432, 0.1813, 0.1654, 0.0988, 0.0431)$

$A_5 = (0.2255, 0.2576, 0.3748, 0.1442)$

$A_6 = (0.3572, 0.2028, 0.3153, 0.1247)$

$A = (0.2695, 0.1343, 0.2695, 0.1568, 0.0988, 0.0346)$

3. 构造模糊评断矩阵

对因素 U 做两级综合评判。第一级综合评判是将每个因素 U_i 分别做出单因素评价，U_i 中各因素相对于 U_i 的权重分配为 $A_i = (a_{i1}, a_{i2}, \cdots, a_{in_i})$，且应满足 $\sum_{j=1}^{n_i} a_{ij} = 1$。$R_i$ 为 U_i 到 V 的模糊评判矩阵，$R_i = (r_{ij,k})_{n_i \times m}$，$i = 1, 2, \cdots, s$；$j = 1, 2, \cdots, n_i$；$k = 1, 2, \cdots, m$。$r_{ij,k}$ 表示 U_{ij} 被评为 v_k 的隶属度。B_i 作为它的单因素评判向量，$B_i = A_i R_i = (b_{i1}, b_{i2}, \cdots, b_{im})$，$i = 1, 2, \cdots, s$。

U 中 s 个因素的所有评判向量，构成了 U 到 V 的模糊评判矩阵：

$$R = \begin{bmatrix} B_1 \\ B_2 \\ \vdots \\ B_s \end{bmatrix} = \begin{bmatrix} r_{11} & r_{12} & \cdots & r_{1m} \\ r_{21} & r_{22} & \cdots & r_{2m} \\ \cdots & \cdots & \cdots & \cdots \\ r_{s1} & r_{s2} & \cdots & r_{sm} \end{bmatrix}$$

第二级综合评判向量为 $B = AR = (b_1, b_2, \cdots, b_m)$，$b_k$ 表示装备经济效益被评为 v_k 的隶属度，按照最大隶属度原则，取 B 中最大隶属度对应的评价集指标作为最终评价结果，这样就确定出了装备经济效益的高低。模型可以被直观描述为图 3-3。

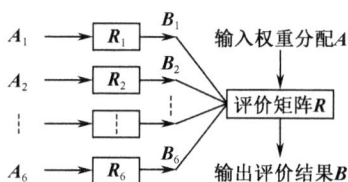

图 3-3　二级模糊综合评价模型示意图

4. 模糊合成运算

按照上述评价指标体系的评语集和标准分值，对某型装备的各评价指标进行评判，得到模糊评判矩阵。

$$R_1 = \begin{bmatrix} 0.36 & 0.39 & 0.25 & 0.02 \\ 0.27 & 0.35 & 0.35 & 0.03 \\ 0.32 & 0.30 & 0.32 & 0.06 \end{bmatrix} \quad R_2 = \begin{bmatrix} 0.25 & 0.42 & 0.25 & 0.08 \\ 0.28 & 0.36 & 0.23 & 0.13 \\ 0.30 & 0.30 & 0.26 & 0.14 \\ 0.32 & 0.37 & 0.22 & 0.09 \end{bmatrix}$$

$$R_3 = \begin{bmatrix} 0.75 & 0.15 & 0.10 & 0 \\ 0.49 & 0.24 & 0.22 & 0.05 \\ 0.31 & 0.45 & 0.16 & 0.08 \\ 0.43 & 0.31 & 0.15 & 0.11 \end{bmatrix} \quad R_4 = \begin{bmatrix} 0.75 & 0.15 & 0.10 & 0 \\ 0.49 & 0.24 & 0.22 & 0.05 \\ 0.31 & 0.45 & 0.16 & 0.08 \\ 0.43 & 0.31 & 0.15 & 0.11 \\ 0.29 & 0.32 & 0.33 & 0.06 \\ 0.32 & 0.31 & 0.25 & 0.12 \end{bmatrix}$$

$$R_5 = \begin{bmatrix} 0.40 & 0.24 & 0.25 & 0.11 \\ 0.35 & 0.42 & 0.20 & 0.03 \\ 0.33 & 0.34 & 0.26 & 0.07 \\ 0.30 & 0.36 & 0.24 & 0.10 \end{bmatrix} \quad R_6 = \begin{bmatrix} 0.30 & 0.28 & 0.31 & 0.11 \\ 0.35 & 0.29 & 0.27 & 0.09 \\ 0.40 & 0.31 & 0.24 & 0.05 \\ 0.33 & 0.31 & 0.24 & 0.12 \end{bmatrix}$$

$B_1 = A_1 R_1 = (03214, 0.3555, 0.2990, 0.0328)$

$B_2 = A_2 R_2 = (0.2824, 0.3639, 0.2924, 0.1140)$

$B_3 = A_3 R_3 = (0.5361, 0.2219, 0.1549, 0.0638)$

$B_4 = A_4 R_4 = (0.4938, 0.2772, 0.1780, 0.0560)$

$B_5 = A_5 R_5 = (0.3473, 0.3417, 0.2400, 0.0732)$

$B_6 = A_6 R_6 = (0.3454, 0.2952, 0.2711, 0.0883)$

$$所以: \boldsymbol{R} = \begin{bmatrix} B_1 \\ B_2 \\ B_3 \\ B_4 \\ B_5 \\ B_6 \end{bmatrix} = \begin{bmatrix} 0.3214 & 0.3555 & 0.2990 & 0.0328 \\ 0.2824 & 0.3639 & 0.2924 & 0.1140 \\ 0.5361 & 0.2219 & 0.1549 & 0.0638 \\ 0.4938 & 0.2772 & 0.1780 & 0.0560 \\ 0.3473 & 0.3417 & 0.2400 & 0.0732 \\ 0.3454 & 0.2952 & 0.2711 & 0.0883 \end{bmatrix}$$

$\boldsymbol{B} = \boldsymbol{AR} = (0.3927, 0.2929, 0.2037, 0.0604)$

根据最大隶属度原则，该型装备的经济效益属于"优"。

3.4.2　武器装备研制进度风险评价

研制一种先进的现代化武器装备，不仅需要大量的人力、物力、财力，还需要先进的国家基础工业水平做技术支撑，研制时间长，耗费资源多，风险无处不在。在研制武器装备的论证、规划和设计过程中，已经把实现任务目标的风险作为与技术性能、研制周期、研制费用和研制质量同等考虑的重要因素，因此，风险管理贯穿于研制过程的各个阶段。

1. 武器装备研制进度风险识别

在武器装备研制过程中，主要存在着设计风险、制造风险、进度风险、经费风险、质量风险等。对一般武器装备在研制过程中的进度风险进行识别，列出了 6 项风险因素，如表 3-2 所示。

表 3-2　武器装备研制进度风险识别表

序号	进度风险因素	详细说明
1	设计方的管理	设计方人员是否具有开拓进取精神，是否采用了科学的管理方法，是否具有高效的决策程序
2	技术风险状况	技术风险会对进度产生影响的因素，有无高风险和中等风险项目
3	设计人员能力	设计人员是否参与过类似项目的设计并积累了丰富经验，是否有足够的知识储备可用于该项目
4	所需资源状况	所需资源是否充分且可供使用，是否与其他项目争抢资源
5	试制方能力	试制方是否具有良好信誉，是否具有较高管理水平
6	研制周期合理性	进度计划制定是否合理，且留有余量

2. 运用模糊综合评判法对进度风险进行评价

在武器装备研制过程中的 6 项风险因素对于研制进度的影响是不同的，需要对风险进行评价，确定风险等级，以便在后续的风险控制中有的放矢，增强风险管理的有效性。利用模糊综合评判法对 6 项风险因素进行评价和风险排序。

（1）确定模糊综合评价因素集

风险是指在规定的质量、进度和费用条件下，对不能实现整个项目目标的可能性的一种度量，包括不能实现具体目标的概率和因不能实现该目标所导致的后果。所以，可以依据风险的定义，来建立包含"发生概率"和"后果严重性"两个评价因素的风险评价因素集，U =（发生概率，后果严重性）

（2）建立综合评价的评价集

评价集是评审人对各个评价因素的一种言语性的描述，它是一个评语的集合。此评语共分为四个等级，评价集为 V =（高，较高，中，低），相应的分值为 $F=\{7, 5, 3, 1\}$。

（3）确定模糊评判矩阵

将表 3-2 中的 6 项风险因素的模糊评判矩阵依次设为：$R_1, R_2, \cdots, R_6$。单独从上述各个评价因素出发，对 6 项风险因素进行评价，得到模糊评判矩阵：

$$R_1 = \begin{bmatrix} 0.0 & 0.2 & 0.6 & 0.2 \\ 0.0 & 0.3 & 0.3 & 0.4 \end{bmatrix} \quad R_2 = \begin{bmatrix} 0.1 & 0.4 & 0.5 & 0.0 \\ 0.2 & 0.5 & 0.3 & 0.0 \end{bmatrix}$$

$$R_3 = \begin{bmatrix} 0.3 & 0.4 & 0.2 & 0.1 \\ 0.0 & 0.1 & 0.2 & 0.7 \end{bmatrix} \quad R_4 = \begin{bmatrix} 0.0 & 0.1 & 0.4 & 0.5 \\ 0.4 & 0.4 & 0.2 & 0.0 \end{bmatrix}$$

$$R_5 = \begin{bmatrix} 0.0 & 0.2 & 0.4 & 0.4 \\ 0.3 & 0.6 & 0.1 & 0.0 \end{bmatrix} \quad R_6 = \begin{bmatrix} 0.0 & 0.1 & 0.4 & 0.5 \\ 0.7 & 0.2 & 0.1 & 0.0 \end{bmatrix}$$

（4）确定评价因素的权重

权重的确定需要主观判断。由于历来对风险的等级判断会因人而异，特别是对于低概率、严重后果的判断，会经常发生分歧。所以在运用综合模糊评判法进行风险评价时，我们选用专家咨询法来确定权重的分配集：

$$A=(0.3, 0.7)$$

（5）建立评价模型

评价模型公式为：$B_n = AR_n$

经计算，得出：

$$B_1 = AR_1 = \begin{bmatrix} 0.3 & 0.7 \end{bmatrix} \begin{bmatrix} 0.0 & 0.2 & 0.6 & 0.2 \\ 0.0 & 0.3 & 0.3 & 0.4 \end{bmatrix}$$

$$= \begin{bmatrix} 0.0 & 0.27 & 0.39 & 0.34 \end{bmatrix}$$

$$B_2 = AR_2 = \begin{bmatrix} 0.3 & 0.7 \end{bmatrix} \begin{bmatrix} 0.1 & 0.4 & 0.5 & 0.0 \\ 0.2 & 0.5 & 0.3 & 0.0 \end{bmatrix}$$

$$= \begin{bmatrix} 0.17 & 0.47 & 0.30 & 0.0 \end{bmatrix}$$

$$B_3 = AR_3 = \begin{bmatrix} 0.3 & 0.7 \end{bmatrix} \begin{bmatrix} 0.3 & 0.4 & 0.2 & 0.1 \\ 0.0 & 0.1 & 0.2 & 0.7 \end{bmatrix}$$

$$= \begin{bmatrix} 0.09 & 0.19 & 0.20 & 0.52 \end{bmatrix}$$

$$B_4 = AR_4 = \begin{bmatrix} 0.3 & 0.7 \end{bmatrix} \begin{bmatrix} 0.0 & 0.1 & 0.4 & 0.5 \\ 0.4 & 0.4 & 0.2 & 0.0 \end{bmatrix}$$

$$= \begin{bmatrix} 0.28 & 0.31 & 0.26 & 0.15 \end{bmatrix}$$

$$B_5 = AR_5 = \begin{bmatrix} 0.3 & 0.7 \end{bmatrix} \begin{bmatrix} 0.0 & 0.2 & 0.4 & 0.4 \\ 0.3 & 0.6 & 0.1 & 0.0 \end{bmatrix}$$

$$= \begin{bmatrix} 0.21 & 0.48 & 0.19 & 0.12 \end{bmatrix}$$

$$B_6 = AR_6 = \begin{bmatrix} 0.3 & 0.7 \end{bmatrix} \begin{bmatrix} 0.0 & 0.1 & 0.4 & 0.5 \\ 0.7 & 0.2 & 0.1 & 0.0 \end{bmatrix}$$

$$= \begin{bmatrix} 0.49 & 0.17 & 0.19 & 0.15 \end{bmatrix}$$

（6）进行综合评价

综合评价公式为 $C_n = B_n F^T$。

经计算，得出：

$C_1 = B_2 F^T = (0.0, 0.27, 0.39, 0.34)(7, 5, 3, 1)^T = 2.86$

$C_2 = B_2 F^T = (0.17, 0.47, 0.30, 0.0)(7, 5, 3, 1)^T = 4.62$

$C_3 = B_3 F^T = (0.09, 0.19, 0.20, 0.52)(7, 5, 3, 1)^T = 2.70$

$C_4 = B_4 F^T = (0.28, 0.31, 0.26, 0.15)(7, 5, 3, 1)^T = 4.44$

$C_5 = B_5 F^T = (0.21, 0.48, 0.19, 0.12)(7, 5, 3, 1)^T = 4.56$

$C_6 = B_6 F^T = (0.49, 0.17, 0.19, 0.15)(7, 5, 3, 1)^T = 5.00$

（7）风险排序综合评价值反映了风险因素对于项目目标影响的大小。综合评价值越大，该风险因素等级越高。据此来对风险进行排序，如表 3-3 所示。

表 3-3　武器装备研制进度风险排序表

序号	进度风险因素	综合评价值	排名
1	设计方的管理	2.86	5
2	技术风险状况	4.62	2
3	设计人员能力	2.70	6
4	所需资源状况	4.44	4
5	试制方能力	4.56	3
6	研制周期合理性	5.00	1

综上所述，武器装备研制过程中对进度影响最大的因素为研制周期合理性，其次为技术风险状况，第三为试制方能力。

思考题

1. 何谓客观世界的模糊现象？什么叫事件的模糊性？

2. 模糊数学的核心目标是什么？

3. 简述模糊综合评判法的定义。

4. 何谓评价因素和评价等级？如何确定评价因素和评价等级？

5. 如何构造模糊评判矩阵？

6. 简述模糊综合评判法的基本步骤。

7. 如何进行模糊合成？常用的模糊算子有哪些？

8. 采用层次分析法和模糊综合评判法，对某技术保障队人员状况进行综合评价。因素集 $U=$（政治表现 u_1，思想品德 u_2，身体素质 u_3，学习能力 u_4，创新能力 u_5，领导能力 u_6），二级评价指标自定，评语集 $V=$（优秀 v_1，良好 v_2，一般 v_3，较差 v_4，差 v_5）。

第4章　灰色综合评判法

本章知识要点

灰色综合评判法是分析系统中各元素之间关联程度或相似程度的方法。本章在系统介绍灰色概念和灰色系统理论的基础上，引出灰色综合评判法的灰色关联度分析法和灰色层次分析法，详细阐述了灰色综合评判法的模型和分析步骤，使学生准确掌握灰色、母因素、子因素、关联度、灰数、白化权函数的概念，熟悉关联系数及灰色关联评价矩阵的计算方法，熟悉灰色层次分析法的基本程序和步骤。并以装备招标采购方案选择和机动导弹系统生存能力的综合评价作为应用实例，分别采用灰色关联度分析法和灰色层次分析法进行分析。

重点掌握内容

(1) 灰色、灰色系统、灰色评价法的概念；

(2) 灰色综合评判法的思想和原理；

(3) 关联系数的计算方法；

(4) 灰数和灰色评价系数的计算方法；

(5) 灰色关联度分析法的模型和分析步骤；

(6) 灰色层次分析法的模型和分析步骤；

(7) 灰色综合评判法的应用。

4.1　灰色系统及其基本理论

4.1.1　灰色系统理论的产生与发展

灰色系统是信息不完全确知的系统，适用于只有少量观测数据的问题。灰色系统是介于信息完全知道的白色系统和一无所知的黑色系统的中间系统。信息未知的系统称为黑色系统，信息完全明确的系统称为白色系统，其他的则称为灰色系统。

灰色系统理论（Grey System Theory）的创立源于 20 世纪 80 年代。1981 年，邓聚龙教授在上海中–美控制系统学术会议上的"含未知数系统的控制问题"的学术报告中首次使用了"灰色系统"。1982 年，邓聚龙教授在北荷兰公司（North-Holland Co.）的《系统与控制通信》（*System & Control Letter*）杂志上发表发表了"灰色系统的控制问题"（*The Control Problem of Grey System*）；1982 年第 3 期的《华中工学院学报》发表了第一篇灰色系统论文《灰色控制系统》，奠定了灰色系统理论的基础。灰色系统理论一经诞生，就受到了国内外学术界的极大关注，众多的中青年学者纷纷加入到灰色系统理论的研究行列，积极探索灰色系统理论及其应用研究。

灰色概念与模糊概念的主要区别在于研究对象的内涵和外延的性质，灰色系统着重外延明确、内涵不明确的对象，模糊系统着重外延不明确、内涵明确的对象。灰色概念与随机概念没有本质的区别，但两者研究问题和解决问题的方法和思路完全不同。灰色系统是贫信息系统，统计方法难以奏效，灰色系统理论能处理贫信息系统，它的研究对象是"部分信息已知，部分信息未知"的"贫信息"不确定性系统，它通过对部分已知信息的生成、开发，实现对现实世界的确切描述和认识。换句话说，灰色系统理论主要是利用已知信息来确定系统的未知信息，使系统由"灰"变"白"。其最大的特点是对样本量没有严格的要求，不要求服从任何分布。

4.1.2　灰色系统的基本理论

灰色系统理论主要研究灰色因素的关联分析、灰色建模、灰色预测、灰色决策、灰色系统控制、灰色系统优化等，这里重点探讨灰色决策评价方法。灰色决策评价方法是根据因素之间的发展态势的相似或者相异程度来衡量因素间关联程度的方法。

回归分析虽然是一种较通用的方法，但大都只用于少因素的、线性的系统，对于多因素的、非线性的系统则难以处理。灰色系统理论提出了一种新的分析方法，即灰色关联度分析法。进行关联度分析，首先要找准数据序列，即用什么数据才能反映系统的行为特征。当有了系统特征的数据列（即各时刻的数据）后，根据关联度计算公式便可算出关联度。关联度反映各评价对象与理想（标准）对象的接近次序，即评价对象的优劣次序，其中灰色关联度最大的评价对象为最佳。灰色关联度分析法不仅可以作为优势分析的基础，而且也是进行科学决策的依据。

灰色综合评判法按照评价对象的发展趋势进行分析，是一种定性和定量相结合的评价方法，这种方法可以较好地解决评价指标难以准确量化和统计的问题，排除了人为因素带来的影响，使评价结果更加客观、准确；计算过程简单、通俗易懂，易于为人们所掌握；数据可用原始数据直接计算，不必归一化；评价指标体系可以根据具体情况增减；它对数据量没有太高的要求，无须大量样本，只需要有代表性的少量样本；不需要有典型的分布规律，计算量小。它的数学方法是非统计方法，在系统数据资料较少或条件不满足统计要求的情况下，更具有实用性。

4.2　灰色综合评判法模型

灰色理论应用最广泛的是灰色关联度分析法和灰色层次分析法。灰色关联度分析法是分析系统中各元素之间关联度或相似程度的方法，其基本思想是依据关联度对系统排序；灰色层次分析法是灰色系统理论与层次分析法相结合的方法，在层次分析中，不同层次决策权重的数值按照灰色系统理论进行计算。一般情况下，通常提到的灰色综合评判法属于灰色关联度分析法。

4.2.1　灰色关联度分析法

4.2.1.1　灰色关联度分析法基本模型

为了准确衡量因素间关联度的大小，这里引入关联度的概念。关联度是表示两个事物的关联程度，具体地说，关联度是因素之间关联性大小的度量，它定量地描述了因素之间相对变化的情况。

从思路上看，关联度分析属于几何处理范畴，是一种相对性的排序方法。基本思想是根据被评价对象数据列和参考数据列的相似程度来判断其联系是否紧密，即认为联系越接近，则发展变化态势越接近，相应序列之间的关联度越大。

首先确定参考数列，参考数列是评判的基准，也称为母因素时间数列，记为 x_0，一般表示为：

$$x_0 = \left\{ x_0(1), x_0(2), \cdots, x_0(n) \right\} \tag{4-1}$$

关联分析中的比较数列称为子因素时间数列，记为 x_i：

$$x_i = \left\{ x_i(1), x_i(2), \cdots, x_i(n) \right\}, i = 1, 2, \cdots, m \tag{4-2}$$

可用矩阵表示为：

$$\boldsymbol{X} = \begin{bmatrix} x_1(1), x_1(2), \cdots, x_1(n) \\ x_2(1), x_2(2), \cdots, x_2(n) \\ \vdots \quad \vdots \quad \cdots \quad \vdots \\ x_m(1), x_m(2), \cdots, x_m(n) \end{bmatrix} \tag{4-3}$$

对于一个参考数列 x_0，比较数列为 x_i，可用下述关系表示各比较因素序列与参考序列在各点的差：

$$\xi_i(k) = \frac{\min\limits_{i} \min\limits_{k} \left| x_0(k) - x_i(k) \right| + \zeta \max\limits_{i} \max\limits_{k} \left| x_0(k) - x_i(k) \right|}{\left| x_0(k) - x_i(k) \right| + \zeta \max\limits_{i} \max\limits_{k} \left| x_0(k) - x_i(k) \right|} \tag{4-4}$$

式中，$\xi_i(k)$ 是第 k 个时刻比较序列 x_i 与参考序列 x_0 的相对差值，这种形式的相对差值称为 x_i 对 x_0 在 k 时刻的关联系数。ζ 为分辨系数，$\zeta \in [0, 1]$，引入它是为了减少极值对计算的影响，一般取 $\zeta = 0.5$。

设两级最小差为：

$$\Delta \min = \min\limits_{i} \min\limits_{k} \left| x_0(k) - x_i(k) \right| \tag{4-5}$$

两级最大差为：

$$\Delta \max = \max\limits_{i} \max\limits_{k} \left| x_0(k) - x_i(k) \right| \tag{4-6}$$

$\Delta \min$ 与 $\Delta \max$ 分别为各时刻 x_0 与 x_i 的最小绝对差值与最大绝对差值。

从而有：

$$\xi_i(k) = \frac{\Delta \min + \zeta \Delta \max}{\left| x_0(k) - x_i(k) \right| + \zeta \Delta \max} \tag{4-7}$$

若计算 $\boldsymbol{X}$ 在 $k = 2$ 处与 $\boldsymbol{X}_0$ 的关联度，假设 $\boldsymbol{X}$ 为效益型评价指标：

$$\boldsymbol{X} = \begin{bmatrix} x_1(1), x_1(2), \cdots, x_1(n) \\ x_2(1), x_2(2), \cdots, x_2(n) \\ \vdots \quad \vdots \quad \cdots \quad \vdots \\ x_m(1), x_m(2), \cdots, x_m(n) \end{bmatrix}$$

$$\Delta \min = \left| x_0(2) - \max\limits_{k=2}(x_1(2), x_2(2), \ldots x_m(2)) \right|$$

$$\Delta \max = \left| x_0(2) - \min_{k=2}(x_1(2), x_2(2), \ldots x_m(2)) \right|$$

$$\xi_2(2) = \frac{\Delta \min + \zeta \Delta \max}{\left| x_0(2) - x_2(2) \right| + \zeta \Delta \max}$$

关联系数只表示各时刻数据间的关联度，由于关联系数的数很多，信息过于分散，不便于比较，为此有必要将各个时刻的关联系数集中为一个值，求平均值便是作为这种信息集中处理的一种方法。于是，绝对关联度的一般表达式为：

$$r_i = \frac{1}{n} \sum_{k=1}^{n} \xi_i(k) \tag{4-8}$$

r_i 就是比较序列 x_i 对参考序列 x_0 的绝对关联度。绝对关联度是反映事物之间关联程度的一种指标，它能够指示具有一定样本长度的给定因素之间的关联情况。但它的缺点就是绝对关联度受数据中极大值和极小值的影响，一旦数据序列中出现某个极值，绝对关联度就会发生变化。因此，绝对值关联度有时不能真正反映数据列之间的关联程度。另外计算绝对关联度时，需要对原数据做无量纲化处理，计算比较繁琐。而且，分辨系数的取值不同，也会导致关联系数的不唯一。

寻找系统中各因素间的主要关系，找出影响目标值的重要因素，从而掌握事物的主要特征，这是对一个系统发展变化态势的定量描述和比较的方法。关联度分析的目的是在影响某参考数列 x_0 的多个因素 x_i 中找出主要因素，也就是按对 x_0 的关联度大小对 x_i 进行排序。

若 x_i 与 x_0，x_j 与 x_0 的关联度分别为 r_i 和 r_j，则：

（1）当 $r_i > r_j$ 时，称 r_i 优于 r_j；

（2）当 $r_i < r_j$ 时，称 r_i 劣于 r_j；

（3）当 $r_i = r_j$ 时，称 r_i 等于 r_j；

（4）当 $r_i \geqslant r_j$ 时，称 r_i 不劣于 r_j；

（5）当 $r_i \leqslant r_j$ 时，称 r_i 不优于 r_j。

于是，我们就可以把影响序列 x_0 的因素 x_i 按上述定义的优劣排队，即按各自对 x_0 的影响程度大小排序，从而完成关联度分析。

总体来说，灰色关联度分析法是系统态势的量化比较分析，其实质就是比较若干数列所构成的曲线与理想数列所构成的曲线几何形状的接近程度，几何形状越接近，其关联度越大。关联度则反映各被评价对象对理想对象的接近次序，即被评价对象的优劣次序，其中，灰色关联度最大的评价对象为最佳。因此，利用灰色关联度分析法可以对被评价对象的优劣进行分析比较。

如果计算关联度的数列量纲不同，数值比较小的数据影响度将会被削弱，影响计算结果的准确度，需要对数据进行无量纲处理。灰色关联度分析法要求样本具有时间序列特性；灰色关联系数的计算需要确定"分辨率"，尚缺少合理的标准；常用的灰色关联度量化所求出的关联度总是正值，但客观上存在着正负相关关系，没有全面反映事物之间的关系。

4.2.1.2 灰色关联度分析法评价步骤

对事物的综合评价，多数情况是研究多对象的排序问题，即在各个评价对象之间排出优选顺序。灰色综合评判法主要依据的模型是：

$$R = E \times W \tag{4-9}$$

式中：$R = [r_1, r_2, \cdots, r_m]^T$ 为 m 个评价对象的综合评判结果向量；$W = [w_1, w_2, \cdots, w_n]^T$ 为 n 个评价指标的权重分配向量，其中 $\sum_{j=1}^{n} W_j = 1$。

E 为各评价指标的关联评价矩阵，它由各评价对象、各评价指标的关联度组合而成：

$$E = \begin{bmatrix} \xi_1(1) & \xi_1(2) & \cdots & \xi_1(n) \\ \xi_2(1) & \xi_2(2) & \cdots & \xi_2(n) \\ \vdots & \vdots & \cdots & \vdots \\ \xi_m(1) & \xi_m(2) & \cdots & \xi_m(n) \end{bmatrix} \tag{4-10}$$

式中：$\xi_i(k)$ 为第 i 个方案的第 k 个评价指标与第 k 个评价最优评价指标的关联系数。

根据求取的 R 值，进行排序。灰色综合评判法的评价步骤如图 4-1 所示。

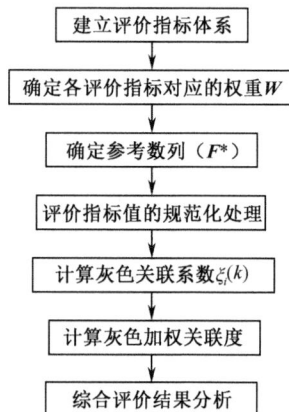

图 4-1　灰色综合评判法的评价步骤

1. 建立评价指标体系

分析被评价的问题，建立评价指标体系。

2. 确定各评价指标对应的权重

利用专家调研法或层次分析法等确定各评价指标对应的权重：

$$W = \{ w_k \mid k = 1, 2, \cdots, n \} \tag{4-11}$$

3. 确定参考数列（F^*）

从评价对象的各评价指标值中选取最优值，构成最优评价指标值集，作为评价的参考数列，也是评价标准。此最优值可以是诸方案中最优值，对于效益型评价指标，则取该评价指标在各个方案中的最大值；对于成本型评价指标，则取该评价指标在各个方案中的最小值，也可以根据具体情况选择评价者公认的最优值。

设 $F^* = \left[j_1^*, j_2^*, \cdots, j_n^* \right]$，式中 $j_k^* \, (k = 1, 2, \cdots, n)$ 为第 k 个评价指标的最优值。

选定最优评价指标集后，可构造矩阵 D：

$$D = \begin{bmatrix} j_1^* & j_2^* & \cdots & j_n^* \\ j_1^1 & j_2^1 & \cdots & j_n^1 \\ \vdots & \vdots & \cdots & \vdots \\ j_1^m & j_2^m & \cdots & j_n^m \end{bmatrix} \tag{4-12}$$

式中：j_k^i 为第 i 个方案中第 k 个评价指标的原始数值。

j_k^* 为第 i 个方案中第 k 个评价指标的最优值。

4. 评价指标值的规范化处理

由于评价指标间通常有不同的量纲和数量级，故不能直接进行比较，为保证结果的可靠度，需要对原始评价指标值进行规范化处理。

设第 k 个评价指标的变化区间为 $[j_{k1}, j_{k2}]$，j_{k1} 为第 k 个评价指标在所有方案中的最小值，j_{k2} 为第 k 个评价指标在所有方案中的最大值，则可用式（4-13）将原始数值变换成无量纲值 C_k^i，$C_k^i \in (0, 1)$。

$$C_k^i = \frac{j_k^i - j_{k1}}{j_{k2} - j_k^i} \quad i = 1, 2, \cdots, m; \ k = 1, 2, \cdots, n \tag{4-13}$$

这样原始的矩阵 D 就变换为规范化的矩阵 C。

$$C = \begin{bmatrix} C_1^* & C_2^* & \cdots & C_n^* \\ C_1^1 & C_2^1 & \cdots & C_n^1 \\ \vdots & \vdots & \cdots & \vdots \\ C_1^m & C_2^m & \cdots & C_n^m \end{bmatrix} \tag{4-14}$$

5. 计算灰色关联系数 $\xi_i(k)$

根据灰色系统理论，将 $\{C^*\} = \left[C_1^*, C_2^*, \cdots, C_n^* \right]$ 作为参考数列，将 $\{C\} = \left[C_1^i, C_2^i, \cdots, C_n^i \right]$ 作为被比较数列，用灰色关联度分析法分别求得第 i 个方案第 k 个评价指标与第 k 个最优评价指标值的关联系数 $\xi_i(k)$，也就是比较数列 X_i 与参考数列 X_0 在第 k 个评价指标上的关联系数。即：

$$\xi_i(k) = \frac{\min\limits_i \min\limits_k \left| C_k^* - C_k^i \right| + \zeta \max\limits_i \max\limits_k \left| C_k^* - C_k^i \right|}{\left| C_k^* - C_k^i \right| + \zeta \max\limits_i \max\limits_k \left| C_k^* - C_k^i \right|} \tag{4-15}$$

式中：ζ 为分辨系数，$\zeta \in [0, 1]$，一般取 $\zeta = 0.5$。

6. 计算灰色加权关联度

由 $\xi_i(k)$ 得到各评价指标的关联评判矩阵 E，综合评判结果为：$R = E \times W$，即：

$$r_i = \sum_{k=1}^{n} W(k) \times \xi_i(k) \tag{4-16}$$

7. 综合评价结果分析

根据求得的被评价对象关联度 r_i 进行比较，若关联度 r_i 最大，则说明 $\{C^i\}$ 与最优评价指标 $\{C^*\}$ 最接近，即第 i 个方案优于其他方案，根据灰色加权关联度的大小，对各被评价对象进行排序，关联度越大其评价结果越好。

4.2.2　灰色层次分析法

灰色层次分析法是引入"灰类"概念，将评价指标按照"灰类"进行分级，通过白化权函数进行表征，确定不同层次决策权重的数值，最终得出目标层的等级。当评价问题涉及的评价因素多，各因素的不确定性大，它们的重要程度又不相同，评价中提供的评价信息不太确切、不太完备，采用层次分析法和灰色系统理论相结合的方法进行评价是一种适宜的选择。灰色层次分析法的步骤如下。

1. 建立评价对象的递阶层次结构

应用层次分析法原理对目标进行逐层分解，使同层间的元素含义互不交叉，相邻上下层之间具有隶属关系，形成递阶层次结构，其底层元素即为所求的评价指标。

2. 计算评价指标体系底层元素的组合评价指标

按照专家打分法或层次分析法两两比对的方法计算相邻层次下层元素对于上层元素的权重，求得底层元素对于目标层的权重，即 $W = (w_1, w_2, \cdots, w_n)^T$。

3. 确定评价指标的值

由于在评价指标 V_{ij} 中，有许多定性和尚未形成统一标准的评价指标，难以得到精确的结果，因此采用专家打分法得到评价指标的评分，例如，将评价指标划分为："好""较好""一般""差"四个等级，规定 10～9 为"好"，9～7 为"较好"，7～5 为"一般"，5 以下为"差"。依此标准组织专家对指标 V_{ij} 打分。

对能够给出明确数值结果的评价指标，依据专家知识可以将评价指标的原始数据直接转化为得分，由此可得每个专家对所有三级评价指标 V_{ij} 的值。

4. 确定评价指标矩阵 $D_{ji}^{(A)}$

$$D_{ji}^{(A)} = \begin{bmatrix} D_{11}^{(A)} & D_{12}^{(A)} & \cdots & D_{1i}^{(A)} \\ D_{21}^{(A)} & D_{22}^{(A)} & \cdots & D_{2i}^{(A)} \\ \vdots & \vdots & \cdots & \vdots \\ D_{j1}^{(A)} & D_{j2}^{(A)} & \cdots & D_{ji}^{(A)} \end{bmatrix} \tag{4-17}$$

式中：$D_{ji}^{(A)}$ 为评价者 i 对受评者 j 的第 A 个评价指标给出的评价指标矩阵。

5. 确定评价灰类

由于评价指标采用"好""较好""一般""差"等若干级别进行评价，而这种级别的划分是灰色的，因此称为评价灰类。按照评价灰类分别生成对应的白化函数，对不同评价指标在白化函数中对应的白化值进行归纳整理，计算待评价指标属于每种评价灰类的权。常用的白化函数有三种。

（1）第一灰类，灰数为 $e \in [0, d_1, \infty)$，第 1 级白化函数如图 4-2 所示，可表示为：

$$f_1(d_{ji}) = \begin{cases} \dfrac{d_{ji}}{d_1} & d_{ji} \in [0, d_1] \\ 1 & d_{ji} \in [d_1, \infty) \\ 0 & d_{ji} \in (-\infty, 0] \end{cases} \tag{4-18}$$

（2）第二灰类，灰数为 $e \in [0, d_1, 2d_1]$，第 2 级白化函数如图 4-3 所示，可表示为：

$$f_2(d_{ji}) = \begin{cases} \dfrac{d_{ji}}{d_1} & d_{ji} \in [0, d_1] \\ 2 - \dfrac{d_{ji}}{d_1} & d_{ji} \in [d_1, 2d_1] \\ 0 & d_{ji} \notin [0, 2d_1] \end{cases} \tag{4-19}$$

（3）第三灰类，灰数为 $e \in [0, d_1, d_2]$，第 3 级白化函数如图 4-4 所示，可表示为：

$$f_3(d_{ji}) = \begin{cases} 1 & d_{ji} \in [0, d_1] \\ \dfrac{d_2 - d_{ji}}{d_2 - d_1} & d_{ji} \in [d_1, d_2] \\ 0 & d_{ji} \notin [0, d_2] \end{cases} \tag{4-20}$$

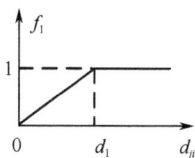

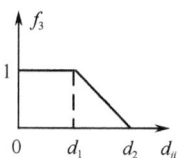

图 4-2　第 1 级白化函数　　图 4-3　第 2 级白化函数　　图 4-4　第 3 级白化函数

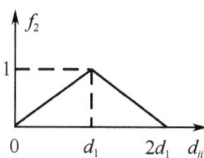

白化函数转折点 d_1、d_2 的值称为阈值，可以按照准则或经验用类比法获得，称为客观阈值，也可以从样本矩阵中寻找最大值、最小值和中等值，作为上限、下限和中等的阈值，称为相对阈值。

6. 计算灰色评价系数

由 $\boldsymbol{D}_{ji}^{(A)}$ 和 $f_k(d_{ji})$ 算出被评价对象 j 对于第 A 个评价指标属于第 k 类的灰色

评价系数，记为 $n_{jk}^{(A)}$，其计算公式为：

$$n_{jk}^{(A)} = \sum_{s=1}^{n} f_k(d_{js}^{(A)}) \tag{4-21}$$

其中 s 为评价者数量。

对于评价指标 A，被评价对象 j 属于各个灰类的总灰色评价系数 $n_j^{(A)}$，则有：

$$n_j^{(A)} = \sum_{t=1}^{k} n_{jt}^{(A)} \tag{4-22}$$

其中 t 为灰类数量。

7. 计算灰色评价权重向量和权重矩阵

由 $n_{jk}^{(A)}$ 和 $n_j^{(A)}$ 可以算出评价指标 A 第 j 个被评价对象属于第 k 个灰类的评价权重为：

$$r_{jk} = \frac{n_{jk}^{(A)}}{n_j^{(A)}} \tag{4-23}$$

进而可以求出所有被评价对象对于评价指标 A 的灰色评价权重矩阵 $\boldsymbol{R}^{(A)}$ 为：

$$\boldsymbol{R}^{(A)} = \begin{bmatrix} r_{11}^{(A)} & r_{12}^{(A)} & \cdots & r_{1k}^{(A)} \\ r_{21}^{(A)} & r_{22}^{(A)} & \cdots & r_{2k}^{(A)} \\ \vdots & \vdots & \cdots & \vdots \\ r_{j1}^{(A)} & r_{j2}^{(A)} & \cdots & r_{jk}^{(A)} \end{bmatrix} \tag{4-24}$$

8. 进行不同评价指标的评价

由 $\boldsymbol{R}^{(A)}$ 求出各评价指标中灰类的最大值：

$$r_j^{*(A)} = \max_k \{r_{jk}^{(A)}\} \tag{4-25}$$

进而得出评价指标权重向量为：

$$\boldsymbol{r}^{*(A)} = \{r_1^{*(A)}, r_2^{*(A)}, \cdots, r_j^{*(A)}\} \tag{4-26}$$

根据 $\boldsymbol{r}^{*(A)}$ 的结果可得出不同评价指标所属的灰类，并排出它们的优劣顺序。

9. 进行综合评价

（1）综合所有因素，确定被评价对象所属灰类。

将 $\boldsymbol{r}^{*(A)}$ $(A = 1, 2, \cdots, m)$ 排列成矩阵 $\boldsymbol{r}^*$，可得出被评价对象综合所有评价指标

后的综合评价权重向量，即：$r_J^*(J=1,2,\cdots,j)$ $(A=1,2,\cdots,m)$。

根据 r_J^* 可得出被评价对象被评为不同灰类的总权重，从而确定综合所有评价指标后被评价者所属的灰类。

（2）综合所有因素，给被评价对象排序：

$$r_J = \sum_{K=1}^{k} B_K \cdot R_{JK}$$

式中：$B_K(K=1,2,\cdots,k)$ 为不同灰类的权重系数，可事先确定具体数值；$R_{JK}(J=1,2,\cdots,j)$ 为被评价对象被评为不同灰类的总评价值。

根据 r_J 值的大小可以排出被评价对象综合所有评价指标后的优劣次序。

4.3　灰色综合评判法的应用

4.3.1　装备招标采购方案选择

装备采购是军方获得武器的主要手段，它紧密关系着国防费用的经济使用和部队战斗力的保障，招标采购是规范市场竞争和实现高效采购的有效手段。表 4-1 给出了美军部分项目招标前后的价格对比情况，可以看出实行招标采购，大大降低了供应商的销售价格，对军事采购活动具有重要的指导意义。

表 4-1　美军部分项目招标前后价格对比

项目名称	独家供应售价/美元	招标竞争后售价/美元	降价/%
信号数据记录仪	2000000	998000	50
C-130 发动机架	24747	15663	37
KC-130 发动机架	750000	158000	79
F-16 飞机配件	90	20	77
J85 发动机齿轮箱	1689	783	54

假设军方在某次招标活动中有 A、B、C、D 四种投标方案，具体情况数据如表 4-2 所示，其中 m_i、M_i 分别是相应评价指标的最小、最大值。要求从技术层面选择装备招标采购中的最优方案。

表 4-2　某次招标活动中四种投标方案

招标方案的评价因素		A	B	C	D
生产产品特征	生产周期/年 $m_i=1$；$M_i=3.5$	1.5	2.0	1.3	2.4
	产品成本/万元 $m_i=10$；$M_i=33$	25	15	28	18
	产品质量/% $m_i=75$；$M_i=100$	88	82	92	86
	售后服务	良	优	较好	优
生产企业情况	管理水平	良	优	优	良
	配套设备/% $m_i=70$；$M_i=100$	90	87	82	85
	技术能力	优	良	优	良
	信誉水平	良	优	优	优
	投标资格	优	优	良	优

1. 建立装备采购招标的评价指标体系

从保障装备质量和经济性考虑，装备采购招标评价指标体系的构建重点关注生产产品特征和生产企业情况两大方面。

图 4-5 给出了装备采购招标评价指标体系，按照专家打分法，依据专家经验得到的各评价指标权重为：

$A = (0.60 \quad 0.4)$

$A_1 = (0.20 \quad 0.35 \quad 0.35 \quad 0.10)$

$A_2 = (0.15 \quad 0.25 \quad 0.40 \quad 0.10 \quad 0.10)$

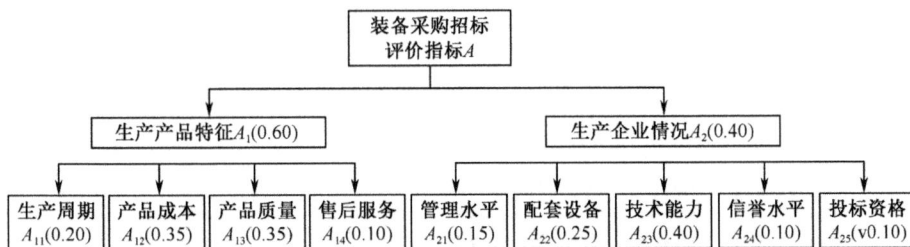

图 4-5　装备采购招标评价指标体系

在上述指标中，生产周期、产品成本为成本型评价指标，其值越小越好；产品质量、配套设备为效益型评价指标，其值越大越好。售后服务、管理水平、技术能力、信誉水平、投标资格为定性评价指标，可以用等级进行描述。

2. 评价指标值的规范化处理

（1）对于成本型评价指标，其隶属度函数为：

$$\mu_i = \begin{cases} 1 & x_i \leqslant m_i \\ \dfrac{M_i - x_i}{M_i - m_i} & m_i < x_i \leqslant M_i \\ 0 & x_i > M_i \end{cases} \qquad （4\text{-}27）$$

（2）对于效益型评价指标，其隶属度函数为：

$$\mu_i = \begin{cases} 1 & x_i \leqslant m_i \\ \dfrac{x_i - m_i}{M_i - m_i} & m_i < x_i \leqslant M_i \\ 0 & x_i > M_i \end{cases} \qquad （4\text{-}28）$$

（3）对于定性评价指标，可以将其评语分为{优，良，较好，较差，差}五个等级，对应的隶属度值设为{1, 0.85, 0.7, 0.5, 0}。

根据装备采购招标评价指标的类型不同，分别采用相应的规范化处理函数，对表 4-2 数据进行处理，得到评价数据矩阵：

$$\tilde{X}_i(k) = \begin{bmatrix} 0.8 & 0.6 & 0.88 & 0.44 \\ 0.3478 & 0.7826 & 0.2174 & 0.6522 \\ 0.52 & 0.28 & 0.68 & 0.44 \\ 0.85 & 1 & 0.7 & 1 \\ 0.85 & 1 & 1 & 0.85 \\ 0.667 & 0.667 & 0.4 & 0.5 \\ 1 & 0.85 & 1 & 0.85 \\ 0.85 & 1 & 1 & 1 \\ 1 & 1 & 0.85 & 1 \end{bmatrix}$$

取 $\tilde{X}_i(k)$ 中各行的最大值，得到：

$$\bar{X}_i(k) = \begin{bmatrix} 0.88 & 0.7826 & 0.68 & 1 & 1 & 0.6667 & 1 & 1 & 1 \end{bmatrix}^{\mathrm{T}}$$

各子评价指标对总目标的权重为：

$$\omega_i = \begin{bmatrix} 0.12 & 0.21 & 0.21 & 0.06 & 0.06 & 0.10 & 0.16 & 0.04 & 0.04 \end{bmatrix}^{\mathrm{T}}$$

3. 按照公式 $M_i(k) = \omega_i \cdot \tilde{X}_i(k)$，$M_0(k) = \omega_i \cdot \overline{X}_i(k)$，分别计算得到比较数列和参考标准数列

$$M_i(k) = \begin{bmatrix} 0.096 & 0.072 & 0.1056 & 0.0528 \\ 0.073 & 0.1643 & 0.0457 & 0.137 \\ 0.1092 & 0.0588 & 0.1428 & 0.0924 \\ 0.051 & 0.06 & 0.042 & 0.06 \\ 0.051 & 0.06 & 0.06 & 0.51 \\ 0.0667 & 0.0667 & 0.04 & 0.05 \\ 0.16 & 0.136 & 0.16 & 0.136 \\ 0.034 & 0.04 & 0.04 & 0.04 \\ 0.04 & 0.04 & 0.034 & 0.04 \end{bmatrix}$$

$$M_0(k) = \begin{bmatrix} 0.1056 & 0.1643 & 0.1428 & 0.06 & 0.06 & 0.0667 & 0.16 & 0.04 & 0.04 \end{bmatrix}^{\mathrm{T}}$$

4. 取分辨系数 $\zeta = 0.5$，计算关联系数，得到关联系数矩阵

$$\rho_i = \begin{bmatrix} 0.6471 & 0.7428 & 0.5915 & 0.8152 \\ 0.5539 & 0.4236 & 0.6101 & 0.4556 \\ 0.5375 & 0.6745 & 0.4639 & 0.6435 \\ 1.0214 & 1.0142 & 0.9919 & 1.0290 \\ 1.0214 & 1.0142 & 0.8924 & 1.0964 \\ 0.8936 & 0.9933 & 0.9639 & 1.0528 \\ 0.4376 & 0.4861 & 0.4218 & 0.4963 \\ 1.3372 & 1.3467 & 1.1486 & 1.4159 \\ 1.2734 & 1.3467 & 1.2003 & 1.4159 \end{bmatrix}$$

5. 计算综合关联度：$\lambda_i = \dfrac{1}{m} \sum\limits_{i=1}^{m} \rho_i$

四个方案的综合关联度分别为 {0.858, 0.8942, 0.8094, 0.9245}，由此可以得出，方案 D 最优。

4.3.2　机动导弹系统生存能力的综合评价

纵观近些年发生的几场局部战争，不难发现在每次战争的初始作战阶段，

导弹武器系统阵地都是首要和重点的遭袭目标。在精确制导炸弹、精确制导导弹、打击地下掩体的微型核武器、以卫星为制高点的 C⁴ISR 系统以及定向能武器等多种兵器综合的作用下，各国导弹系统在作战全过程中都面临着被打击的威胁，而且这种威胁日益严重。因此，对生存能力评价和导弹部署、机动路线等策略的研究就变得至关重要。

1. 机动导弹系统生存能力评价指标和递阶层次结构

装备生存能力是军事系统（作战和非作战系统，包括武器装备、设施、人员等）在特定的环境条件（自然的和人工的）作用下所反映出来的保持完成规定任务效能的能力。

在信息化战场上，导弹系统面临着生死攸关的三大威胁，它们是电子干扰、侦察监视和精确打击，提高导弹系统的相应抵抗能力，对其生存有着极为重要的意义。由此，机动导弹系统生存能力可以从防御能力、反应能力和修复能力3 个方面来衡量。防御能力是系统生存能力中最基本的能力，反映了系统抗毁伤或规避攻击的能力；反应能力反映了系统的机动性和灵活性，在瞬息万变的现代战场上，迟缓、笨重的系统显然更容易遭受毁灭性打击；恢复能力决定了系统在遭受打击，部分已经损毁的情况下能够进行修复或者仍旧保持一定功能的能力，快速、高效的恢复能力使得系统在战场上立于不败之地，也可以将战斗损失尽可能降低。基于以上分析，建立机动导弹系统的生存能力评价指标体系，如图 4-6 所示。

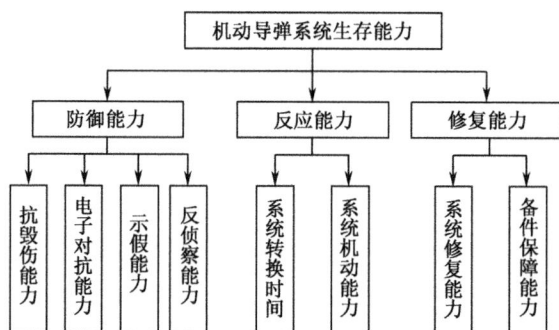

图 4-6　机动导弹系统的生存能力评价指标体系

2. 建立判断矩阵并确定评价指标的权重

设有 4 位专家按照评价指标体系对某机动导弹系统的生存能力进行评分，

运用灰色综合评判法对该系统的生存能力进行综合评价。

首先针对机动导弹系统生存能力，确定其下属评价指标权重的判断矩阵：

$$A_{生存} = \begin{bmatrix} 1 & 3/2 & 1/2 \\ 2/3 & 1 & 3/4 \\ 2 & 4/3 & 1 \end{bmatrix}$$

采用方根法计算评价指标的总权重 $\omega_{总}$。

根据公式 $\omega_i = \dfrac{\sqrt[n]{\prod\limits_{j=1}^{n} a_{ij}}}{\sum\limits_{i=1}^{m} \sqrt[n]{\prod\limits_{j=1}^{n} a_{ij}}}$ ，求得 $\omega_{总} = (0.385\ \ 0.418\ \ 0.196)$。

针对防御能力，确定抗毁伤、电子对抗、示假和反侦察能力的判断矩阵为：

$$A_{防御} = \begin{bmatrix} 1 & 3/4 & 2/3 & 1/2 \\ 4/3 & 1 & 2 & 3/2 \\ 3/2 & 1/2 & 1 & 1/3 \\ 2 & 2/3 & 3 & 1 \end{bmatrix}$$

采用方根法求得针对防御能力的权重：

$$\omega_{防御} = (0.1532\ \ \ 0.2146\ \ \ 0.3784\ \ \ 0.2538)$$

3. 确定评价指标的值，构造评价样本矩阵

将评价指标的评分等级划为优、良、中、差 4 个等级，赋予相应的分值为 9、7、5、3。对于防御能力共有 4 个子评价指标，4 位专家通过打分得到评价指标评分，进而构成评价样本矩阵为：

$$D_{防御} = \begin{bmatrix} 7 & 6 & 4.5 & 5 \\ 8 & 6.5 & 7 & 7 \\ 5 & 8 & 6.5 & 7 \\ 6.5 & 5 & 4 & 3 \end{bmatrix}$$

4. 确定评价灰类

4 项评价指标分别对应 4 个评价灰类，其对应的灰数和白化函数如下。

（1）"优"，设灰数为 $e_1 \in [0, 9, \infty)$，其白化函数为：

$$f_1(x) = \begin{cases} x/9 & x \in [0, 9] \\ 1 & x \in [9, \infty] \\ 0 & x \in [-\infty, 0] \end{cases}$$

（2）"良"，设灰数为 $e_2 \in [0,7,10]$，其白化函数为：

$$f_2(x) = \begin{cases} 1 & x \in [0,7] \\ (10-x)/3 & x \in [7,10] \\ 0 & x \notin [0,10] \end{cases}$$

（3）"中"，设灰数为 $e_3 \in [0,5,8]$，其白化函数为：

$$f_3(x) = \begin{cases} 1 & x \in [0,5] \\ (8-x)/3 & x \in [5,8] \\ 0 & x \notin [0,8] \end{cases}$$

（4）"差"，设灰数为 $e_4 \in [0,3,6]$，其白化函数为：

$$f_3(x) = \begin{cases} 1 & x \in [0,3] \\ (6-x)/3 & x \in [3,6] \\ 0 & x \notin [0,6] \end{cases}$$

5. 计算灰色评价矩阵和抗毁伤能力评价指标

$$e=1，\quad x_{11} = \sum_{k=1}^{4} f_1(d_{1k}) = f_1(7) + f_1(6) + f_1(4.5) + f_1(5) = 2.5$$

$$e=2，\quad x_{12} = \sum_{k=1}^{4} f_2(d_{1k}) = f_2(8) + f_2(6.5) + f_2(7) + f_2(7) = 3.667$$

$$e=3，\quad x_{13} = \sum_{k=1}^{4} f_3(d_{1k}) = f_3(5) + f_3(8) + f_3(6.5) + f_3(7) = 1.833$$

$$e=4，\quad x_{14} = \sum_{k=1}^{4} f_4(d_{1k}) = f_4(6.5) + f_4(5) + f_4(4) + f_4(3) = 2$$

所以：

$$x_1 = \sum_{e=1}^{4} x_{1e} = 10$$

同样步骤可以求出其他三个评价指标（电子对抗能力、示假能力、反侦察能力）的灰色评价向量，即可构成防御能力的灰色评价矩阵：

$$\boldsymbol{R}_{防御} = \begin{bmatrix} 0.25 & 0.3667 & 0.1833 & 0.2 \\ 0.391 & 0.482 & 0.127 & 0 \\ 0.323 & 0.486 & 0.165 & 0.026 \\ 0.372 & 0.392 & 0.204 & 0.032 \end{bmatrix}$$

6. 进行综合评价

$$\boldsymbol{B}_{防御} = \boldsymbol{\omega}_{防御}\boldsymbol{R}_{防御} = (0.2251 \quad 0.4142 \quad 0.3413 \quad 0.0194)$$

同样方法可以求得：

$$\boldsymbol{B}_{反应} = \boldsymbol{\omega}_{反应}\boldsymbol{R}_{反应} = (0.382 \quad 0.3078 \quad 0.2642 \quad 0.046)$$

$$\boldsymbol{B}_{恢复} = \boldsymbol{\omega}_{恢复}\boldsymbol{R}_{恢复} = (0.2846 \quad 0.3756 \quad 0.1482 \quad 0.1916)$$

最终评价结果为：

$$\boldsymbol{B} = \boldsymbol{\omega}_{总}\boldsymbol{R}_{生存} = \boldsymbol{\omega}_{总}\begin{bmatrix} \boldsymbol{B}_{防御} \\ \boldsymbol{B}_{反应} \\ \boldsymbol{B}_{恢复} \end{bmatrix} = (0.3021 \quad 0.3617 \quad 0.2709 \quad 0.0643)$$

由评价结果可知，该机动导弹系统属于"良"灰类。

思考题

1. 何谓灰色系统？灰色系统理论的研究对象和目标是什么？
2. 灰色综合评判法的核心内容是什么？
3. 何谓关联度分析？其主要优点有哪些？
4. 如何计算关联系数？简述计算公式中各变量的含义。
5. 简述灰色关联分析法的基本程序和步骤。
6. 简述灰色综合评判模型 $\boldsymbol{R} = \boldsymbol{E} \times \boldsymbol{W}$ 中各变量的含义。
7. 写出灰数和灰色评价系数的计算方法。
8. 简述灰色层次分析法的基本程序和步骤。
9. 结合实例说明灰色关联度分析法和灰色层次分析法在军事装备领域的应用。

第5章 数据包络分析法

本章知识要点

数据包络分析法是一种基于被评价对象间相互比较的技术效率分析方法。本章在系统介绍决策单元、相对效率、数据包络分析等概念的基础上，提出数据包络分析法的思想和原理，应用数学规划模型用于解决多输入、多输出同类决策单元的有效性分析，评价同类决策单元之间的优劣，对被评价对象提出改进建议。本章详细阐述了基于规模收益不变的 CCR 模型、基于规模收益可变的 BCR 模型和基于混合整数线性规划的 FDH 模型，使读者准确掌握决策单元DEA有效、非 DEA 有效、弱 DEA 有效、规模收益递增、规模收益递减的概念，理解非阿基米德无穷小的 CCR 模型，熟悉数据包络分析法的基本程序和步骤，并以装备研制方案评价和装备研制项目风险评价作为应用实例采用数据包络分析法进行分析。

重点把握内容

（1）技术效率的概念；

（2）数据包络分析法的思想和原理；

（3）基于规模收益不变的 CCR 模型；

（4）基于规模收益可变的 BCR 模型；

（5）非阿基米德无穷小的 CCR 模型；

（6）决策单元 DEA 有效、非 DEA 有效、弱 DEA 有效、规模收益递增、规模收益递减的盘点方法；

（7）数据包络分析法的基本程序和步骤；

（8）数据包络分析法的应用。

5.1 数据包络分析法的思想和原理

被评价对象可以看成一个单元在一定可能范围内，通过投入一定数量的生产要素并产出一定数量的"产品"的活动。虽然这些活动的具体内容各不相同，但其目的都是尽可能地使这一活动取得最大的"效益"。这样的单元被称为决策单元（Decision Making Units，DMU）。其特点是具有一定的输入和输出，并且在将输入转换成为输出的过程中，努力实现自身的决策目标。

DMU 的概念是广义的，可以是一个基层单位，也可以是一个战区或一个国家。在许多情况下，我们对多个同类型 DMU 更感兴趣。所谓同类型 DMU，是指具有以下特征的 DMU 集合：具有相同的目标和任务；具有相同的外部环境；具有相同的输入和输出指标。在外部环境和内部结构没有太大变化的情况下，同一个 DMU 的不同时段也可视为同类型 DMU。

在评价各 DMU 时，评价依据是 DMU 的输入和输出数据。根据输入和输出数据来评价 DMU 的优劣，即评价部门（单位）间的相对有效性。每个 DMU 的有效性涉及两个方面：

（1）建立在相互比较的基础上，因此是相对有效性；

（2）每个 DMU 的有效性紧密依赖于输入综合与输出综合的比，可以理解为多输入/多输出时的投入产出比。

数据包络分析法（Data Envelopment Analysis，DEA）是一种基于被评价对象间相对比较的技术效率分析方法，DEA 是以"相对效率"概念为基础，根据多指标投入和多指标产出对相同类型的单位（部门）进行相对有效性或效益评价的一种新的系统分析方法。它是处理多目标决策问题的好方法。DMU 相对有效称为 DEA 有效，它应用数学规划模型计算比较 DMU 之间的相对效率，对被评价对象做出评价。

DEA 通常的应用是对一组给定的 DMU，选定一组输入、输出的评价指标，求所关心的特定 DMU 的有效性系数，以此来评价 DMU 的优劣，即被评价单元相对于给定的那组 DMU 的相对有效性。也就是说，通过输入和输出数据的综合分析，DEA 可以得出每个 DMU 综合效率的数量指标。据此将各 DMU 定级排序，确定有效的 DMU，并可给出其他 DMU 非有效的原因和程度。即它不仅可对同一类型各 DMU 的相对有效性做出评价与排序，而且还可以进一步分析各 DMU 非 DEA 有效的原因及其改进方向，从而为决策者提供重要的管理决策信息。

这是一个多输入/多输出的有效性综合评价问题。多输入/多输出正是 DEA 重要而引人注意的地方，这是它自身突出的优点之一。可以说，在处理多输入/多输出的有效性评价方面，DEA 具有绝对优势。DEA 特别适用于具有多输入/多输出的复杂系统，这主要体现在以下几点。

（1）DEA 以 DMU 各输入、输出的权重为变量，从最有利于 DMU 的角度进行评价，从而避免了确定各评价指标在优先意义下的权重。

（2）假定每个输入都关联到一个或者多个输出，而且输出和输入之间确实存在某种关系，使用 DEA 则不必确定这种关系的显示表达式。

（3）DEA 最突出的优点是无须任何权重假设，每一输入、输出的权重不是根据评价者的主观认定，而是由 DMU 的实际数据求得的最优权重。因此，DEA 排除了很多主观因素，具有很强的客观性。

DEA 由著名运筹学家 Charnes、Copper 和 Rhodes 三人于 1978 年首次提出，因此，后来人们将 DEA 的第一个模型命名为 CCR 模型（或者记为 C^2R 模型）。CCR 模型假设规模收益不变（Constant Returns to Scale，CRS），其得出的技术效率包含了规模效率的充分性，因此通常被称为综合技术效率。1984 年，Banker、Charnes 和 Copper 三人提出了估计规模效率的 DEA 模型，称为 BCC 模型，BCC 模型基于规模收益可变（Variable Returns to Scale，VRS），得出的技术效率排除了规模影响，因此称为"纯技术效率"（Pure Technical Efficiency，PTE）。1993 年，Tulkens 提出了一种混合整数线性规划的 DEA 模型，称为 FDH 模型，它在 VRS DEA 的基础上，将规划式中的线性组合系数 λ 限定为 0 或 1，其直接含义为自由处置壳（Free Disposal Hull）。

DEA 是以相对效率概念为基础，以凸分析和线性规划为工具的一种评价方法。由于该模型原理相对简单，使用比较方便，特别适宜于分析多投入、多产出的情况，因而其应用范围迅速拓展。

5.2　数据包络分析法模型

5.2.1　技术效率的概念

技术效率是指一个生产单元的生产过程达到该领域技术水平的程度。技术效率反映的是一个生产单元技术水平的高低。技术效率可以从投入和产出两个角度来衡量，在投入既定的情况下，技术效率由产出最大化的程度来衡量，在产出既定的情况下，技术效率由投入最小化的程度来衡量。

DEA 评价的依据是 DMU 的一组投入指标数据和一组产出指标数据。投入指标是 DMU 在生产活动中需要的耗费量；产出指标是 DMU 在某种投入要素组合下，表明生产活动产出的成效量。指标数据是指实际观测结果。根据投入指标数据和产出指标数据评价 DMU 的相对效率。

技术效率可以通过投入和产出的比值进行定量测量。当生产活动仅涉及一种投入和一种产出时，可以计算各生产单元的产出和投入的比值，即通过每消耗一个单位的投入所产生的效益，来反映各生产单元效率的高低。如果生产活动涉及的投入或产出多于一项，则无法直接计算单一的比值。在这种情况下，对各投入和产出指标赋予一定的权重，然后计算加权产出和加权投入的比值，该比值可作为反映技术效率的指数。如何确定反映各项投入和产出之间相对重要程度的权重系数。一种方法是采用固定的权重，例如，通过专家咨询或研讨等主观的形式确定各项评价指标的权重；另一种方法是通过数据本身获得投入和产出的权重，DEA 就是采用这种方法。

5.2.2　基于规模收益不变的 CCR 模型

5.2.2.1　投入导向 CCR 模型的规划式

1. 投入导向 CCR 模型

DEA 将效率的测度对象称为决策单元（DMU）。假设，我们要测量一组共 n 个 DMU 的技术效率，记为 DMU_j（$1 \leqslant j \leqslant n$），每个 DMU 有 m 种投入，记

为输入向量 $\boldsymbol{x} = (x_1, x_2, \cdots, x_m)^{\mathrm{T}}$ ，s 种产出，记为输出向量 $\boldsymbol{y} = (y_1, y_2, \cdots, y_s)^{\mathrm{T}}$ 。我们可用 (x, y) 来表示整个 DMU 的全部生产活动。

现设有 n 个 DMU_j 对应的输入、输出向量分别为：

$$\boldsymbol{x}_j = (x_{1j}, x_{2j}, \cdots, x_{mj})^{\mathrm{T}} > 0, \qquad j = 1, 2, \cdots, n \qquad (5\text{-}1)$$

$$\boldsymbol{y}_j = (y_{1j}, y_{2j}, \cdots, y_{sj})^{\mathrm{T}} > 0, \qquad j = 1, 2, \cdots, n \qquad (5\text{-}2)$$

而且 $x_{ij} > 0$ ，$y_{rj} > 0$ ，$i = 1, 2, \cdots, m$ ；$r = 1, 2, \cdots, s$ 。

每个 DMU 有 m 种类型"输入"及 s 种类型"输出"。

x_{ij} 为第 j 个 DMU 对第 i 种类型输入的投入量；

y_{rj} 为第 j 个 DMU 元对第 r 种类型输出的产出量。

x_{ij} 和 y_{rj} 为已知的数据，可以根据历史资料得到，也是实际观测到的数据。其表示如图 5-1 所示。

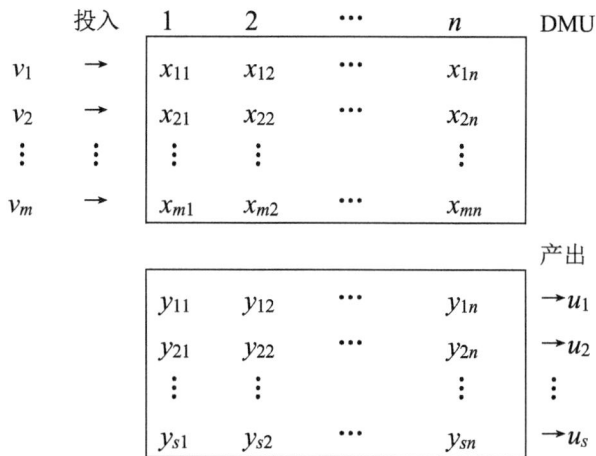

图 5-1 投入和产出表示

由于在生产过程中各种输入和输出之间的地位与作用不同，因此要对 DMU 进行评价，需要对它的输入和输出进行"综合"，即把它们视为只有一个总体输入和一个总体输出的生产过程，这样就需要赋予每个输入、输出恰当的权重。

v_i ：对第 i 种类型输入的权重，$i = 1, 2, \cdots, m$ ；

u_r ：对第 r 种类型输出的权重，$r = 1, 2, \cdots, s$ 。

由于我们在一般情况下对输入、输出量之间的信息结构了解较少或者二者之间的相互代替性比较复杂，也由于我们想尽量避免分析者主观意志的影响，我们并不事先给定输入权重向量 $\boldsymbol{v}=\left(v_1,v_2,\cdots,v_m\right)^{\mathrm{T}}$ 以及输出权重向量 $\boldsymbol{u}=\left(u_1,u_2,\cdots,u_m\right)^{\mathrm{T}}$，而是先把它们视为变向量。然后在分析过程中再根据某种原则来确定它们。

假设当前要测量的 DMU 为 DMU_j，其产出投入比表示为相应的效率评价指数 h_j：

$$h_j=\frac{u_1y_{1j}+u_2y_{2j}+\cdots+u_sy_{sj}}{v_1x_{1j}+v_2x_{2j}+\cdots+v_mx_{mj}}=\frac{\boldsymbol{u}^{\mathrm{T}}y_j}{\boldsymbol{v}^{\mathrm{T}}x_j}=\frac{\displaystyle\sum_{r=1}^{s}u_ry_{rj}}{\displaystyle\sum_{i=1}^{m}v_ix_{ij}}\quad j=1,2,\cdots,n \quad (5\text{-}3)$$

我们可以适当选取权重 $\boldsymbol{v}$ 和 $\boldsymbol{u}$，使得 $h_j\leqslant 1$，也就是将所有 DMU 采用上述权重得出的技术效率值 θ_j 限定在[0,1]的区间内，即：

$$\frac{\displaystyle\sum_{r=1}^{s}u_ry_{rj}}{\displaystyle\sum_{i=1}^{m}v_ix_{ij}}\leqslant 1 \quad (5\text{-}4)$$

现在，对第 j_0 个 DMU 进行效率评价。一般来说，h_{j0} 越大，表明 DMU_{j0} 能够用相对较少的输入而得到相对较多的输出。如果我们要对 DMU_{j0} 进行评价，评价 DMU_{j0} 在这 n 个 DMU 中是不是相对最优的？我们可以考察当尽可能地变化权重时，h_{j0} 的最大值究竟是多少？以第 j_0 个 DMU 的效率指数为目标，以所有 DMU（含第 j_0 个 DMU）的效率指数为约束，就构造了投入导向 CCR 模型：

$$\max h_{j_0}=\frac{\displaystyle\sum_{r=1}^{s}u_ry_{rj_0}}{\displaystyle\sum_{i=1}^{m}v_ix_{ij_0}}$$

$$\begin{cases} \mathrm{s.t.}\dfrac{\displaystyle\sum_{r=1}^{s}u_ry_{rj}}{\displaystyle\sum_{i=1}^{m}v_ix_{ij}}\leqslant 1 & j=1,2,\cdots,n \\[4mm] \boldsymbol{u}=\left(u_1,u_2,\cdots,u_s\right)^{\mathrm{T}}\geqslant 0 \\[2mm] \boldsymbol{v}=\left(v_1,v_2,\cdots,v_m\right)^{\mathrm{T}}\geqslant 0 \end{cases} \quad (5\text{-}5)$$

其中 $\boldsymbol{v}\geqslant 0$ 表示对于 $i=1,2,\cdots,m$，$v_i\geqslant 0$，并且至少存在某 i_0（$1\leqslant i_0\leqslant m$），$v_{i0}>0$。对于 $\boldsymbol{u}\geqslant 0$ 含义相同。

这一非线性规划模型的含义在于，在使所有的效率值都不超过 1 的条件下，使被评价 DMU_{j0} 的效率值最大化，因此模型确定的权重 $\boldsymbol{u}$、$\boldsymbol{v}$ 是对被评价 DMU_{j0} 最有利的。从这个意义上讲，CCR 模型是对被评价 DMU 的无效率状况做出的一种保守估计，因为它采用的权重是最有利于被评价对象的，采用其他任何权重得出的效率值都不会超出这组权重得出的效率值。

假设被评价 DMU_{j0} 的投入和产出都变为原来的 t 倍($t>0$)，在规模收益不变的条件下，其技术效率应保持不变。那么 CCR 模型在这种情况下得出的技术效率是否保持不变呢？

$$\max \frac{\sum\limits_{r=1}^{s} u_r y_{rj_0}}{\sum\limits_{i=1}^{m} v_i x_{ij_0}} = \frac{t\sum\limits_{r=1}^{s} u_r y_{rj_0}}{t\sum\limits_{i=1}^{m} v_i x_{ij_0}} = \frac{\sum\limits_{r=1}^{s} tu_r y_{rj_0}}{\sum\limits_{i=1}^{m} tv_i x_{ij_0}} \tag{5-6}$$

在式（5-6）中，由于 t 同时存在于分子和分母，约掉后与原来的目标函数等价。同理，DMU_{j0} 对应的约束也与原来的约束等价。因此，当被评价 DMU_{j0} 的投入和产出都增加为原来的 t 倍时，CCR 模型与原模型等价，得出的效率值不变，与规模收益不变的假设相符。

式（5-5）表示的 CCR 模型存在的问题是它是非线性规划的，并且存在无穷多个最优解。假设向量 $\boldsymbol{u}^*$ 和 $\boldsymbol{v}^*$ 是式（5-5）的一个最优解，那么 $t\boldsymbol{u}^*$ 和 $t\boldsymbol{v}^*$ 一定也是式（5-5）的一个最优解（$t>0$）。

由于 $\sum\limits_{i=1}^{m} v_i x_{ij} > 0$，式（5-4）的约束等价于：

$$\text{s.t.} \sum_{r=1}^{s} u_r y_{rj} - \sum_{i=1}^{m} v_i x_{ij} \leqslant 0 \tag{5-7}$$

令 $t = \dfrac{1}{\sum\limits_{i=1}^{m} v_i x_{ij_0}}$，则式（5-5）的目标函数变为：

$$\max t\sum_{r=1}^{s} u_r y_{rj_0} = \sum_{r=1}^{s} tu_r y_{rj_0} \tag{5-8}$$

再令 $\boldsymbol{\omega} = t\boldsymbol{v}, \boldsymbol{\mu} = t\boldsymbol{u}$，式（5-5）变换为等价的线性规划模型，此变换称为 Charnes-Cooper 变化，即：

$$\max \sum_{r=1}^{s} u_r y_{rj}$$

$$
(P)\begin{cases} \text{s.t.}\displaystyle\sum_{r=1}^{s}\mu_r y_{rj} - \sum_{i=1}^{m}\omega_i x_{ij} \leqslant 0 \\ \displaystyle\sum_{i=1}^{m} v_i x_{ij_0} = 1 \\ \\ \omega \geqslant 0 \quad \mu \geqslant 0 \end{cases} \tag{5-9}
$$

$$
i = 1,2,\cdots,m ; \quad r = 1,2,\cdots,s ; \quad j = 1,2,\cdots,n 。
$$

或者用向量表示为：

$$
\max h_{j_0} = \boldsymbol{\mu}^{\mathrm{T}} y_0
$$

$$
(P)\begin{cases} \text{s.t.}\boldsymbol{\mu}^{\mathrm{T}} y_j - \boldsymbol{\omega}^{\mathrm{T}} x_j \leqslant 0 \quad j = 1,2,\cdots,n \\ \boldsymbol{\omega}^{\mathrm{T}} x_0 = 1 \\ \omega \geqslant 0 \quad \mu \geqslant 0 \end{cases} \tag{5-10}
$$

式（5-9）或式（5-10）就是用线性规划的最优解来定义 DMU_{j0} 的有效性，是以求解 DMU_{j0} 为例表述投入导向 CCR 模型的线性规划。不难看出，利用上述模型来评价 DMU_{j0} 是否有效是相对于其他所有 DMU 而言的。

2. 投入导向 CCR 模型的几何图解

假设有 7 个 DMU，均有 2 种投入(x_1, x_2)和 1 种产出(y)，具体数据见表 5-1。以单位产出消耗的投入 x_1 的数量为横坐标(x_1/y)，以单位产出消耗的投入 x_2 的数量为纵坐标(x_2/y)，各 DMU 单位产出的投入情况可用图 5-2 表示。

表 5-1　产出导向 CCR 模型示例数据

DMU	x_1	x_2	y	x_1/y	x_2/y
A	10	40	10	1.00	4.00
B	15	25	10	1.50	2.50
C	40	24	16	2.50	1.50
D	54	16	16	4.00	1.00
E	24	48	16	1.50	3.00
F	63	27	18	3.50	1.50
G	50	60	20	2.50	3.00

在图 5-2 中，DMU 可用坐标系内的点表示，从被评价 DMU 的坐标点分别向两个坐标轴作垂线，在两条垂线与坐标轴围成的区域内（含边界），任意点

的坐标值均小于或等于被评价 DMU 的坐标值。以 G 点为例，其所围 $GQOP$ 内所有点的坐标值，记为点 $M(m_1, m_2)$，均小于或等于 G 点的坐标，记为 $G(g_1, g_2)$，即 $m_1 \leqslant g_1$，$m_2 \leqslant g_2$。处于该区域内的 DMU 与 G 点相比，其每生产一个单位的产出所消耗的两种投入的数量均小于或等于 G 点的消耗（仅当 M 点与 G 点重合时，两者相等）。这表示，在该区域内除 G 点外，所有点的技术效率均高于 G 点，从图 5-2 中可以看出，在 7 个 DMU 中，B、C、E 三个点与 G 点相比，效率更高。

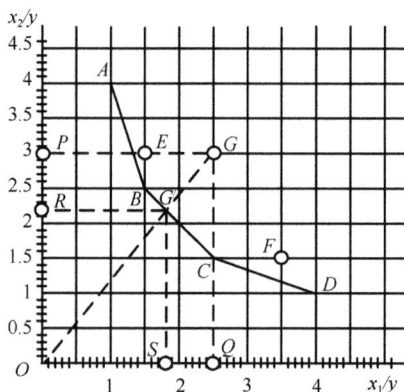

图 5-2　投入导向 CCR 模型的几何图解

在 7 个 DMU 中，有 4 个 DMU（A、C、D、F），在其垂线与坐标轴围成的区域内，均没有包含任何其他 DMU 或其他 DMU 的线性组合，说明 A、C、D、F 处于技术效率的前沿上，4 个点连接构成的曲线及其延长线称为效率前沿，位于前沿的 DMU，其效率为 1，被前沿包裹的 DMU 效率为 0～1。从形状上看，前沿凸向原点，形似包络，包裹着所有的 DMU。在多维空间中，投入导向 CCR 模型的前沿为凸向原点的凸多面体的顶面。这也是将这一分析方法称为数据包络分析法（DEA）的原因。

以 G 点为例，$G(g_1, g_2)$ 与坐标原点 $O(0, 0)$ 的连线与前沿曲线的交点记为 $G'(g_1', g_2')$，G' 称为 G 点在前沿上的投影（projection）。G 点与处于前沿曲线上的 G' 相比，其每生产一个单位的产出所多消耗的两种投入数量分别为 $g_1 - g_1'$ 和 $g_2 - g_2'$，多消耗的比例分别为 $(g_1 - g_1') / g_1$ 和 $(g_2 - g_2') / g_2$，有效消耗的比例分别为：$1 - (g_1 - g_1') / g_1 = g_1' / g_1$ 和 g_2' / g_2。上述两个比例用坐标内的线段分别表示为 $RG' / PG = SG' / QG = OG' / OG$，$G$ 点的效率值可表示为

OG'/OG。G 点的效率部分体现为 OG'，无效率部分体现为 GG'。

从 DEA 基本原理的几何表示可以看出，DEA 测度的效率为相对效率，是被评价 DMU 相对于"领先" DMU 的效率，DEA 得出的效率值是被评价 DMU 与处于前沿上的投影点相对比较得出的。

3. 投入导向 CCR 模型的对偶规划式

现在，我们考虑投入导向 CCR 模型的另外一种形式：如果要衡量 DMU_{j_0} 是否 DEA 有效，即是否处在由包络线组成的生产前沿面上，为此先构造一个由 n 个 DMU 线性组合成的假想 DMU。这个假想 DMU 的第 i 项投入为 $\sum_{j=1}^{n} \lambda_j x_{ij}(i=1,2,\cdots,m)$ $(\lambda_j \geqslant 0)$，第 r 项产出为 $\sum_{j=1}^{n} \lambda_j y_{rj}(r=1,2,\cdots s)$ $(\lambda_j \geqslant 0)$。

如果这个假想的 DMU 的各项产出均不低于 DMU_{j_0} 的各项产出，它的各项投入均低于 j_0 的各项投入（当 $\theta<1$ 时），即有：

$$\sum_{j=1}^{n} \lambda_j y_{rj} \geqslant y_{rj_0}(r=1,2,\cdots s)$$

$$\sum_{j=1}^{n} \lambda_j x_{ij} \leqslant \theta x_{ij_0}(i=1,2,\cdots m,\theta<1)$$

$$\lambda_j \geqslant 0(j=1,2,\cdots n)$$

这说明 DMU_{j_0} 不在生产前沿面上。

基于上述，可以写出数学模型，式（5-11）就是投入导向 CCR 模型的对偶规划式：

$$\min \theta$$

$$\mathrm{st.}\begin{cases} \sum_{j=1}^{n} \lambda_j x_{ij} \leqslant \theta x_{ij_0}(i=1,2,\cdots m) \\ \sum_{j=1}^{n} \lambda_j y_{rj} \geqslant y_{rj_0}(r=1,2,\cdots s) \\ \lambda_j \geqslant 0(j=1,2,\cdots n) \\ \theta \text{无约束} \end{cases} \quad （5\text{-}11）$$

式中：λ 表示 DMU 的线性组合系数，模型的最优解 θ^* 代表效率值，$\theta^* \in (0,1]$。$(x=\sum_{j=1}^{n} \lambda_j x_{ij}, y=\sum_{j=1}^{n} \lambda_j y_{rj})$ 可以视为一个虚拟的 DMU，其投入不高于 DMU_{j0} 的投入，产出不低于 DMU_{j0} 的产出。如果 DMU_{j0} 处于技术无效的状态，则最优解

构成的虚拟 DMU($\hat{x} = \sum_{j=1}^{n} \lambda_j^* x_j$, $\hat{y} = \sum_{j=1}^{n} \lambda_j^* y_j$)就是被评价 DMU$_{j0}$ 的目标值。

模型的目标函数最优解为 θ^*，$1 - \theta^*$ 表示在当前技术水平下，被评价 DMU$_{j0}$ 在不减少产出的条件下，其投入能够缩减的最大限度。θ^* 越小，表示投入可以缩减的幅度越大，效率越低。$\theta^* = 1$ 时说明被评价 DMU 位于前沿面上，在不减少产出的条件下，其各项投入没有等比例下降的空间，处于技术有效的状态，称之为 DEA 有效；当求解结果 $\theta^* < 1$ 时，则被评价 DMU 为技术无效的状态，称之为非 DEA 有效，在不减少产出的条件下，其各项投入可以等比例下降的比例为 $(1 - \theta^*)$。

投入导向 CCR 模型在产出既定的条件下，各项投入可以用等比例缩减的程度来对无效率的状况进行测量。

应用线性规划对偶理论，我们可以通过对偶规划来判断 DMU$_{j0}$ 的有效性。为了讨论及应用方便，进一步引入松弛变量 S^+ 和剩余变量 S^-，将上面的不等式约束变为等式约束：

$$\min \theta$$

$$(D) \begin{cases} \text{s.t.} \sum_{j=1}^{n} \lambda_j x_j + S^+ = \theta x_0 \\ \sum_{j=1}^{n} \lambda_j y_j - S^- = y_0 \\ \lambda_j \geqslant 0 \qquad j = 1, \cdots, n \\ \theta \text{无约束} \qquad S^+ \geqslant 0, S^- \geqslant 0 \end{cases} \qquad (5\text{-}12)$$

以后直接称线性规划(D)为规划(P)的对偶规划。下面给出几条定理与定义，为以后模型的应用做准备。

定理 1：线性规划(P)和其对偶规划(D)均存在可行解，所以都存在最优值。假设它们的最优值分别为 h_{j0}^* 与 θ^*，则 $h_{j0}^* = \theta^* \leqslant 1$。

定义 1：若线性规划(P)的最优值 $h_{j0}^* = 1$，则 DMU$_{j0}$ 为弱 DEA 有效。

定义 2：若线性规划(P)的解中存在 $\omega^* > 0$，$\theta^* > 0$，并且其最优值 $h_{j0}^* = 1$，则 DMU$_{j0}$ 为 DEA 有效。

弱 DEA 有效表明这些投入和产出具备了有效性的基本条件，DEA 有效则表明各项投入和产出都对其有效性做出了不可忽视的贡献。

定理 2：（1）DMU$_{j0}$ 为弱 DEA 有效的充分必要条件是线性规划(D)的最优

值 θ^*=1；（2)DMU$_{j0}$ 为 DEA 有效的充分必要条件是线性规划(D)的最优值 θ^*=1，并且对于每个最优解 λ^*、S^{*-}、S^{*+} θ^*，都有 S^{*-}=0、S^{*+}=0。

根据定理 2，我们能够用投入导向 CCR 模型判定生产活动是否同时为技术有效和规模收益有效，或者判定生产活动是 DEA 有效，还是弱 DEA 有效。结论如下。

（1）θ^*=1，且 S^{*-}=0、S^{*+}=0。此时 DMU$_{j0}$ 为 DEA 有效。其中 S^+ 表示产出的"亏量"，S^- 表示产出的"超量"，此时不存在"超量"投入及"亏量"产出，即在 n 个 DMU 组成的模型中投入量 x_0 可减少 S^- 而保持 y_0 原产出不变，或在投入 x_0 不变的情况下可将产出提高 S^+。也就是说 DMU$_{j0}$ 的生产活动同时为技术有效和规模收益有效，任何一项投入的数量都无法减少，除非减少产出的数量或增加一种投入的数量；任何一项产出的数量都无法增加，除非增加投入的数量或减少另外一种产出的数量。这种生产状态是一种帕累托（Pareto）最优状态。

（2）θ^*=1，但至少有某个输入或输出松弛变量大于零。此时 DMU$_{j0}$ 为弱 DEA 有效，不是同时技术有效和规模收益有效。表明此时某方面的投入仍有"超量"，某些产出存在"亏量"。即此时的经济活动不是同时技术效益最佳和规模效益最佳，无法等比例减少各项投入的数量，除非减少产出的数量；无法等比例增加各项产出的数量，除非增加投入的数量。在这种生产状态下，虽然不能等比例减少投入或增加产出，但是某一项或几项（但不是全部）投入可能可以减少；或者某一项或几项（但不是全部）产出可能可以增加，因此这样的生产状态称为弱 DEA 有效。

（3）θ^*<1，此时 DMU$_{j0}$ 不是 DEA 有效。DMU$_{j0}$ 的生产活动既不是技术效益最佳，也不是规模收益最佳。

规模收益（Return to Scale）要先后经历规模收益递增（Increasing Return to Scale，IRS）、规模收益不变（Constant Return to Scale，CRS）和规模收益递减（Decreasing Return to Scale，DRS）三个阶段。我们可用投入导向 CCR 模型中 λ_j 的最优值判断 DMU 的规模收益情况。结论如下：

（1）如果存在 λ_j^* ($j=1,2,\cdots,n$)，使得 $\sum \lambda_j^*$=1，则 DMU 为规模效益不变；

（2）如果不存在 λ_j^* ($j=1,2,\cdots,n$)，使得 $\sum \lambda_j^*$=1，则若 $\sum \lambda_j^*$<1，那么 DMU 为规模效益递增；

（3）如果不存在 λ_j^* $(j=1,2,\cdots,n)$，使得 $\sum \lambda_j^*=1$，则若 $\sum \lambda_j^*>1$，那么 DMU 为规模效益递减。

4. 非阿基米德无穷小的 CCR 模型

检验 DMU_{j0} 的 DEA 有效性时，可利用线性规划，也可利用对偶线性规划，但无论哪种方法都不方便，通过构造一个稍加变化的模型可使这一检验简化，这就是具有非阿基米德无穷小的 CCR 模型。利用此模型可以一次性判断 DMU 是 DEA 有效，还是弱 DEA 有效，或者非 DEA 有效。

$$\min[\theta - \varepsilon(\sum_{j=1}^{m} S^- + \sum_{j=1}^{m} S^+)]$$

$$\text{s.t.}\begin{cases} \sum_{j=1}^{n} \lambda_j x_j + S^- = \theta x_0 \\ \sum_{j=1}^{n} \lambda_j y_j - S^+ = y_0 \\ \lambda_j \geqslant 0 \qquad j=1,\cdots,n \\ S^+ \geqslant 0, S^- \geqslant 0 \end{cases} \tag{5-13}$$

求解含非阿基米德无穷小量 ε 的 CCR 模型时，可令 $\varepsilon=10^{-6}$，接下来可利用 LINGO 软件求解，根据求解结果判断 DMU 是否 DEA 有效。

5.2.2.2 产出导向 CCR 模型的规划式

产出导向 CCR 模型的规划式为：

$$\min \sum_{i=1}^{m} \omega_i x_{ij_0}$$

$$\text{s.t.}\begin{cases} \sum_{r=1}^{s} \mu_r y_{rj} - \sum_{i=1}^{m} \omega_i x_{ij} \leqslant 0 \\ \sum_{r=1}^{s} \mu_r y_{rj_0} = 1 \\ \omega \geqslant 0 \qquad \mu \geqslant 0 \end{cases} \tag{5-14}$$

$i=1,2,\cdots,m$；$r=1,2,\cdots,s$；$j=1,2,\cdots,n$。

其对偶模型为：

$$\max \varphi$$

$$\text{s.t.} \begin{cases} \sum\limits_{j=1}^{n} \lambda_j x_{ij} \leqslant x_{ij_0} \\ \sum\limits_{j=1}^{n} \lambda_j y_{rj} \geqslant \varphi y_{rj_0} \\ \lambda_j \geqslant 0 \\ \varphi \text{无约束} \end{cases} \tag{5-15}$$

$$i = 1, 2, \cdots, m ; \quad r = 1, 2, \cdots, s ; \quad j = 1, 2, \cdots, n 。$$

对偶模型表示在投入既定的条件下各项产出等比例增长的程度，可以对技术无效的状况进行测量，因此被称为产出导向的 CCR 模型。

模型的最优解为 φ^*。在当前技术水平下，被测 DMU_{j0} 在不增加投入的条件下，其产出能够增长的最大比例为 φ^*-1。φ^* 越大，表示产出可以增长的幅度越大，效率越低。由于 $\varphi^* \geqslant 1$，所以一般采用 $1/\varphi^*$ 表示效率值。

假设有 7 个 DMU 均有 1 种投入(x)和 2 种产出(y_1 和 y_2)，具体数据见表 5-2。以单位投入所产出 y_1 的数量为横坐标(y_1/x)，以单位投入所产出 y_2 的数量为纵坐标(y_2/x)，各 DMU 单位投入的产出情况可用图 5-3 表示。

表 5-2　产出导向 CCR 模型示例数据

DMU	x	y_1	y_2	y_1/x	y_2/x
A	10	10	40	1.00	4.00
B	10	25	35	2.50	3.50
C	16	48	40	3.50	2.50
D	16	64	16	4.00	1.00
E	16	32	48	2.00	3.00
F	18	54	27	3.00	1.50
G	20	20	40	1.00	2.00

以 G 点为例，坐标原点 O 与 G 点连线的延长线与前沿曲线的交点记为 G'，G' 称为 G 点在前沿上的投影。每消耗一个单位的投入，G' 点产量与 G 点产量的比值为 RG'/QG，根据几何定理可知，$RG'/PG = SG'/QG = OG'/OG$，G 点的效率状况可表示为 $\varphi = OG'/OG$。由于 φ 的取值范围为 $[1, \infty)$，在实际应用中一般采用 φ 的倒数为效率值，$\theta = 1/\varphi = OG/OG'$，$\theta$ 的取值范围为 $(\infty, 1]$。

在多维空间中，产出导向 CCR 模型的前沿为凹向原点的凸多面体的顶点。

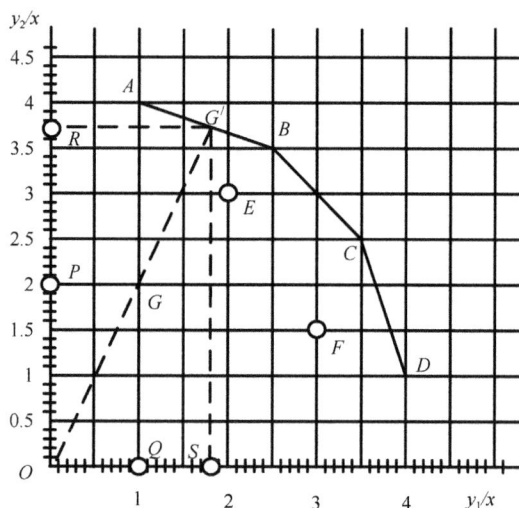

图 5-3　产出导向 CCR 模型的几何图解

5.2.3　基于规模收益可变的 BCR 模型

产出导向 CCR 模型假设生产技术的规模收益不变，或者虽然生产技术的规模收益可变，但假设所有被评价 DMU 均处于最优生产规模阶段，即处于规模收益不变阶段。在实际生产活动中，许多单位并没有处于最优规模的状态，因此产出导向 CCR 模型得出的技术效率包含了规模收益的成分。1984 年，Banker、Charnes 和 Copper 三人提出了基于规模收益可变（Variable Returns to Scale，VRS）的 DEA 模型，称为基于规模收益可变的 BCR 模型，得出的技术效率排除了规模的影响，因此称为"纯技术效率"（Pure Technical Efficiency，PTE）。

5.2.3.1　投入导向 BCR 模型的规划式

1. 投入导向 BCR 模型的数学规划式

投入导向 BCR 模型是在产出导向 CCR 模型的基础上增加了 $\sum_{j=1}^{n} \lambda_j = 1(\lambda_j \geqslant 0)$ 约束条件构成的，其作用是使投影点的生产规模与被评价 DMU 的生产规模处于同一水平。投入导向 BCR 模型的数学规划式为：

$$\min \theta$$

$$\text{s.t.} \begin{cases} \sum_{j=1}^{n} \lambda_j x_{ij} \leqslant \theta x_{ij_0} \ (i = 1, 2, \cdots m) \\ \sum_{j=1}^{n} \lambda_j y_{rj} \geqslant y_{rj_0} \ (r = 1, 2, \cdots s) \\ \sum_{j=1}^{n} \lambda_j = 1, \lambda_j \geqslant 0 (j = 1, 2, \cdots n) \\ \theta \text{无约束} \end{cases} \quad （5\text{-}16）$$

$i = 1, 2, \cdots, m$ ；$r = 1, 2, \cdots, s$ ；$j = 1, 2, \cdots, n$ 。

投入导向 BCR 模型的对偶规划式为：

$$\max \sum_{r=1}^{s} \mu_r y_{rj_0} - \mu_0$$

$$\text{s.t.} \begin{cases} \sum_{r=1}^{s} \mu_r y_{rj} - \sum_{i=1}^{m} \omega_i x_{ij} - \mu_0 \leqslant 0 \\ \sum_{r=1}^{s} \omega_i x_{ij_0} = 1 \\ \\ \omega \geqslant 0 \quad \mu \geqslant 0 \quad \mu_0 \text{无约束} \end{cases} \quad （5\text{-}17）$$

$i = 1, 2, \cdots, m$ ；$r = 1, 2, \cdots, s$ ；$j = 1, 2, \cdots, n$ 。

2. 投入导向 BCR 模型的几何图解

假设有 4 个 DMU 均有 1 种投入(x)和 1 种产出(y)，具体数据见表 5-3。以投入 x 为横坐标，以产出 y 为纵坐标，各 DMU 的投入产出情况如图 5-4 所示。

表 5-3　投入导向 BCR 模型示例数据

DMU	x	y
A	1.00	1.00
B	1.50	2.00
C	3.50	2.50
D	4.00	3.00

假设规模收益不变，生产前沿可用 OB 射线表示，B 是唯一有效的 DMU。假设规模收益可变，则生产前沿为 $MABD$ 构成的凸向左侧的曲线。

在 CRS 模型中，B 点的产出投入比最高，A、C、D 三点与 B 点相比，均处于无效率状态，其中 A 点的投影处于 OB 上，λ 小于 1；C、D 两点的投影处于 OB 延长线上，λ 大于 1。

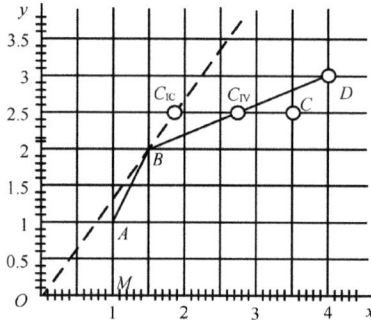

图 5-4　投入导向 BCR 模型的几何图解

在 VRS 模型中，受到约束 $\sum_{j=1}^{n} \lambda_j = 1$ 的限制，A、C、D 三点均无法向 OB 射线上作投影，因为它们在 OB 射线的投影点，要么 $\sum_{j=1}^{n} \lambda_j < 1$，要么 $\sum_{j=1}^{n} \lambda_j > 1$，无法满足 $\sum_{j=1}^{n} \lambda_j = 1$ 的条件。约束 $\sum_{j=1}^{n} \lambda_j = 1$ 使得生产前沿向后退缩，并使 A、D 两点处于前沿上，ABD 及 A 点垂直向下的延长线构成了生产前沿曲线。VRS 模型中的 C 点为无效 DMU，其投入无效率体现为 CC_{IV}，而在 CRS 模型中其投入无效率体现为 CC_{IC}。

5.2.3.2　产出导向 BCR 模型的规划式

1. 产出导向 BCR 模型的数学规划式

产出导向 BCR 模型的规划式为：

$$\max \phi$$

$$\text{s.t.} \begin{cases} \sum_{j=1}^{n} \lambda_j x_{ij} \leqslant x_{ij_0} \\ \sum_{j=1}^{n} \lambda_j y_{rj} \geqslant \phi y_{rj_0} \\ \sum_{j=1}^{n} \lambda_j = 1 \\ \lambda_j \geqslant 0 \end{cases} \tag{5-18}$$

$$i=1,2,\cdots,m \ ; \ \ r=1,2,\cdots,s \ ; \ \ j=1,2,\cdots,n \ 。$$

产出导向 BCR 模型也是在产出导向 CCR 模型的基础上，增加了约束条件 $\sum\limits_{j=1}^{n}\lambda_j=1$ 构成的，其对偶规划式为：

$$\min \sum_{i=1}^{m} \omega_i x_{ij_0} + \omega_0$$

$$\text{s.t.} \begin{cases} \sum\limits_{r=1}^{s} \mu_r y_{rj} - \sum\limits_{i=1}^{m} \omega_i x_{ij} - \omega_0 \leqslant 0 \\ \sum\limits_{r=1}^{s} \mu_r y_{rj_0} = 1 \\ \omega \geqslant 0 \quad \mu \geqslant 0 \quad \omega 无约束 \end{cases} \tag{5-19}$$

$$i=1,2,\cdots,m \ ; \ \ r=1,2,\cdots,s \ ; \ \ j=1,2,\cdots,n \ 。$$

2. 产出导向 BCR 模型的几何图解

同样以表 5-3 数据为例，在 CRS 模型中，产出导向与投入导向的前沿相同，均为 OB 射线。但是在 VRS 模型中，产出导向的前沿与投入导向的前沿并不完全相同，产出导向的生产前沿曲线为 ABD 及 D 点平行于 x 轴的延长线。如图 5-5 所示。C 点在前沿上的投影则完全不同，其无效率体现为 CC_{OV}，而在 CRS 模型中，其投入无效率体现为 CC_{OC}。

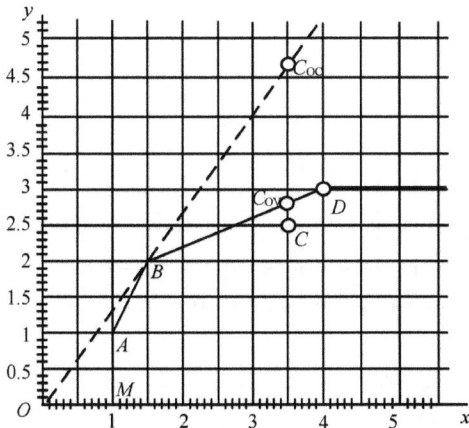

图 5-5　产出导向 BCR 模型的几何图解

5.2.4 基于混合整数线性规划的 FDH 模型

FDH 模型是 Tulkens 在 1993 年提出的一种混合整数线性规划（Mixed Integer Linear Programming，MILP）模型，从规划式上看，FDH 模型可以看成是在 VRS DEA 模型的基础上，将线性组合系数 λ 限定为 0 或 1，即 $\lambda \in \{0, 1\}$。FDH 的全名是 Free Disposal Hull，直接含义为自由处置壳（包）。FDH 这一名称主要体现在 Free Disposal 的含义，即在生产可能集中投入和产出的可自由处置性。

以投入导向模型为例，FDH 模型表示为：

$$\min \theta$$

$$\text{s.t.} \begin{cases} \sum_{j=1}^{n} \lambda_j x_{ij} \leqslant \theta x_{ij_0} \\ \sum_{j=1}^{n} \lambda_j y_{rj} \geqslant y_{rj_0} \\ \sum_{j=1}^{n} \lambda_j = 1 \\ \lambda_j \in \{0,1\} \end{cases} \tag{5-20}$$

$i = 1, 2, \cdots, m$ ； $r = 1, 2, \cdots, s$ ； $j = 1, 2, \cdots, n$ 。

由于模型中约束 $\lambda \in \{0, 1\}$，FDH 的前沿不再是凸包，其外形如图 5-6 所示，虚线为 VRS DEA 模型前沿，实线为 FDH 前沿。

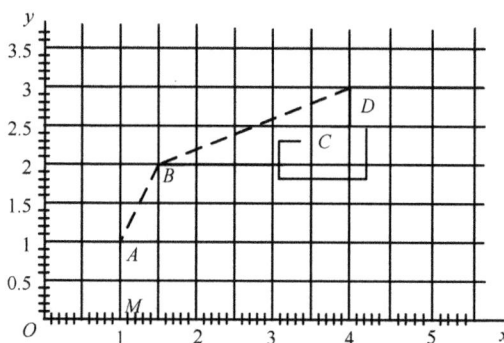

图 5-6　投入导向 FDH 模型的几何图解

从图 5-6 中可以看出，FDH 模型的生产可能集是 VRS DEA 模型的子集。在 FDH 模型中，被评价 DMU 的参考标杆只能有一个 DMU，并且其线性组合系数 $\lambda=1$。其意义在于被评价 DMU 仅参考现实存在的 DMU，不会参考线性组合而成的虚拟 DMU。这是 FDH 模型在实际应用中的意义。

由于实际生产过程中活动的多样性，或决策者在评价活动中的作用不同，在上述基本模型的基础上，又发展、派生出一些新的 DEA 模型。需要的读者可以参考相关书籍，这里不做详细介绍。

5.3　数据包络分析法步骤

数据包络分析法（DEA）应用的一般步骤为：明确评价目的、选择 DMU、建立输入/输出评价指标体系、收集和整理数据、DEA 模型的选择、DEA 模型的计算和结果分析。

（1）明确评价目的

DEA 的基本功能是"评价"，这里的"评价"是指通过 DEA 提供的评价功能而进行的系统分析工作，特别是进行多个同类样本间的"相对优劣性"的评价。这样就有一系列的问题需要明确。例如，哪些 DMU 能够在一起评价？通过什么样的输出/输入评价指标体系进行评价？选择什么样的 DEA 模型进行评价等。这些问题都是服从于我们应用 DEA 的具体目的。因此，明确评价目的是应用 DEA 的首要问题。

（2）选择 DMU

DEA 是在同类型的 DMU 之间进行相对有效性的评价，因此选择 DMU 的基本要求就是 DMU 类型相同。在实际中以下几点可以帮助我们选择 DMU。

① 用 DMU 的物理背景或活动空间来判断，即 DMU 具有相同的外部环境、相同的输入、输出指标和相同的目标任务等。

② 用 DMU 活动的时间间隔来构造，例如，一个生产过程的时间间隔为$[0, T]$，现将$[0, T]$进行 q 等分，由于每个等分中的生产过程都是原过程的一部分（一个时段），因此如果将每个等分视为一个 DMU，则可认为一共得到 q 个相同类型的 DMU。

③ DMU 的数量要求。DEA 为非参数前沿分析方法，虽然对 DMU 数量的要求相对较少，但如果 DMU 数量过少，如果 DMU 的数量比投入产出评价指标的数量还要少（$n<m+r$），则很容易出现大部分甚至全部 DMU 均有效的结果，使 DEA 失去对 DMU 效率区分的能力。一般来说，DMU 的数量不少于投入和产出评价指标数量的乘积，同时不少于投入和产出评价指标数量的 3 倍，即 $n \geqslant \max\{m \times r, 3 \times (m+r)\}$。但是，DMU 的数量也不宜过多，否则可能会使相同类型的

DMU 受到影响。

（3）建立输入/输出评价指标体系

建立输入/输出评价指标体系是应用 DEA 的一项基础性前提工作。DEA 主要是利用各 DMU 的输入、输出评价指标数据对 DMU 进行相对有效性评价。系统的评价指标不同，其有效性的评价结果也将不同。需要考虑如下几点。

① 要紧紧围绕评价目的的实现选择评价指标。为此，需要把评价目的从输入和输出两个侧面分解成若干变量，并且通过这些输入向量和输出向量构成的生产过程，的确能够反映评价目的。当然如果评价指标的实际意义比较直观、明显，与评价目的挂钩也较紧，也就很容易地被认定为输入（出）评价指标。通常可将各 DMU 的效用型评价指标作为系统的输出评价指标，将成本型评价指标作为系统的输入评价指标。

② 选择的评价指标能全面反映评价目的。一般来说，一个评价目的需要多个输入和输出评价指标才能较为全面地描述，缺少某个或者某些评价指标常会使评价目的不能完整地实现。换言之，缺少了某个或某些评价指标，就不能够全面地反映评价目的。例如，在某个评价指标体系中新增一个或去掉一个，原来非有效的 DMU 变成了有效的 DMU，或原来有效的 DMU 变成了非有效的 DMU。

③ 要考虑到输入向量、输出向量之间的联系。在生产过程中，DMU 各输入向量和各输出向量之间往往不是孤立的。在实际应用中，通过向专家咨询或进行统计分析可以帮助我们做到以上这些，也可在初步确定了输入/输出评价指标体系后，用 DEA 进行试探性分析。如果在用了几组样本数据进行分析后，个别评价指标对应的权重总是很小，这说明这样的评价指标对 DMU 有效性的影响不大，可以考虑删除这些评价指标。

（4）收集和整理数据

在采用 DEA 评价各 DMU 的相对有效性时，需要输入各 DMU 的输入、输出评价指标值，这些评价指标值的正确性直接影响各 DMU 的相对有效性评价结果。所以，正确收集和科学整理各 DMU 的输入、输出数据就成为 DEA 的重要组成部分。评价指标中可以包含人文、社会、心理等领域中的非结构化因素，需要按可靠标准予以量化赋值，如分为若干级别，以数字表示。在实际应用中，投入评价指标和产出评价指标均有不同的量纲，但这并不构成使用 DEA 时的困难。DMU 的最优效率评价指标与投入评价指标值及产出评价指标值的量纲选取无关。也就是说，由于 DEA 并不直接对评价指标数据进行综合，因此，在建立模型前无须对数据进行无量纲化处理。当然，也可在建模前先做无量纲化处理。

（5）DEA 模型的选择

进行评价时选用哪种 DEA 模型需要我们认真考虑。一般来说需要从以下几方面进行考虑。

① 由于具有非阿基米德无穷小的 DEA 模型在判断 DMU 是否为（弱）DEA 有方便之处，所以在实际中这一模型常被应用。

② 为了得到不同侧面的评价信息，在可能情况下，尽量选用不同类型的 DEA 模型同时进行分析，再把分析结果相互比较。

（6）DEA 模型的计算和结果分析

对于一组 DMU，在确定了评价指标体系后，选择一个合适的 DEA 模型，进行相对有效性评价，并在评价结果基础上进行分析工作，需要考虑如何把分析工作设计得更为细致、全面，以便提供尽可能多的比较信息。当然，究竟做些什么？如何做？对提供的结果又如何进行分析等，没有一个固定的模式，还需从问题的实际背景和我们的评价目的出发。最基本的是利用 DEA 规划模型的求解结果，判断各 DMU 的 DEA 有效性，找出非有效性 DMU 的无效原因及其改进措施，形成评价结果报告，并向上层 DMU 领导提出建议以辅助决策。

具体可采用求解线性规划的商业软件进行求解，也可采用各种专门的 DEA 软件进行求解，因为 DEA 软件比较容易操作使用。

5.4　数据包络分析法的应用

5.4.1　装备研制方案评价

随着战场对装备各项评价指标的要求越来越高，装备研制成为一项涉及层面巨大的工程性活动，装备研制过程中所涉及的技术越来越复杂，耗费资金越来越巨大，研制规模越来越难以控制，同时研制周期也变得难以确定。装备研制呈现高风险性，一旦某一环节出现问题，轻则造成大量资源的浪费、延误战机，重则对国家安全构成严重影响。例如，按照美国空军"全球到达、全球力量"战略设计的"猛禽"拥有优异的性能，然而，它的研制却并非一帆风顺，单架 F/A-22 的造价为 1.331 亿美元，如果将研发费用计算在内，每架成本高达 3.546 亿美元，大大超过预期。此外，由于预算不足和技术挑战等原因，首飞时间比预期推迟 76%。通常情况下，在装备研制过程中都会产生多种方案可供选择，不同方案会对最终定型的装备产生不同的影响。为尽量排除评价过程中的主观性，科学地评价各个方案就具有特别重要的意义。

1. 方法原理

DEA 主要解决不同量纲的多项投入和多项产出效率的问题，对装备研制过程中各方案的评价提供了切实可行的方法。在装备研制过程中，将每一个拟定的装备研制方案视为一个 DMU，由所有的装备研制方案组成评价群体。对于每一个研制方案来说，都是同类型的 DMU，具有相同的投入项评价指标（如考察装备的机动能力、打击能力、防护能力、信息能力）和相同的产出项评价指标（如方案最终的性能、费用、耗时指标）。通过采用 DEA 比较每一个研制方案之间的相对效率，进行投入产出比率的综合分析，得到每一个研制方案的综合量化指标值，从而确定相对效率最高（即 DEA 有效且技术有效）的方案，并对所有研制方案进行排序，也可进行分类；同时分析非 DEA 有效的研制方案同DEA 有效的研制方案之间的差距，并考虑调整非 DEA 有效的研制方案，使其向 DEA 有效的方向进行。

2. 装备研制方案的评价

设有五个装备研制方案，要求尽量地比较各方案的相对有效性，进而确定最佳方案。在应用 DEA 时，每个方案的有效输入评价指标假定有四项，分别是机动能力、打击能力、防护能力、信息能力，分别记为 $X_{机动能力i}$、$X_{打击能力i}$、$X_{防护能力i}$、$X_{信息能力i}$。方案的输出采用三个评价指标表示，即性能、费用、耗时，分别记为 $Y_{性能j}$、$Y_{费用j}$、$Y_{耗时j}$；为了便于计算，将输出项进行正规化，使之处于[0,1]。于是，得到如表 5-4 所示的装备研制方案性能数据。

表 5-4　装备研制方案性能数据

	方案 1	方案 2	方案 3	方案 4	方案 5
$X_{机动能力i}$	4	5	3	7	6
$X_{打击能力i}$	3	6	4	5	7
$X_{防护能力i}$	7	4	5	6	3
$X_{信息能力i}$	4	6	7	3	5
$Y_{性能j}$	0.82	0.86	0.85	0.83	0.9
$Y_{费用j}$	0.84	0.83	0.9	0.82	0.86
$Y_{耗时j}$	0.81	0.86	0.84	0.9	0.85

针对方案 1，其线性规划方程为：

$$\min\theta = V_1$$
$$4\lambda_1 + 5\lambda_2 + 3\lambda_3 + 7\lambda_4 + 6\lambda_5 \leqslant 4\theta$$
$$3\lambda_1 + 6\lambda_2 + 4\lambda_3 + 5\lambda_4 + 7\lambda_5 \leqslant 3\theta$$
$$7\lambda_1 + 4\lambda_2 + 5\lambda_3 + 6\lambda_4 + 3\lambda_5 \leqslant 7\theta$$
$$4\lambda_1 + 6\lambda_2 + 7\lambda_3 + 3\lambda_4 + 5\lambda_5 \leqslant 4\theta$$
$$0.82\lambda_1 + 0.86\lambda_2 + 0.85\lambda_3 + 0.83\lambda_4 + 0.9\lambda_5 \geqslant 0.82$$
$$0.84\lambda_1 + 0.83\lambda_2 + 0.9\lambda_3 + 0.82\lambda_4 + 0.86\lambda_5 \geqslant 0.84$$
$$0.81\lambda_1 + 0.86\lambda_2 + 0.84\lambda_3 + 0.9\lambda_4 + 0.85\lambda_5 \geqslant 0.81$$
$$\lambda_1,\ \lambda_2,\ \lambda_3,\ \lambda_4,\ \lambda_5 \geqslant 0$$

同理，可建立方案 2、方案 3、方案 4、方案 5 各自的线性规划方程。

对于上述五个线性规划方程求解，可解得各方案下的变量 λ_j 和极值 θ，具体如表 5-5 所示。

表 5-5　各方案下的变量 λ_j 和极值 θ 结果数据

方案	λ_1	λ_2	λ_3	λ_4	λ_5	θ
1	0	1.08	0	0	0	0.923
2	0	1.105	0	0	0	0.817
3	0	1.211	0	0	0	0.611
4	0	1.11	0	0	0	0.713
5	0	1	0	0	0	1

由此可见，在采用方案 5 时，根据数学规划的结果，其极值 θ 为 1，而其他方案下的极值 θ 均小于 1，因此，相对而言，方案 5 是五个方案中相对有效的一个。

5.4.2　装备保障方案评价

1. 明确评价目的

装备保障方案是指依据作战任务确定的装备使用特点和保障决心，对完成保障任务和实施措施的基本设想。它规定了在作战实施过程中如何完成装备保障的总体设想和要求，是实现保障工作的一种总体规划，是协调保障性指标要求、进行保障性设计、确定保障资源的依据和基础。对装备保障方案进行评价，确定最优的装备保障方案，能够全面评价装备保障系统是否满足实际使用，帮助决策者科学合理地配置保障资源，提高装备保障单元整体的作战能力和保障能力。

2. 选择DMU

将装备保障方案看成一个实体单元，在特定情况下，投入一定量的"生产要素"（输入）并产出一定量的"产品"（输出）。那么，每个装备保障方案都是一个实体单元，是所研究问题的 DMU，共有 3 个可比性的装备保障方案DMU，分别记为 DMU_1、DMU_2、DMU_3。

3. 建立输入/输出评价指标体系

评价指标体系要尽可能做到科学、合理，并能被相关部门和使用人员接受，按照层次性、可论证性和可相比性原则，将局部参数和模糊参数统一起来，建立装备保障方案评价体系，既能评价保障方案的局部参数，也能评价装备保障方案的模糊参数。以某装备保障单元为例，建立装备保障方案评价体系，如图 5-7 所示。

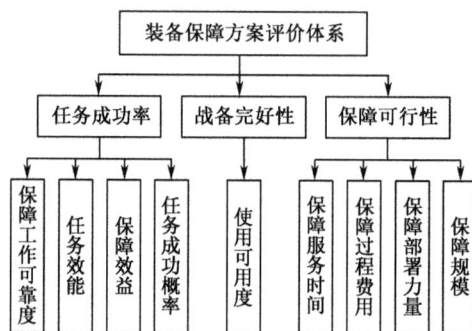

图 5-7　装备保障方案评价体系

DMU 的输入越小越好，输出则是越大越好。分析装备保障方案评价指标体系，可以得出：保障工作可靠度、任务效能、保障效益、任务成功概率、使用可用度可作为输出评价指标，在制定保障方案的过程中，评价指标值越大越好，分别记为 Y_1、Y_2、Y_3、Y_4、Y_5；而保障服务时间、保障过程费用、保障部署力量、保障规模可作为输入评价指标，评价指标值越小越好，分别记为 X_1、X_2、X_3、X_4。

每个 DMU 都有 4 种类型的输入和 5 种类型的输出。对 4 个输入而言，构建输入矩阵：

$$X_i = (X_1, X_2, X_3, X_4) = \begin{pmatrix} x_{11} & x_{12} & x_{13} \\ x_{21} & x_{22} & x_{23} \\ x_{31} & x_{32} & x_{33} \\ x_{41} & x_{42} & x_{43} \end{pmatrix}$$

从输入矩阵中可知第 j 个装备保障方案的输入为 $X_j = (x_{1j}, x_{2j}, x_{3j}, x_{4j})$。同理，构建输出矩阵：

$$Y_i = (Y_1, Y_2, Y_3, Y_4, Y_5) = \begin{pmatrix} y_{11} & y_{12} & y_{13} \\ y_{21} & y_{22} & y_{23} \\ y_{31} & y_{32} & y_{33} \\ y_{41} & y_{42} & y_{43} \\ y_{51} & y_{52} & y_{53} \end{pmatrix}$$

从输出矩阵中可知第 j 个装备保障方案的输出为 $Y_j = (y_{1j}, y_{2j}, y_{3j}, y_{4j}, y_{5j})$。

4. 建立 DEA 模型

三种装备保障方案均有 4 个输入和 5 个输出，可由图 5-8 表示。

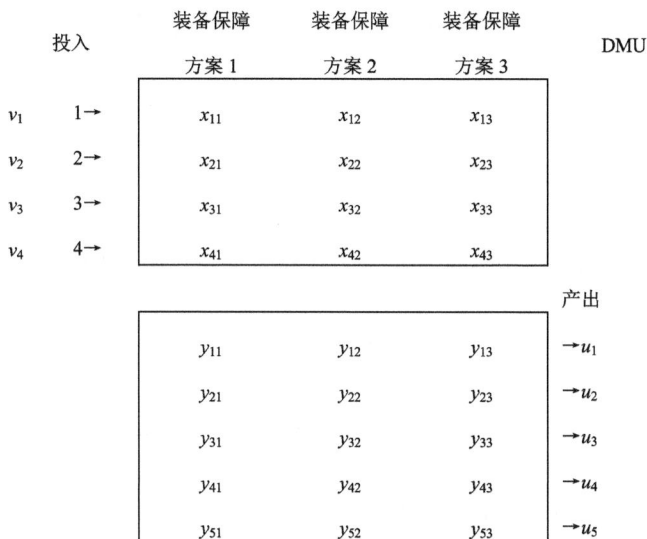

图 5-8 装备保障方案 DEA 模型

v_i 表示对第 i 种类型输入权重度量，$i=1,2,3,4$，$v = (v_1, v_2, v_3, v_4)^{\mathrm{T}}$；$u_i$ 表示对

第 j 种类型输出权重度量，i=1,2,3,4,5，$\boldsymbol{u} = (u_1, u_2, u_3, u_4, u_5)^{\mathrm{T}}$。

（1）分式规划形式

考虑第 j_0 个决策单元 $\mathrm{DMU}_{j0}(1 \leqslant j_0 \leqslant 3)$ 的效率评价问题，以 DMU_{j0} 的效率评价指数为目标，以所有 DMU 的效率指数（包括 DMU_{j0}）为约束。其产出投入比表示为相应的效率评价指数 h_{j0}：

$$h_{j0} = \frac{\boldsymbol{u}^{\mathrm{T}} Y_{j0}}{\boldsymbol{v}^{\mathrm{T}} X_{j0}} = \frac{\sum\limits_{r=1}^{5} u_r y_{rj0}}{\sum\limits_{i=1}^{4} v_i x_{ij0}} \qquad j = 1, 2, 3 \tag{5-21}$$

$$h_j = \frac{\boldsymbol{u}^{\mathrm{T}} Y_j}{\boldsymbol{v}^{\mathrm{T}} X_j} \leqslant 1 \qquad j = 1, 2, 3 \tag{5-22}$$

式（5-21）和式（5-22）中权向量 $\boldsymbol{u}$ 与 $\boldsymbol{v}$ 都是待定的，二者的每个分量都是非负的（即 $\boldsymbol{u} \geqslant 0$，$\boldsymbol{v} \geqslant 0$），依此构建成 CCR 模型的分式规划形式。

$$\begin{cases} \max h_{j0} = \dfrac{\sum\limits_{r=1}^{5} u_r y_{rj0}}{\sum\limits_{i=1}^{4} v_i x_{ij0}} \\[4mm] \text{s.t.} \quad \dfrac{\sum\limits_{r=1}^{5} u_r y_{rj}}{\sum\limits_{i=1}^{4} v_i x_{ij}} \leqslant 1 \quad j = 1, 2, 3 \\[4mm] \boldsymbol{v} \geqslant 0 \\ \boldsymbol{u} \geqslant 0 \end{cases} \tag{5-23}$$

（2）线性规划形式

使用 Charnes-Cooper 变化将分式规划变为线性规划模型。令：$t = \dfrac{1}{\boldsymbol{v}^{\mathrm{T}} x_0}$，$\boldsymbol{\omega} = t\boldsymbol{v}$，$\boldsymbol{\mu} = t\boldsymbol{u}$，则式（5-3）的目标函数变为：

$$\max \boldsymbol{\mu}^{\mathrm{T}} y_0$$

$$\begin{cases} \text{s.t.} \quad \boldsymbol{\omega}^{\mathrm{T}} X_j - \boldsymbol{\mu}^{\mathrm{T}} Y_j \geqslant 0 \quad j = 1, 2, 3 \\ \boldsymbol{\omega}^{\mathrm{T}} X_{j0} = 1 \\ \boldsymbol{\omega} \geqslant 0 \quad \boldsymbol{\mu} \geqslant 0 \end{cases} \tag{5-24}$$

（3）对偶规划模型

为了检验 DEA 的有效性，引入松弛变量 $\boldsymbol{S}^-$ 和剩余变量 $\boldsymbol{S}^+$，并且具有非阿基米德无穷小量的对偶规划：

$$\min[\boldsymbol{\theta} - \varepsilon(\hat{\boldsymbol{e}}^{\mathrm{T}}\boldsymbol{S}^- + \boldsymbol{e}^{\mathrm{T}}\boldsymbol{S}^+)]$$

$$\begin{cases} \text{s.t.} \displaystyle\sum_{j=1}^{3} \lambda_j x_j + \boldsymbol{S}^- = \boldsymbol{\theta} X_0 \\[2mm] \displaystyle\sum_{j=1}^{3} \lambda_j y_j - \boldsymbol{S}^+ = Y_0 \\[2mm] \lambda_j \geqslant 0 \quad j = 1,2,3 \\[2mm] \boldsymbol{\theta} \geqslant 0, \boldsymbol{S}^+ \geqslant 0, \boldsymbol{S}^- \geqslant 0 \end{cases} \qquad (5\text{-}25)$$

θ 为 DMU$_{j0}$ 的有效值；λ_i 为相对于 DMU$_{j0}$ 构造一个有效 DMU 的第 j 个 DMU 的组合比例；ε 是非阿基米德无穷小量（non-Archimedean），是一个小于任何正数且大于 0 的数，一般取 $\varepsilon = 10^{-6}$。$\hat{\boldsymbol{e}} = (1,1,1,1)^{\mathrm{T}}$，$\boldsymbol{e} = (1,1,1,1,1)^{\mathrm{T}}$；$\boldsymbol{S}^- = (s_1^-, s_2^-, s_3^-, s_4^-)$ 为 4 项输入的松弛变量，$\boldsymbol{S}^+ = (s_1^+, s_2^+, s_3^+, s_4^+, s_5^+)$ 为 5 项输出的剩余变量。

5. 收集和整理数据

输入评价指标 $X_1 \sim X_4$ 为定量评价指标，保障服务时间的单位是分钟，保障过程费用的单位是万元，保障部署力量的单位是个，保障规模的单位是架/年。而输出评价指标 $Y_1 \sim Y_5$ 为定性评价指标，采用模糊评价，利用 0～10 的整数对其进行量化，对应关系如表 5-6 所示。则 3 个装备保障方案的投入和产出的原始评价指标值表述如表 5-7 所示。

表 5-6　模糊指标量化表

最差	很差	差	较差	一般	较好	好	很好	最好
1	2	3	4	5	6	7	8	9

表 5-7　装备保障方案的原始评价指标值

	评价指标	装备保障方案 1	装备保障方案 2	装备保障方案 3
投入	保障服务时间(X_1)	15	9	18
	保障过程费用(X_2)	15	12	18
	装备保障力量(X_3)	121	107	150
	保障规模(X_4)	2	1	2
产出	保障工作可靠度(Y_1)	9	8	8
	任务效能(Y_2)	8	8	7
	保障效益(Y_3)	8	7	7
	任务成功概率(Y_4)	8	7	8
	使用可用度(Y_5)	8	8	7

6. 求解计算

利用式（5-21）与式（5-22），得各保障方案的相对效率值：

$$h_{j1}=1.0000，\quad h_{j2}=1.0000，\quad h_{j3}=0.8105$$

以及各投入和产出的权重向量：

$$
\boldsymbol{v}=\begin{pmatrix}
0.0000 & 0.0067 & 0.0000 \\
0.0007 & 0.0005 & 0.0000 \\
0.0081 & 0.0053 & 0.0065 \\
0.0009 & 0.2225 & 0.0098
\end{pmatrix}
$$

$$
\boldsymbol{u}=\begin{pmatrix}
0.0088 & 0.0190 & 0.0000 \\
0.0028 & 0.0282 & 0.0000 \\
0.0278 & 0.0202 & 0.0000 \\
0.0817 & 0.0366 & 0.1013 \\
0.0028 & 0.0282 & 0.0000
\end{pmatrix}
$$

由此可知，装备保障方案 1 与装备保障方案 2 至少是弱有效的，而装备保障方案 3 是非有效的。利用对偶模型进一步检验，可得：

$$
\boldsymbol{\lambda}=\begin{pmatrix}
1.0000 & 0.0000 & 0.5577 \\
0.0000 & 1.0000 & 0.5054 \\
0.0000 & 0.0000 & 0.0000
\end{pmatrix}
$$

$$
\boldsymbol{S}^{-}=\begin{pmatrix}
0.0000 & 0.0000 & 5.5773 \\
0.0000 & 0.0000 & 0.1569 \\
0.0000 & 0.0000 & 0.0000 \\
0.0000 & 0.0000 & 0.0000
\end{pmatrix}
$$

$$
\boldsymbol{S}^{+}=\begin{pmatrix}
0.0000 & 0.0000 & 1.0632 \\
0.0000 & 0.0000 & 1.5054 \\
0.0000 & 0.0000 & 1.0000 \\
0.0000 & 0.0000 & 0.0000 \\
0.0000 & 0.0000 & 1.5054
\end{pmatrix}
$$

$$\boldsymbol{\theta}=\begin{pmatrix}1.0000 & 1.0000 & 0.8105\end{pmatrix}$$

7. 分析评价结果并提出决策建议

由对偶模型的计算结果可得，装备保障方案 1 与装备保障方案 2 的解中 $\theta=1$，且 $\boldsymbol{S}^{-}=\boldsymbol{S}^{+}=\boldsymbol{0}$，所以装备保障方案 1 与装备保障方案 2 是有效的，达到最优。而装备保障方案 3 的非有效性在上面的计算结果中可以看得一清二楚，根据有效性的经济意义，构建新的 DMU_3：

$$DMU_3=0.5577*DMU_1+0.5054*DMU_2$$

从而得到：X=(12.9141 14.4303 121.5595 1.6208)

Y=(9.0625 8.5048 7.9994 7.9994 8.5048)

可见，将 DMU_3 的投入降到原来的 0.8105 倍，原产出 Y_0 不减少。并且从非零的松弛变量可知，减少保障服务时间(X_1)5.5773，降低保障过程费用(X_2)0.1569，则可使保障工作可靠度(Y_1)定量增加 1.0632、任务效能(Y_2)定量增加 1.5054、保障效益(Y_3)定量增加 1.0000、使用可用度(Y_5)定量增加 1.5054。

5.4.3　装备研制项目风险评价

随着装备性能不断提高，造价日益昂贵，研制进度要求更加严格，在装备研制过程中的风险问题引起了人们广泛的重视。在新装备研制过程中，采用的新技术、新成果越多，投资费用越高，时间要求越短，系统越复杂，其研制风险就越大。因此，对装备研制项目进行风险管理极为重要。风险是对在规定的费用、进度和技术约束条件下不能实现整个项目目标的可能性的一种度量，它包括两个方面的含义：一是不能实现具体目标的概率；二是因不能实现该目标所导致的后果。装备研制过程中的风险类型主要包括技术风险、计划风险、保障性风险、费用风险、进度风险等。正是由于风险类型的综合性和复杂性，使得风险管理活动的程序、方法、技术等变得丰富多彩，层出不穷，贯穿于装备研制过程的始终。

在装备研制项目风险管理中，风险评价是其中很重要的一个环节，它是对研制过程和关键风险区域进行全面考察、辨识并记录相关风险的评价过程和程序。在风险评价过程中，项目管理人员应详细研究决策者决策的各种可能后果，并将决策者做出的决策同自己单独预测的后果相比较，进而为采取科学、合理的决策方案提供依据。

1. 模糊 DEA 用于风险评价的原理

在项目风险评价中，有些现象或活动界限是清晰的，而有些则是模糊的。前者可以用普通集合来表示，而后者则只能用模糊集合来描述。项目的风险程度评价具有一定的模糊性，风险水平的高低难以用经典的数学语言来描述，因此，需要运用模糊集合论来研究。

在确定了评价对象、评价指标和标准后，合理地确定权重是进行风险评价的又一个关键问题。目前，许多确定权重的方法都是根据评价者的经验认定，而不是由 DMU 的实际数据求得的。DEA 是把 DMU 中各输入、输出的权重作为变量，通过计算确定最优权重，排除了人为因素，具有很强的客观性。基于以上考虑，可以把模糊评判与 DEA 结合起来进行项目风险评价，具体方法如下。

设 $W = \{w_1, w_2, w_3, \cdots, w_k\}$ 为评价对象集，k 为评价对象个数；$U = \{u_1, u_2, u_3, \cdots, u_m\}$ 为评价指标集，m 为评价指标个数；$V = \{v_1, v_2, v_3, \cdots, v_n\}$ 为评价等级集，n 为评价等级个数，对每一个评价对象，有模糊关系矩阵：

$$\mathbf{R} = \begin{bmatrix} R_1 \\ R_2 \\ \vdots \\ R_p \end{bmatrix} = \begin{bmatrix} r_{11} & r_{12} & \cdots & r_{1n} \\ r_{21} & r_{22} & & r_{2n} \\ \vdots & & \ddots & \vdots \\ r_{m1} & r_{m2} & \cdots & r_{mn} \end{bmatrix}$$

式中：r_{ij} 为评价指标 u_i 对评价等级 v_j 的隶属度，具体可用专家在某个等级上画勾的人数占专家总人数的比例来确定。

取评价对象作为 DMU，以模糊矩阵的转置矩阵作为 DEA 决策单元的"输入""输出"矩阵，每个 DMU 都有 t 种类型的输入和 s 种类型的输出，具体为：

$$
\begin{array}{ccccc}
 & \mathrm{DMU}_1 & \mathrm{DMU}_2 & \cdots & \mathrm{DMU}_n \\
v_1 \quad - & x_{11} & x_{12} & \cdots & x_{1n} \\
v_2 \quad - & x_{21} & x_{22} & \cdots & x_{2n} \\
\vdots \quad - & \vdots & \vdots & \vdots & \vdots \\
v_t \quad - & x_{t1} & x_{t2} & \cdots & x_{tn} \\
 & y_{11} & y_{21} & \cdots & y_{1n} & - \quad u_1 \\
 & y_{21} & y_{22} & \cdots & y_{2n} & - \quad u_2 \\
 & \vdots & \vdots & \vdots & \vdots & - \quad \vdots \\
 & y_{s1} & y_{s2} & \cdots & y_{sn} & - \quad u_s
\end{array}
$$

其中，x_{ij} 为第 j 个 DMU 对第 i 种类型输入的投入量，$x_{ij} > 0$；y_{rj} 为第 j 个 DMU 对第 r 种类型输出的产出量，$y_{rj} > 0$；v_i 为对第 i 种类型输入的权重，$v_i > 0$；$i = 1, 2, \cdots, t$；$r = 1, 2, \cdots, s$；$j = 1, 2, \cdots, k$。

对于"输入""输出"权重系数 $V = (v_1, v_2, \cdots, v_t)^{\mathrm{T}}$，$U = (u_1, u_2, \cdots, u_s)^{\mathrm{T}}$，每一个 DMU 都有相应的效率评价指数。

设对第 j_0 个 DMU 进行相对有效性评价，以所有 DMU 的效率评价指数小于等于 1 为约束，构成最优化 CCR 模型。用线性规划的最优解来定义 DMU 的有效性。

2. 评价指标确定和数据处理

鉴于武器装备研制的五大风险类型，选择考察风险程度的主要评价指标为技术指标、经费、时间、质量。《国防采办风险管理》将风险程度划分为 A～E 五个等级，判断标准是风险事件与已知标准或最佳惯例的偏离情况，A～E 级风险相对应的偏离程度分别为最小、小、可接受、大、重大；如果没有偏离，则没有风险。需要指出的是，风险等级的界定是相对的。因为风险虽有层次之分，但毕竟界线模糊，从一个层次到另一个层次并没有明显的界限，这里仅给出各等级的参考标准，如表 5-8 所示。

表 5-8　风险等级指标

风险等级	特征
A	过程偏离最小，发生概率遥遥无期
B	过程偏离小，不太可能发生
C	过程偏离可以接受，可能发生
D	过程偏离大，很可能发生
E	过程偏离重大，几乎肯定会发生

3. 具体计算

某型武器装备研制项目中，考虑该装备的重要性，研制方案共设计了五种，视风险程度确定最终方案。若以五种方案（I、II、III、IV、V）作为评价对象，即评价系统的 DMU 有五个，并统计出专家对五种方案各评价指标（技术指标、经费、时间、质量）评判的风险等级。以技术指标为例，专家按五个等级分别对五种方案在该评价指标方面的风险程度进行模糊评判。表 5-9 中的数据为 100 个专家中对某种方案在某个风险等级上打勾的人数。

表 5-9　方案风险等级评价指标评判

风险等级	I	II	III	IV	V
A	38	15	10	20	30
B	25	20	13	30	28
C	14	25	22	18	19
D	15	19	18	17	15
E	8	21	37	15	8

由于方法本身的原因，要求每个 DMU 都应有输入和输出，否则，评价方法将失效。选取风险等级 A、B、C 为系统的输入，风险等级 D、E 为系统的输出，对方案 I 来说，可以得到一个线性规划模型，即：

$$\max 15P_1 + 8P_2$$
$$\text{s.t. } 38q_1 + 25q_2 + 14q_3 - 15P_1 - 8P_2 \geqslant 0$$
$$15q_1 + 20q_2 + 25q_3 - 19P_1 - 21P_2 \geqslant 0$$
$$10q_1 + 13q_2 + 22q_3 - 18P_1 - 37P_2 \geqslant 0$$
$$20q_1 + 30q_2 + 18q_3 - 17P_1 - 15P_2 \geqslant 0$$
$$30q_1 + 28q_2 + 19q_3 - 15P_1 - 8P_2 \geqslant 0$$
$$38q_1 + 25q_2 + 14q_3 = 1$$
$$q_1, q_2, q_3, p_1, p_2 \geqslant 0$$

同理可得其他四种方案的线性规划模型。

经计算机计算（可使用 MATLAB 软件）得到五个线性规划的最优目标函数值，分别是：

（1）max=0.2124；

（2）max=0.7776；

（3）max=1.0000；

（4）max=0.7416；

（5）max=0.36240。

这是五种方案在技术指标方面的表现。以同样方法可得到五种方案在其他三个评价指标方面的表现（即最优目标函数值），然后按评价方案将四个评价指标的最优目标函数值相乘，其乘积可作为对该方案的总评价结果，即该方案的风险程度，由于篇幅原因，计算过程略，得到的结果如表 5-10 所示。

表 5-10　方案风险程度评价结果

方案	I	II	III	IV	V
风险程度	0.1970	0.7645	1.0000	0.6872	0.3435

从表 5-8 中的结果可以看出，在这个武器装备研制项目中，方案III的风险程度最高，方案 I 的风险程度最低。如果按照对项目的不利影响程度（风险的重要程度）来排序，其排序结果是：方案III>方案 II>方案IV>方案 V>方案 I 。因此，军方在考虑选择研制方案时，应该将方案 I 放在首位。

思考题

1. 简述 DMU 和 DEA 的定义，DEA 的核心目标是什么？

2. 简述 DEA 的基本原理。

3. 写出 DMU 的效率评价指数。

4. 使用 Charnes-Cooper 变化，根据 DMU 效率评价指数的分式 CCR 模型推导出线性规划模型。

5. 试写出 CCR 模型、BCR 模型和 FDH 模型的规划式，并简要说明它们的区别和各自的使用特点。

6. 简述 DEA 的基本程序和步骤。

7. 简述 CCR 模型的主要优点。

8. 请写出引入非阿基米德无穷小的 DEA 线性规划模型，并给出 DMU_{j0} 为弱 DEA 有效和 DEA 有效的判断条件。

9. 简要说明根据 CCR 模型中 λ_j 的最优值如何判断 DMU 的规模收益情况？

10. 结合实例说明 DEA 在军事装备领域的应用。

第6章 人工神经网络评价法

本章知识要点

人工神经网络评价法通过将实例学习得到连接权值赋予网络，建立更加接近人类思维模式的定性和定量相结合的综合评价方法。本章在介绍人工神经网络基本概念的基础上，提出了人工神经网络评价法的思想和原理，分析了人工神经网络的组成，详细阐述了误差反向传递（BP）人工神经网络评价模型和算法，给出了人工神经网络评价法的基本步骤。以武器装备研制项目风险评价和装备保障方案评价作为应用实例，采用人工神经网络评价法进行评价。

重点把握内容

（1）人工神经网络的概念和组成；

（2）单层和多层前向网络模型；

（3）人工神经网络评价法的思想和原理；

（4）误差反向传递（BP）人工神经网络评价模型和算法；

（5）误差反向传递（BP）人工神经网络评价的基本程序和步骤；

（6）人工神经网络评价法的应用。

6.1 人工神经网络评价法的思想和原理

6.1.1 人工神经网络

当今社会面临着许多的选择或决策问题。人们通过分析各种影响因素，建立相应的数学模型，可以通过求解最优解来得到最佳方案。由于数学模型有较强的条件限制，导致得出的最佳方案与现实有较大误差，需要重新对各种因素进行分析，重新建立模型，这样存在许多重复的工作，而且以前的一些经验性的知识不能得到充分利用。

为了解决这些问题，人们提出模拟生物神经网络工作原理，建立能够"学习"的模型，将经验性知识进行积累和充分利用，使得求出的最佳解与实际值之间的误差最小化，通常把这种解决问题的方法称为人工神经网络（Artificial Neural Network，ANN）。

人工神经网络主要是由大量与人脑细胞类似的人工神经元互连而成的网络，人脑是由巨量神经元细胞和以某种形式构成的神经元间的相互联系组合而成的，人工神经网络则是大致模拟人脑的工作原理，即首先以一定的学习准则进行学习，然后进行判断、评价等工作。它主要根据提供的数据，通过学习和训练，找出输入与输出之间的内在联系，从而求取问题的解。人工神经网络从四个方面刻画人脑的基本特征。

（1）物理结构

模仿生物神经元的功能，构造人工神经元的连接网络。

（2）计算模拟

人脑神经元既有局部的计算和存储功能，又通过连接构成统一的系统，人脑的计算建立在该系统的大规模并行模拟处理基础之上。人工神经网络则以具有局部计算能力的神经元为基础，同时实现信息的大规模并行处理。

（3）存储与操作

大脑对信息的记忆是通过改变突触的强度来实现分布存储，人工神经网络模拟信息的大规模分布存储。

（4）训练

人工神经网络根据人工神经元网络的结构特性，使用不同的训练过程，自动从"实践"（训练样本）中获取相关知识，并存储在系统中。后天的训练使得人脑具有很强的自组织和自适应性。

人工神经网络实质上是模仿生物神经网络功能的一种经验模型，输入和输出之间一般表现为非线性的变换关系。首先根据输入信息建立神经元，通过学习规则或自组织等过程建立相应的非线性数学模型，并不断进行修正，使输出结果与实际值之间的差距不断缩小。人工神经网络通过样本的"学习和培训"，可以记忆客观事物在空间、时间方面比较复杂的关系，把问题的特征反映在神经元之间相互联系的连接权值中。所以，把实际问题特征参数输入后，神经网络就能输出解决问题的结果。

人工神经网络理论及其发展至今一共经历了三个阶段。

第一阶段。1943 年，美国心理学家 McCulloch 和数学家 Pitts 对神经元进行形式化研究，首次提出了神经元的数学模型——M-P 神经模型；1949 年，加拿大生理心理学家 D.O.Hebb 提出改变神经元连接强度的 Hebb 学习规则，至今 Hebb 学习规则仍然是人工神经网络学习算法的一个基本原则；1957 年，美国神经学家 Rosenblatt 首次引进感知器（Perceptron）概念来模拟生物的感知、学习能力。1962 年，Widros 提出用于自适应系统的连续取值的线性网络。

第二阶段。1969 年，美国著名人工智能专家 M.L.Minsky 和 S.Papert 从理论上证明了当时单隐含层感知器网络模型无法解决的许多简单问题，包括最基本的"异或（XOR）"问题，使人工神经网络理论的发展进入一个低谷；1974 年，Webos 提出 BP 学习理论，S.Grossberg 提出自适应共振理论（Adaptive Resonance Theory，ART）。

第三阶段。第三阶段是人工神经网络取得突破性进展的阶段。1982 年，加利福尼亚理工学院 CalTech 的物理学家 J.Hopfield 提出 Hopfield 神经网络系统（HNNS）模型，提出能量函数的概念，用非线性动力学方法来研究人工神经网络，开拓了人工神经网络用于联想记忆和优化计算的新途径；1986 年，斯坦福大学心理学教授 Rumelhart 和 McClelland 提出了反向传递（Back Propagation，BP）神经网络，利用多层反馈学习算法解决了简单感知器不能解决的"异或（XOR）"问题。

人工神经网络反映了生物神经功能的基本特性，但并不是生物神经系统的逼真描述，只是一定层次和程度上的模仿和简化。神经网络的特点是，强调大量神经元之间的协同作用和通过学习的方法解决问题。人工神经网络将信息或知识分布储存在大量的神经元或整个系统中，它具有全息联想的特征，具有高速运算的能力，具有很强的适应能力，具有自学习、自组织的潜力。另外，人工神经网络具有较强的容错能力，能够处理那些有噪声或不完全的数据。

6.1.2　人工神经网络评价法

鉴于人工神经网络所具有的特征，所以可以建立人工神经网络评价法。人工神经网络评价法解决评价方面问题的方式与层次分析法和模糊综合评判法完全不同。它是模拟人脑的思维，把大量的神经元连接成一个复杂的网络，利用已知样本对网络进行训练，即类似于人脑的学习，让网络存储变量间的非线性关系，即类似于人脑的记忆功能，然后利用存储的网络信息对未知样本进行评价，即类似于人脑的联想功能。

由于实际综合评价往往是非常复杂的，各个因素之间互相影响，呈现出复杂的非线性关系，人工神经网络评价法为处理这类非线性问题提供了强有力的工具。它是一种智能化的数据处理方法，其处理具有非线性关系数据的能力，是目前其他方法所无法比拟的。与其他综合评价方法相比，人工神经网络评价法已越来越显示出它的优越性。

人工神经网络评价法通过神经网络的自学习、自适应能力和强容错性，建立更加接近人类思维模式的定性和定量相结合的综合评价模型。训练好的神经网络把专家的评价思想以连接权值的方式赋予网络，这样该网络不仅可以模拟专家进行定量评价，而且避免了评价过程中的人为失误。由于模型的连接权值是通过实例学习得到的，这就避免了人为计算权重和相关系数的主观影响及不确定性。

人工神经网络评价法可以利用梯度下降搜索技术，按照误差反向传播进行网络训练的原则，以期使网络的实际输出值和期望输出值的误差均方差最小，实现了任意复杂的分类能力和优良的多维函数映射能力，具有运算速度快、问题求解效率高、自学习能力强、适应面宽等优点，较好地模拟了评价专家进行综合评价的过程，因而具有广阔的应用前景。

6.2　人工神经网络评价模型

6.2.1　模型介绍

人工神经网络是在生物神经机制研究基础上产生的智能仿生模型，该模型是一个不断反馈的过程，通过不断修改完善网络连接权值和阈值，直到实现人们期望的结果，依此将网络确定下来。

6.2.1.1　人工神经网络基本组成

1. 人工神经网络处理单元

处理单元也称为神经元，是人工神经网络的最基本的组成部分。一个人工神经网络系统中有许多处理单元，每个处理单元的具体操作都是从其相邻的其他处理单元中接受输入，然后产生输出送到与其相邻的处理单元中去。人工神经网络的处理单元可以分为三种类型：输入单元、输出单元和隐含单元。输入单元从外界环境接受信息，输出单元则给出神经网络系统对外界环境的作用，这两种处理单元与外界都有直接联系。隐含单元则处于人工神经网络之中，不与外界产生直接联系，它从网络内部接受输入信息，所产生的输出则只作用于人工神经网络系统中的其他处理单元。隐含单元在人工神经网络中起着极为重要的作用。

2. 人工神经网络结构

人工神经网络结构是随着研究的不断深入而完善的。最初的人工神经网络结构只有输入层（由输入处理单元组成）和输出层（由输出处理单元组成），称为单层前向网络，这种单层前向网络能力极为有限。后来在这种单层前向网络的基础上，引入了中间隐含层（由隐含单元组成），形成了双层前向网络模型，这种双层前向网络模型大大提高了神经网络的能力。中间隐含层根据算法的需要，可以进行增加，从而形成了多层前向网络模型。

3. 人工神经网络连接权值

人工神经网络的卓越能力来自于神经网络中各神经元之间的连接权值。连接权值一般不能预先准确地确定，故人工神经网络应具有学习功能，即能根据样本模式逐渐调整连接权值，使人工神经网络具有卓越的处理信息的功能。

4. 人工神经网络的工作过程

人工神经网络的工作过程具有循环特征。而在每个循环中又分为两个阶段，即工作期与学习期。在工作期期间，各神经元之间的连接权值不变，但计算单元的状态发生变化。工作期的特点是进行速度快，故又称为快过程，并称此期间中的神经元处于短期记忆。在学习期期间，各计算单元的状态不变，但对连接权值做修改，学习期速度要慢得多，故又称为慢过程，并称此期间的神经元处于长期记忆。对事物的判断分析必须经过一个学习和训练过程。

6.2.1.2 神经元模型

神经网络中最基本的成分是神经元模型，在生物神经网络中，每个神经元与其他神经元相连，当它"兴奋"时，就会向相连的神经元发送化学物质，从而改变这些神经元内的电位；如果某神经元的电位超过了一个"阈值"（threshold），那么它就会被激活，即"兴奋"起来，向其他神经元发送化学物质。

1943 年，McCulloch 和 Pitts 将上述情形抽象为如图 6-1 所示的模型，这就是典型的"M-P 神经模型"，在这个模型中，神经元接收来自 n 个其他神经元传来的输入信号，这些输入信号通过连接权值进行传递，神经元接到的总输入与神经元的阈值进行比较，然后通过"激活函数"处理，产生神经元的输出。

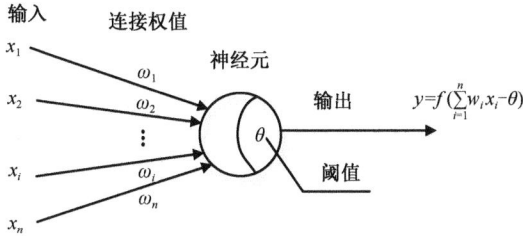

图 6-1　M-P 神经模型

理想中的激活函数是如图 6-2（a）所示的阶跃函数，它将输入值映射为输出值"0"或"1"，显然"1"对应于神经元兴奋，"0"对应于神经元抑制。然而，阶跃函数具有不连续、不光滑等特点，因此实际常用 sigmoid 函数作为激活函数，典型的 sigmoid 函数如图 6-2（b）所示，它可以把在较大范围内变化的输入值挤压到(0, 1)范围内。

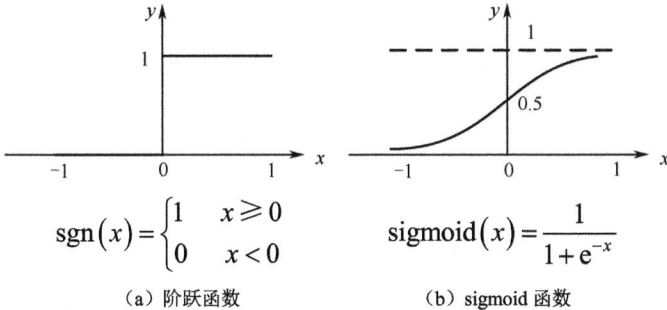

$$\text{sgn}(x) = \begin{cases} 1 & x \geqslant 0 \\ 0 & x < 0 \end{cases}$$

$$\text{sigmoid}(x) = \frac{1}{1 + e^{-x}}$$

（a）阶跃函数　　　　　　　　（b）sigmoid 函数

图 6-2　典型的神经元激活函数

把许多这样的网络按照一定的层次结构连接起来，就得到了神经网络。

6.2.1.3　感知器

感知器（Perception）是最简单的神经网络结构，是人工神经网络中最基本的处理单元，由多个输入和一个输出组成，是对神经元或人工神经网络处理单元最基本概念的模拟，是一个最简单的自动做决策的机器。有两个输入神经元的感知器网络结构如图 6-3 所示，它由两层神经元组成，输入层接收外界输入信号传递给输出层，输出层是 M-P 神经元，也称为"阈值逻辑单元"。

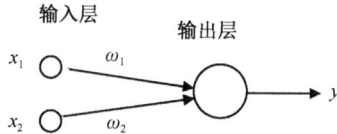

图 6-3　有两个输入神经元的感知器网络结构

感知器能容易实现路径与、或、非运算，注意到 $y = f(\sum_{i=1}^{n} w_i x_i - \theta)$，假定 f 是阶跃函数，有：

（1）"与"（$x_1 \wedge x_2$）：令 $\omega_1 = \omega_2 = 1$，$\theta = 2$，则 $y = f(1 \cdot x_1 + 1 \cdot x_2 - 2)$，当 $x_1 = x_2 = 1$ 时，$y = f(0) = 1$；

（2）"或"（$x_1 \vee x_2$）：令 $\omega_1 = \omega_2 = 1$，$\theta = 0.5$，则 $y = f(1 \cdot x_1 + 1 \cdot x_2 - 0.5)$，当 $x_1 = 1$ 或 $x_2 = 1$ 时，$y = 1$；

（3）"非"（$\overline{x_1}$）：令 $\omega_1 = -0.6$，$\omega_2 = 0$，$\theta = -0.5$，则 $y = f(-0.6 \cdot x_1 + 0 \cdot x_2 + 0.5)$，当 $x_1 = 1$ 时，$y = 0$；当 $x_1 = 0$ 时，$y = 1$。

一般情况下，给定训练数据集，权重 $\omega_i (i = 1, 2, \cdots, N)$ 以及阈值 θ 可以通过学习得到。阈值 θ 可视为一个固定输入为 -1.0 的"哑节点"所对应的连接权值 ω_{n+1}，这样，权重和阈值的学习就可以统一为权重的学习。感知器学习规则非常简单，对训练样本 (x, y)，如果当前感知器的输出为 $\hat{y}$，则感知器权重将这样调整：

$$\omega_i = \omega_i + \Delta \omega_i \tag{6-1}$$

$$\Delta \omega_i = \eta(y - \hat{y}) x_i \tag{6-2}$$

其中 $\eta \in (0, 1)$，称为学习率，从式（6-2）可以看出，如果感知器对训练样例 (x, y) 预测正确，即 $\hat{y} = y$，则感知器不发生变化，否则将根据误差的程度进行权重调整。

6.2.1.4　单层前向网络

单层前向网络模型如图 6-4 所示，它在感知器的基础上增加了输入网络。设有 $c (c \geqslant 1)$ 个感知器，其中第 k 个感知器的输出为 y_k；对于输入信号

$x = (x_1, x_2, \cdots, x_n)$，每个感知器有 d 个输入 $u_j(x)$，$j = 1, 2, \cdots, d$。

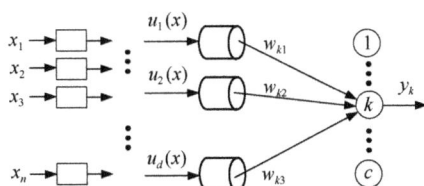

图 6-4　单层前向网络模型

一个单层前向网络用数学表达式可表示为：

$$y_k(x) = f\left\{ \sum_{j=1}^{d} w_{kj} u_j(x) - \theta_k \right\} = f\left\{ (w_k, u(x)) - \theta_k \right\} \quad k = 1, 2, \cdots, c \quad (6\text{-}3)$$

其中，f 表示激活函数；

$w_k = (w_{k1}, w_{k2}, \cdots, w_{kd})$ 表示第 k 个感知器的权重系数；

θ_k 表示第 k 个感知器的阈值；

$u = (u_1, u_2, \cdots, u_d)$ 表示基函数；

$x \in \mathbf{R}^n$，$u(x) \in \mathbf{R}^n$。

若记 $w_{k0} = \theta_k$，$u_0 = -1$，则式（6-3）变换为：

$$y_k(x) = f\left\{ \sum_{j=0}^{d} w_{kj} u_j(x) \right\} \quad k = 1, 2, \cdots, c \quad (6\text{-}4)$$

记 $y_k(w_k; x)$ 为第 k 个感知器在权重系数为 $w_k \in \mathbf{R}^d$，输入为 $x \in \mathbf{R}^n$ 条件下的输出。设训练集为 $A = \{(x^\alpha, t^\alpha) | \alpha = 1, 2, \cdots, N\}$，其中 α 表示训练集数据编号，$x^\alpha \in \mathbf{R}^n$ 为输入，$t^\alpha \in \mathbf{R}^c$ 为输出，t_k^α 为第 k 个感知器的期望输出。

则基于训练集 A 的误差函数定义为：

$$E(w) = \frac{1}{2} \sum_{\alpha=1}^{N} \sum_{k=1}^{c} \left[y_k(w_k; x^\alpha) - t_k^\alpha \right]^2 \quad (6\text{-}5)$$

学习的目标就是求 w_k，$k = 1, 2, \cdots, c$，使得误差函数 $E(w)$ 取最小值，即：

$$\min_A E(w) \quad (6\text{-}6)$$

这就是单层前向网络的学习目标函数，单层前向网络的学习原理本质上仍是感知器的学习原理。

下面对线性单层前向网络的解进行分析，取基函数为 $u(x)$，对学习集的每一个数据，记：

$$u^\alpha = \left(u_1(x^\alpha), u_2(x^\alpha), \cdots, u_d(x^\alpha) \right) = \left(u_1^\alpha, u_2^\alpha, \cdots, u_d^\alpha \right) \quad (6\text{-}7)$$

其中 $\alpha = 1, 2, \cdots, N$。由此，定义学习集 A 的扩展集 B：

$$B = \left\{ (u^\alpha, t^\alpha) \middle| \alpha = 1, 2, \cdots, N \right\} \tag{6-8}$$

不妨假设激活函数 φ 为恒等函数，此时网络为线性单层前向网络，由此写出的误差函数为：

$$E(w) = \frac{1}{2} \sum_{\alpha=1}^{N} \sum_{k=1}^{c} \left[\sum_{j=0}^{d} w_{kj} u_j^\alpha - t_k^\alpha \right]^2 = \frac{1}{2} \sum_{\alpha=1}^{N} \sum_{k=1}^{c} \left[\sum_{j=1}^{d} w_{kj} u_j^\alpha - \theta_k - t_k^\alpha \right]^2 \tag{6-9}$$

优化的目标函数为：

$$\min_B E(w) \tag{6-10}$$

根据最小二乘法求解目标函数。由多元函数取极值的必要条件，有：

$$\frac{\partial E(w)}{\partial w_{kj}} = 0 \qquad k = 1, \cdots, c; \qquad j = 0, 1, \cdots, d$$

$$\frac{\partial E(w)}{\partial w_{kj}} = \sum_{\alpha=1}^{N} \left(\sum_{i=0}^{d} w_{ki} u_i^\alpha - t_k^\alpha \right) \cdot u_j^\alpha$$

$$\sum_{\alpha=1}^{N} \left(\sum_{i=0}^{d} w_{ki} u_i^\alpha - t_k^\alpha \right) \cdot u_j^\alpha = 0$$

$$\sum_{i=0}^{d} w_{ki} \left(\sum_{\alpha=1}^{N} u_i^\alpha u_j^\alpha \right) = \sum_{\alpha=1}^{N} t_k^\alpha u_j^\alpha \tag{6-11}$$

写成矩阵形式为：

$$\boldsymbol{W} \bullet (\boldsymbol{U}^{\mathrm{T}} \bullet \boldsymbol{U}) = \boldsymbol{T}^{\mathrm{T}} \bullet \boldsymbol{U} \tag{6-12}$$

其中：
$$\boldsymbol{W} = \begin{bmatrix} w_{10} & w_{11} & \cdots & w_{1d} \\ w_{20} & w_{21} & & w_{2d} \\ \cdots & \cdots & & \cdots \\ w_{c0} & w_{c1} & \cdots & w_{cd} \end{bmatrix}$$

$$\boldsymbol{U} = \begin{bmatrix} u_0^1 & u_1^1 & \cdots & u_d^1 \\ u_0^2 & u_1^2 & & u_d^2 \\ \cdots & \cdots & & \cdots \\ u_0^N & u_1^N & \cdots & u_d^N \end{bmatrix}$$

$$\boldsymbol{T} = \begin{bmatrix} t_1^1 & t_2^1 & \cdots & t_c^1 \\ t_1^2 & t_2^2 & & t_c^2 \\ \cdots & \cdots & & \cdots \\ t_1^N & t_2^N & \cdots & t_c^N \end{bmatrix}$$

所以：

$$W = T^{\mathrm{T}} \cdot U \cdot (U^{\mathrm{T}} \cdot U)^{-1} \qquad (6\text{-}13)$$

单层前向网络是人工神经网络中最基本的网络，1949 年由加拿大生理心理学家 Hebb 率先提出了改变神经元连接强度的学习规则。其过程是将样本（训练）数据赋予输入端，并将网络实际输出与期望输出相比较，得到误差信号，以此为依据来调整连接权值。重复此过程，直到收敛于稳态。单层前向网络作为最初的神经网络，具有模型清晰、结构简单、计算量小等优点。但是，随着研究工作的深入，人们发现它还存在不足，例如，无法处理非线性问题，即使计算单元的作用函数不用阈值函数，而用其他较复杂的非线性函数，仍然只能解决线性可分问题，不能实现某些功能，从而限制了它的应用。

6.2.1.5 多层前向网络

为了处理非线性问题，增强网络的分类和识别能力，可在输入层和输出层之间增加隐含层，构成多层前向网络。多层前向网络的结构特点为：

（1）允许网络具有数层相连的处理单元；

（2）连接是从前一层的每一个节点到下一层所有节点，不存在其他连接；

（3）同一层内的节点之间不存在连接；

（4）不含任何反馈，故输出可以用输入和权重来表示。L 层神经网络具有 L 层可调节权重参数。

最基本的多层前向网络为双层前向网络模型，它具有两层可调节权重参数且具有同层无连接的不含反馈的人工神经网络，双层前向网络模型如图 6-5 所示。

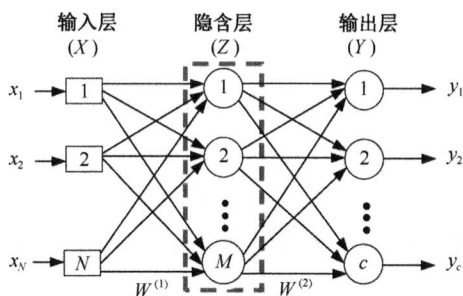

图 6-5 双层前向网络模型

其中：X 层表示输入层；Y 层表示输出层；Z 层表示隐含层；双层可调节权重参数为 $W^{(1)}$、$W^{(2)}$。

双层前向网络模型的输出层如图 6-6 所示，设输出层神经元的激活函数为

ψ。第 k 个输出神经元以 $z = (z_1, z_2, \cdots, z_M) \in \mathbf{R}^M$ 为输入，整合函数为 b_k，输出值为 y_k：

$$b_k = \sum_{j=1}^{M} w_{kj}^{(2)} z_j - \theta_k^{(2)} = \sum_{j=0}^{M} w_{kj}^{(2)} z_j \tag{6-14}$$

$$y_k = f(b_k) \qquad k = 1, 2, \cdots, c$$

其中，$w_{kj}^{(2)}$ 为第 2 层（输出层）权重矩阵中第 j 个隐神经元连接到第 k 个输出神经元的权重；$\theta_k^{(2)}$ 是第 k 个输出神经元的阈值。

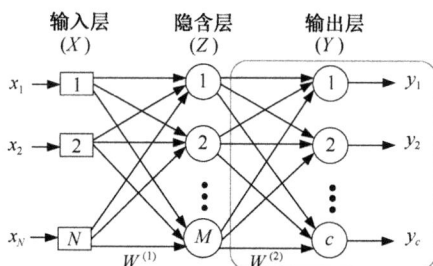

图 6-6　双层前向网络模型的输出层

联合得到双层前向网络的输出表达式：

$$y_k = f\left\{ \sum_{j=1}^{M} w_{kj}^{(2)} \cdot \psi\left(\sum_{i=1}^{N} w_{ji}^{(1)} \cdot x_i - \theta_j^{(1)} \right) - \theta_k^{(2)} \right\}$$

$$= f\left\{ \sum_{j=0}^{M} w_{kj}^{(2)} \cdot \psi\left(\sum_{i=0}^{N} w_{ji}^{(1)} \cdot x_i \right) \right\}, \qquad k = 1, 2, \cdots, c \tag{6-15}$$

记为：

$$y = T\left(W^{(1)}, W^{(2)}, \theta^{(1)}, \theta^{(2)}; x \right) \tag{6-16}$$

为简化计算，考虑两类的分类问题。设 A、B 是分类空间 $\mathbf{R}^d$ 中两个不相交的集合。考虑离散型双层前向网络 $T(W^{(1)}, W^{(2)}, \theta^{(1)}, \theta^{(2)}; x)$，取其激活函数 φ、ψ 为符号函数 $\mathrm{sgn}(u)$。该双层前向网络的学习目标是对 (A, B) 求 $(W^{(1)}, W^{(2)}, \theta^{(1)}, \theta^{(2)})$，使得：

$$T(W^{(1)}, W^{(2)}, \theta^{(1)}, \theta^{(2)}; x) = \begin{cases} +1, & x \in A \\ -1, & x \in B \end{cases} \tag{6-17}$$

6.2.1.6　误差的反向传递

多层前向网络的学习原理是基于适当定义的误差函数，在网络中调整权重矩阵和阈值等参数，使得误差函数极小化。但与单层前向网络相比较，多层前向网络由于隐含层的存在，无法判别隐含层神经元对输入误差的直接影响（无法知道隐含层神经元的理想输出值）。因此，对参数权重矩阵和阈值的调整遇到困难。

为此提出计算两个传递方向的解决方案，包括信号的前向传递和误差的反向传递两个过程，也就是计算误差输出时按照从输入到输出的正向传递方向进行，而调整权重和阈值时则按照从输出到输入的反向传递方向进行。正向传递时，输入信号通过隐含层作用于输出节点，经过非线性变换，产生输出信号，如果实际输出值与期望值不相符，则取输出与期望的误差的平方和作为目标函数，并转入误差的反向传递过程，将输出误差通过隐含层向输入层逐层反向传递，逐层求出目标函数对各神经元权值的偏导数，构成目标函数对权值向量的梯度，分摊给各层所有单元，作为调整各单元权值的依据。通过调整输入节点与隐含节点的连接强度和隐含层节点与输出节点的连接权值及阈值，使误差沿梯度方向下降，经过反复学习训练，确定与最小误差相对应的网络参数（连接权值和阈值），训练结束。此时经过训练的神经网络能对类似样本的输入信息自行处理，使得该信息经过非线性转换后，输出误差最小。误差反向传递模型如图 6-7 所示。

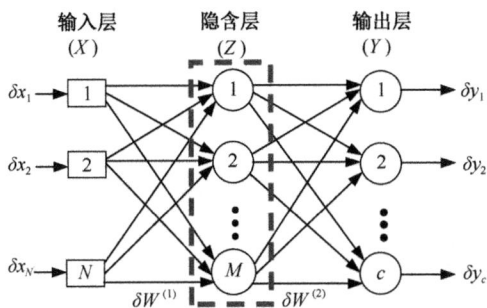

图 6-7　误差反向传递模型

设学习集有 T 个样本，记为 $\{x^\alpha, t^\alpha\}$，$\alpha = 1, 2, \cdots, T$。其中：

输入为：$x^\alpha = \left(x_1^\alpha, x_2^\alpha, \cdots, x_N^\alpha\right) \in \mathbf{R}^N$，理想输出为 $t^\alpha = \left(t_1^\alpha, t_2^\alpha, \cdots, t_c^\alpha\right) \in \mathbf{R}^c$。

计算实际输出，记为：

$$y^\alpha = \left(y_1^\alpha, y_2^\alpha, \cdots, y_c^\alpha\right) \in \mathbf{R}^c \tag{6-18}$$

误差函数为：

$$E = \sum_{\alpha=1}^{T} E^{\alpha} = \sum_{\alpha=1}^{T} E^{\alpha}\left(y_1^{\alpha}, y_2^{\alpha}, \cdots, y_c^{\alpha}\right) = \frac{1}{2}\sum_{\alpha=1}^{T}\sum_{k=1}^{c}\left(y_k^{\alpha} - t_k^{\alpha}\right)^2 \quad （6-19）$$

显然有：

$$\frac{\partial E}{\partial w_{ij}^{(l)}} = \sum_{\alpha=1}^{T}\frac{\partial E^{\alpha}}{\partial w_{ij}^{(l)}} \qquad l = 1, 2 \qquad （6-20）$$

这里只讨论某一个样本点的误差传递，因此以下略去上标 α。设：

$$a_j = \sum_{i=1}^{N} w_{ji}^{(1)} x_i - \theta_j^{(1)} = \sum_{i=0}^{N} w_{ji}^{(1)} x_i \qquad （6-21）$$

$$z_j = \varphi\left(a_j\right) \qquad j = 1, 2, \cdots, M \qquad （6-22）$$

$$b_k = \sum_{j=1}^{M} w_{kj}^{(2)} z_j - \theta_k^{(2)} = \sum_{j=0}^{M} w_{kj}^{(2)} z_j \qquad （6-23）$$

$$y_k = f\left(b_k\right) \qquad k = 1, 2, \cdots, c \qquad （6-24）$$

定义第 k 个输出神经元和第 j 个隐含层神经元的误差率。

（1）输出层误差率：

$$\delta_k^{(2)} = \frac{\partial E}{\partial b_k}, \qquad k = 1, 2, \cdots, c \qquad （6-25）$$

（2）隐含层误差率：

$$\delta_j^{(1)} = \frac{\partial E}{\partial a_j}, \qquad j = 1, 2, \cdots, M \qquad （6-26）$$

由微分链式法则，计算可得输出层误差率和隐含层误差率。

（1）输出层误差率：

$$\delta_k^{(2)} = \frac{\partial E}{\partial b_k} = \frac{\partial E}{\partial y_k} \cdot \frac{\partial y_k}{\partial b_k} = f'\left(b_k\right) \cdot \frac{\partial E}{\partial y_k} \qquad （6-27）$$

（2）隐含层误差率：

$$\delta_j^{(1)} = \frac{\partial E}{\partial a_j} = \sum_{k=1}^{c} \frac{\partial E}{\partial y_k} \cdot \frac{\partial y_k}{\partial b_k} \cdot \frac{\partial b_k}{\partial z_j} \cdot \frac{\partial z_j}{\partial a_j} = \varphi'\left(a_j\right)\sum_{k=1}^{c} w_{kj}^{(2)} \delta_k^{(2)} \qquad （6-28）$$

因此，得到：

$$\frac{\partial E}{\partial w_{kj}^{(2)}} = \frac{\partial E}{\partial b_k} \cdot \frac{\partial b_k}{\partial w_{kj}^{(2)}} = \delta_k^{(2)} \cdot z_j \qquad （6-29）$$

$$\frac{\partial E}{\partial w_{ji}^{(1)}} = \frac{\partial E}{\partial a_j} \cdot \frac{\partial a_j}{\partial w_{ji}^{(1)}} = \delta_j^{(1)} \cdot x_i \qquad （6-30）$$

6.2.2　人工神经网络评价模型

人工神经网络评价模型通常选用反向传递神经网络，也称为误差反向传递神经网络或 BP 网络。BP 网络是一种具有三层或三层以上的层次结构网络，相邻上、下层之间各神经元实现权值连接，即下层的每个神经元与上层的每个神经元都实现权值连接，而每层各神经元之间无连接。换个角度看，BP 网络不仅有输入层节点、输出层节点，还可有 1 个或多个隐含层节点。对于输入信号，要先向前传递到隐含层节点，经作用函数后，再把隐节点的输出信号传递到输出节点，最后给出输出结果。

对于 BP 网络的输入层神经元，其输出与输入相同。中间隐含层和输出层的神经元则经过激励函数作用并和阈值比较后，再进行输出，激励函数通常选取 sigmoid 函数。BP 网络模型可表示为：

$$Y_{kj} = f(\sum_{i=1}^{n} W_{(k-1)i,kj} Y_{(k-1)i}) \tag{6-31}$$

式中：$Y_{(k-1)i}$ 是 k-1 层第 i 个神经元输出，也是第 k 层神经元输入；

$W_{(k-1)i,kj}$ 是 k-1 层第 i 个神经元与 k 层第 j 个神经元的连接权值；

Y_{kj} 是 k 层第 j 个神经元输出，也是第 k+1 层神经元输入；

f 是 sigmoid 函数；

n 为第 k-1 层的神经元数目。

BP 网络的输入与输出的关系是一个"多输入-多输出"且为高度非线性的映射关系。由于一般情况下难以写出其表达式，所以这是一个"黑箱"。

1989 年，Robert Hecht-Nielson 证明了一个三层 BP 网络可以完成任意的 n 维到 m 维的映射。这就是基本的设计 BP 网络原则。

增加层数主要可以进一步降低误差，提高精度，但同时使网络复杂化，从而增加了网络连接权值的训练时间。误差精度的提高实际上也可以通过增加隐含层中的神经元数目来获得，其训练效果也比增加层数更容易观察和调整，所以一般情况下，应先考虑增加隐含层的神经元数目。

隐含层单元数选择是一个复杂问题。隐含层单元数过少，则不能识别以前没有看见过的样本，容错性差；但隐含层单元数过多，又会使学习时间过长，误差也不一定最佳。通常的做法是通过对不同神经元数进行训练对比，然后适当地加上一点余量。BP 网络的学习过程由正向传递和反向传递组成，在正向传递过程中，输入信息从输入层经隐含层逐层处理，并传向输出层。如果输出层得不到期望的输出，则转入反向传递，将误差信号沿原来的连接通道返回，通过修改各层神经元连接权值，使得误差信号最小。

对多层网络进行训练时，首先要提供一组训练样本，其中的每个样本由输入样本和理想输出对组成。以样本的理想输出作为期望输出，计算得到的网络输出为实际输出。当网络的所有实际输出与理想输出一致时，表明训练结束。否则，通过修正连接权值，使网络的理想输出与实际输出一致。

假设 BP 网络有 N 个处理单元，训练集包含 M 个样本对。对第 p 个学习样本 $(p=1,2,\cdots,M)$，节点 j 的输入总和记为 net_{pj}，输出记为 O_{pj}，则：

$$\mathrm{net}_{pj}=\sum_{i=1}^{N}W_{ji}O_{pi} \qquad O_{pj}=f(\mathrm{net}_{pj}) \qquad （6-32）$$

如果任意设置网络初始权值，那么对于每个输入样本 p，网络实际输出与期望输出 (d_{pj}) 间的误差为：

$$E=\sum_{p}E_p=\left[\sum_{j}(d_{pj}-O_{pj})^2\right]\bigg/2 \qquad （6-33）$$

式中：d_{pj} 表示对第 p 个输入样本的输出单元 j 的期望输出。

在 BP 网络学习过程中，输出层单元与隐含层单元的误差的计算是不同的。BP 网络的权值修正公式为：

$$W_{ji}=W_{ji}(t)+\eta\,\delta_{pj}O_{pj} \qquad （6-34）$$

对于输出节点：$\delta_{pj}=f'(\mathrm{net}_{pj})(d_{pj}-O_{pj})$

对于输入节点：$\delta_{pj}=f'(\mathrm{net}_{pj})\sum\delta_{pk}W_{kj}$

在式（6-34）中，引入学习速率 η 是为了加快网络的收敛速度，但有时可能产生振荡。

通常连接权值修正公式中还需加一个惯性参数 α，从而有：

$$W_{ji}=W_{ji}(t)+\eta\,\delta_{pj}O_{pj}+\alpha[W_{ji}(t)-W_{ji}(t-1)]$$

其中，α 为常数项，称为势态因子，它决定上一次的连接权值对本次连接权值更新的影响程度。

连接权值修正是在误差反向传递过程中逐层完成的。由输出层误差修正各输出层单元的连接权值，再计算相连隐含层单元的误差量，并修正隐含层单元连接权值。如此继续，整个网络连接权值更新一次后，我们说网络经过一个学习周期。重复此过程，当各个训练模式都满足要求时，我们说 BP 网络已经学习好了。

在 BP 网络的学习过程中，连接权值是随着迭代的进行而更新的，并且一般是收敛的。但连接权值的初始值太大，可能导致网络很快就达到饱和，并且连接权值的初始值对网络的收敛速度也有一定影响。

学习速率 $\eta \in (0,1)$ 控制着每一轮迭代中的更新步长，是网络学习的另一个重要参数，在一定程度上决定了网络的收敛速度。更新步长过小会导致连接权值更新量过小，因而使收敛非常缓慢，更新步长过大又会导致在极值点附近振荡的可能性加大，乃至反复振荡而难于收敛。

BP 网络的训练过程可视为一个参数寻优过程，即在参数空间中，寻找一组最优参数，使得网络的实际输出与期望输出之间的误差 E 最小。但在此寻优过程中，会遇到局部最优（最小）和全局最优（最小）问题，局部最小点是参数空间中的某个点，其邻域点的误差函数值均不小于该点的函数值，全局最小点则是指参数空间中所有点的误差函数值均小于该点的误差函数值；显然，参数空间内梯度为零的点，只要其误差函数值小于邻点的误差函数值，就是局部极小点，也可能存在多个局部极小点，但却只会有一个全局最小点，也就是说，全局最小点一定是局部极小点，反之则不成立。我们期望在 BP 网络的训练过程找到全局最小点。

基于梯度的搜索是使用最为广泛的参数寻优方法，在此类方法中，我们从某些初始解出发，迭代寻找最优参数值，在每次迭代中，先计算误差函数在当前点的梯度，然后根据梯度确定搜索方向。例如，由于负梯度方向是函数下降最快的方向，因此梯度下降法就是沿着负梯度方向搜索最优解。若误差函数在当前点的梯度为零，则已达到局部最小，更新量将为零，这意味着参数的迭代将在此停止，显然，如果误差函数仅有一个局部极小点，那么此时找到的局部较小点就是全局最小点；然而，如果误差函数具有多个局部极小点，则不能保证找到的解是全局最小点，如果在这种情况下参数寻优陷入了局部最小点，则不是我们所希望看到的。

在现实任务中，可以采用以下策略尽量"跳出"局部极小点，从而进一步接近全局最小点。

（1）以多组不同参数值初始化网络。按照标准方法训练后，取其中误差最小的解作为最终参数，这相当于从不同的初始点开始搜索，以减少陷入局部极小点的可能性。

（2）使用"模拟退火"技术。在参数寻优的每一步都以一定概率接受比当前解更差的结果，从而有助于"跳出"局部极小点，在每步迭代过程中，接受"次优解"的概率随着时间的推移而逐步降低，从而保证算法稳定。

（3）使用随机梯度下降法。与标准梯度下降法的精确计算梯度不同，随机梯度下降法在计算梯度时加入了随机因素，这样，即便陷入局部极小点，它计算出的梯度仍可能不为零，这样就有机会跳出局部极小点继续搜索。

BP 网络的实质就是依据所提供的样本数据，通过学习和训练，抽取样本所隐含的特征关系，以神经元间连接权值的形式存储专家的知识。具体地说，BP 网络的基本思想是将每次迭代的误差信号由输出层经隐含层至输入层反向传递，调整各个神经元之间的连接权值，如此反复迭代，直到误差达到允许水平，这种调节过程具有自组织、自学习的特点。

具体地说，将用于多指标综合评价的评价指标属性值进行归一化处理后作为 BP 网络模型的输入，将评价结果作为 BP 网络模型的输出，用足够多的样本训练这个网络，使其获取评价专家的经验、知识、主观判断及对指标重要性的倾向。训练好的 BP 网络模型根据待评价对象各指标的属性值，就可得到对评价对象的评价结果，再现评价专家的经验、知识、主观判断及对指标重要性的倾向，实现定性与定量的有效结合，保证评价的客观性和一致性。

定理已经证明，三层 BP 网络具有可用性。故只要给定的样本集是真正科学的，具有很强的权威性，则利用 BP 网络实现多指标综合评价，其结果是令人信服的，它克服了人为确定权重的困难及模糊性和随机性的影响，是一种智能综合评价方法。

神经网络的非线性处理能力突破了基于线性处理的现有评价方法的局限；一般的评价方法在信息含糊、不完整、存在矛盾等复杂环境中往往难以应用，而神经网络则能跨越这一障碍；神经网络所具有的自学习能力使得知识获取工作转换为神经网络的变结构调节过程；神经网络通过学习，可以从典型事例中提取所包含的一般原则，学会处理具体问题。可见，引用神经网络将是多指标综合评价的一条有效途径。实际应用表明，该方法能较好地模拟专家评价的全过程，有机地结合了知识获取、专家系统和模糊推理功能，因而具有广阔的应用前景。

6.3 人工神经网络评价法步骤

人工神经网络评价法主要包括以下几个步骤。

1. 分析评价问题，确定评价指标集

2. 评价模型结构设计

确定 BP 网络的层数时一般采用具有一个输入层、一个隐含层和一个输出层的三层网络模型结构。对于输入层，一般将指标个数作为 BP 网络中输入节点的个数；对于隐含层，要合理地选取隐含层的节点数，既要考虑整个 BP 网络的精确度，又要兼顾网络的学习效率，一般地，隐含层的节点数为 10～15 个，常用的经验公式有：①隐含层节点数=输入节点数+0.618×（输入节点数−输出节点数），②隐含层节点数 $L=(m×n)/2$，③隐含层节点数 $L=\sqrt{m+n}+c$，其中 c 为调节常数，一般为 1～10；对于输出层，针对单一评价目标的问题，输出层的节点数可设置为 1。输入层和输出层函数一般为线性函数，隐含层的输出函数为 sigmoid 函数。

3. BP 网络评价程序

根据模型结构设计，形成 BP 网络模型，按照 BP 算法进行寻优计算。

（1）对指标值进行标准化处理。

（2）用随机数（一般为 0～1 的数）初始化网络及学习参数，如设置网络初始权矩阵、学习因子 η、势态因子 α 等，初始化网络节点的连接权值与网络阈值。

（3）将标准化后的指标样本值输入网络，并给出相应的期望输出。

（4）正向传递，计算各层节点的输出。

（5）计算各层节点的误差。

（6）反向传递，修正权重。

（7）计算误差。当误差小于给定的拟合误差时，网络训练结束，否则转到（4），继续训练。

4. 训练所得的网络权重和阈值用于正式评价

网络的学习是通过用给定的训练集训练而实现的。通常用网络的均方根误差来定量地反映学习的性能。一般地，当网络的均方根误差值低于 0.1 时，则表明对给定训练集学习已满足要求了。

6.4 人工神经网络评价法应用

6.4.1 武器装备研制项目风险评价

在武器装备的研制过程中，只要某个环节出现问题，则可能降低性能、延长研制和生产周期、增加费用支出。需要构建武器装备研制项目风险评价指标体系，并建立人工神经网络评价模型对其进行评价。

1. 构建武器装备研制项目风险评价指标体系

通过对武器装备研制全过程的分析，确定影响武器装备研制正常进行的因素，从而构建出武器装备研制项目风险评价指标体系，如图6-8所示。

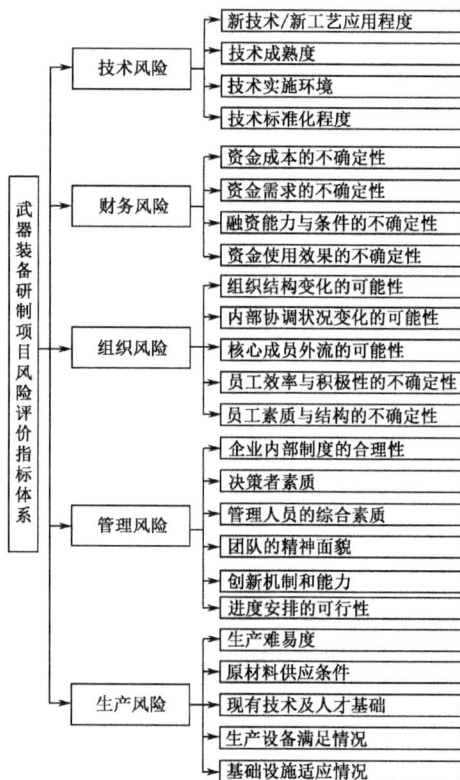

图 6-8　武器装备研制项目风险评价指标体系

2. 基于 BP 网络的风险评价模型

采用典型三层前向 BP 网络模型，对武器装备研制项目风险进行评价，即由 1 个输入层、1 个输出层和 1 个隐含层组成。设输入层节点数为 n，隐含层节点数为 q，输出层节点数为 m，输入层第 i 节点和隐含层第 j 节点的连接权值为 $\omega_{ji}(i=1,2,\cdots,n、j=1,2,\cdots,q)$，隐含层第 j 节点的阈值为 θ_j，隐含层第 j 节点和输出层第 k 节点的连接权值为 $\omega_{kj}(j=1,2,\cdots,q、k=1,2,\cdots,m)$，输出层第 k 节点的阈值为 θ_k，任一节点的输出以 O 表示。设有 M 组学习样本，对于第 p 组样本，训练中，其输入 $h_{ip}(i=1,2,\cdots,n、p=1,2,\cdots,M)$，在输入层，输入节点将输入信息通过激活函数 $f(u)$ 的作用传到隐含层节点上，对任一第 p 组样本，节点输出与输入相等，即 $O_{ip}=h_{ip}$。对于隐含层第 j 个节点，输入和输出分别为：

$$\text{net}_{jp} = \sum_{i=1}^{n} \omega_{ji} O_{ip} \tag{6-35}$$

$$O_{jp} = f(\text{net}_{jp}, \theta_j) = [1 + \exp(-\text{net}_{jp} + \theta_j)]^{-1} \tag{6-36}$$

节点作用的激活函数 $f(u)$ 采用 sigmoid 函数：

$$f(u) = [1 + \exp(-u)]^{-1} \tag{6-37}$$

对输出层第 k 个节点，其输入和输出为：

$$\text{net}_{kp} = \sum_{k=1}^{m} \omega_{kj} O_{jp} \tag{6-38}$$

$$O_{kp} = f(\text{net}_{kp}, \theta_k) = [1 + \exp(-\text{net}_{kp} + \theta_k)]^{-1} \tag{6-39}$$

如果网络输出与期望输出 $d_{kp}(k=1,2,\cdots,m)$ 间存在误差，则将误差反向传递，可利用式（6-40）和式（6-41）反复调节网络中各节点的连接权值和阈值，直至网络输出值与期望输出值间的误差满足要求。

误差函数调节的连接权值和阈值分别为：

$$\Delta_p \omega(t+1) = \eta \delta_{jp} O_{jp} + \alpha \Delta_p \omega_{ij}(t) \tag{6-40}$$

$$\theta_j(t+1) = \theta_j(t) + \frac{1}{M} \sum_{p=1}^{M} \Delta_p \theta_j \tag{6-41}$$

其中，η 为学习速率，δ_{jp} 为输出节点计算误差，α 为动量因子，$\alpha \Delta p \omega_{ij}(t)$ 为动量项，t 为训练次数。

样本误差和训练样本集的误差分别为：

$$E_p = \frac{1}{2}\sum_{k=1}^{m}(d_{kp} - O_{kp})^2 \qquad (6\text{-}42)$$

$$E = \frac{1}{M}\sum_{p=1}^{M}E_p \qquad (6\text{-}43)$$

根据武器装备研制项目风险的评价指标体系，建立典型的三层（输入层有 24 个评价值、输出层有 1 个综合评价值、隐含层有 5 个节点）的 BP 网络的拓扑结构，如图 6-9 所示。

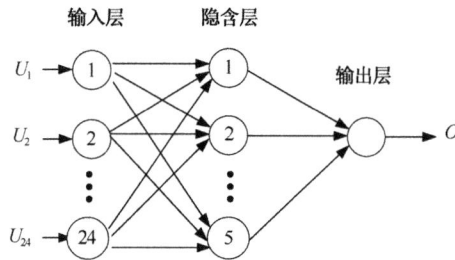

图 6-9　三层 BP 网络拓扑结构

在影响武器装备研制项目风险评价指标中，对风险指标采用专家打分法，分为[10～8]、[8～7]、[7～5]、[5～3]、[3～1]共 5 个等级，对应风险分别为低、较低、一般、较高和高。对武器装备研制项目风险的评价，可以是输入（项目风险评价的各因素指标）到输出（最终评价值）的非线性映射。采用该三层 BP 网络拓扑结构时，输入层为各影响因素的评价值，即 24 个神经元；输出层有 1 个神经元，取值范围为[1,10]的代数值，用以表示评价结果；隐含层的神经元个数由公式 $L = \sqrt{m+n} + c$ 确定，c 为介于 1～10 的常数。

BP 网络对武器装备研制项目风险的评价，需要一定数量已知样本作为训练集训练该网络，这样才能对项目进行评价。训练网络的样本集可通过专家对以往类似装备研制过程的数据进行总结得到。将训练的连接权值和阈值储存起来，对拟评价的项目进行预测，由专家给出各风险指标值，该系统可给出项目综合风险评价值，其结果由输出层输出。

现收集到某类似武器装备研制成功的项目 15 个，各项目的风险指标值经专家库的专家打分平均得到，总风险评价值采用层次分析法得到。建立的训练样本数据见表 6-1。选取表 6-1 中前 10 组数据作为训练样本集，取训练样本集误差为 0.001，学习率为 0.25，动量因子 α 为 0.60，最大学习次数为 10000，应用 MATLAB 神经网络工具箱编写程序，对网络进行训练，学习 4892 次后网络趋于收敛，训练停止，训练样本集误差达到 0.00053，训练结果见表 6-2。另外 5 组作为检验样本，输出结果见表 6-3。

表 6-1 专家评价数据

序号	1	2	3	4	5	6	7	8	9	10	11	12	13	14	15
U_1	7	5	3	6	5	4	4	5	6	6	7	5	6	8	5
U_2	5	7	5	6	7	5	4	6	5	7	5	4	5	5	4
U_3	6	8	5	8	7	6	5	6	7	7	8	5	7	4	6
U_4	6	7	5	7	8	5	6	7	8	5	7	3	4	6	7
U_5	6	7	4	8	3	4	6	5	6	7	8	5	7	6	5
U_6	7	5	6	6	7	5	7	7	9	9	7	6	5	7	8
U_7	8	7	7	8	7	6	7	6	5	8	6	7	7	5	5
U_8	9	6	6	8	7	6	6	4	6	8	4	7	7	7	5
U_9	10	8	5	8	7	8	5	8	6	6	5	7	4	8	5
U_{10}	6	5	6	7	8	6	7	8	9	5	4	7	6	8	
U_{11}	4	6	7	6	8	7	5	6	6	7	7	6	8	5	5
U_{12}	5	7	8	7	6	6	4	6	8	8	5	9	8	8	6
U_{13}	5	8	7	7	5	6	6	6	6	5	6	7	8	5	
U_{14}	6	9	7	8	8	7	7	7	5	6	7	8	9	6	8
U_{15}	8	6	7	7	5	4	4	8	5	8	7	5	7	5	5
U_{16}	9	6	8	6	6	6	8	6	8	6	6	5	5		
U_{17}	7	5	6	6	7	8	7	6	8	5	9	7	5	8	8
U_{18}	7	7	8	6	8	6	6	5	7	7	5	8	7	5	5
U_{19}	5	5	6	7	4	5	7	8	6	7	6	9	7	8	
U_{20}	7	6	8	5	6	5	8	5	6	5	6	6	8	5	
U_{21}	4	5	6	6	4	6	6	7	9	8	5	5	6	6	7
U_{22}	6	6	7	5	5	7	8	7	7	9	7	4	8	5	7
U_{23}	5	7	7	6	7	6	7	6	6	7	6	5	5	5	
U_{24}	6	7	8	7	9	9	5	8	8	6	6	7	8	6	

表 6-2 BP 网络的训练样本输出与专家评价结果对比

序号	1	2	3	4	5	6	7	8	9	10
专家评价	6.125	6.458	7.844	8.458	7.487	6.478	4.478	5.478	7.489	7.487
实际输出	6.365	6.669	7.874	8.451	7.487	6.454	4.369	5.419	7.349	7.485

表 6-3　BP 网络对 5 个项目的预测结果

序号	11	12	13	14	15
专家评价	7.658	6.482	5.956	7.324	6.871
测试结果	7.497	6.617	5.887	7.415	6.775
误差	2.10%	2.08%	1.16%	1.24%	1.40%

6.4.2　装备保障方案评价

装备保障方案是保障部队为执行装备保障任务而制订的保障预案，装备保障方案的好坏直接影响战斗力的形成和发挥，因此，对保障方案进行持续的评估具有重要意义。保障方案评估内容按照时间阶段可划分为两个方面：一方面主要对装备研制阶段的保障方案进行评估，着眼于保障设备、设施、人力等保障资源的整体规划；另一方面是对装备使用过程中的具体保障方案进行评估。这里，针对保障部队日常保障方案，将模糊理论与 BP 网络引入保障方案的评估中，利用模糊理论对模糊信息的强大处理能力进行定性指标去模糊化处理，利用神经网络的非线性映射能力处理各因素与保障方案之间的复杂非线性关系，在构建保障方案评价指标的基础上，构建了基于 BP 网络的保障方案评估模型，并利用训练样本对网络进行训练和验证。

1. 装备保障方案评价指标

评价指标是对装备保障方案进行评估的基础和依据，全面分析装备保障工作要素，在借鉴已有研究成果的基础上，对时间、人员、保障设施（备）、备件资源、支持信息、安全性、经济性等各项评价指标进行了考察并征求专家和保障部队意见，最终构建了如图 6-10 所示的装备保障方案评价指标体系。

2. 评价指标的处理

（1）人员等级的计算

人员等级是对保障任务所要求的人员能力的综合评价指标，表示保障任务对人力资源质量方面的需求。人员等级与任务所需要的人员数量、人员职称、人员工龄等相关因素相关。人员等级的计算方法为：

$$L_p = \frac{\alpha_p N_p + \alpha_{ae} N_{ae} + \alpha_e N_e + \alpha_{he} N_{he} + \sum_{i=1}^{N} \frac{1}{(1+e^{\beta S_i})}}{2N} \tag{6-44}$$

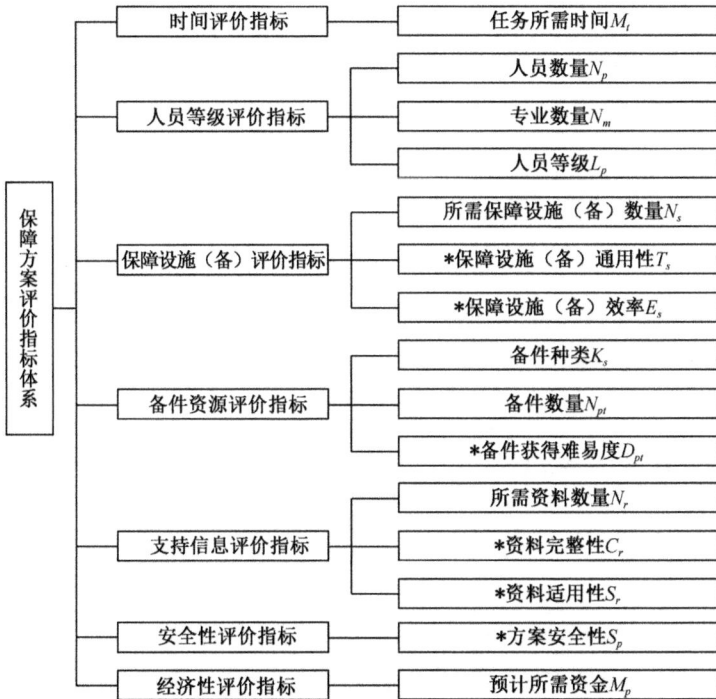

图 6-10 装备保障方案评价指标体系

式中，L_p 表示人员等级评价指标；N_p、N_{ae}、N_e、N_{he} 分别表示普通工人、助工、工程师、高工数量；$N = N_p + N_{ae} + N_e + N_{he}$，表示任务需求人员的总数；$\alpha_p$、$\alpha_{ae}$、$\alpha_e$、$\alpha_{he}$ 分别表示普通工人、助工、工程师、高工能力评价指标，β 表示工龄能力评价指标，S_i 表示第 i 个参与任务人员的工龄。根据实际情况，分别取 α_p=0.2、α_{ae}=0.4、α_e=0.6、α_{he}=0.8、β=−0.15 进行计算，L_p 的取值为 0.35～0.9。

（2）定性指标去模糊化处理

定性指标无法精确描述，评估人员在确定这些评价指标时，给出的往往不是精确的数值，而是给出"高""中等""差"等带有模糊性的判断，为了将定性指标信息输入评估模型，需要对定性指标值进行去模糊化处理。这里引入模糊理论分别对保障方案评价指标体系中 6 项定性指标（在图 6-10 中标注*）给出去模糊化处理的方法。

① 保障设施（备）通用性

将保障设施（备）通用性评价指标划分为"高""中""低"三个等级，

分别对应论域 U 上的三个模糊集 A、B、C。设 u 为保障设施（备）通用性评价指标的指标值，$u \in [0,1]$。

根据实际保障工作经验，取正态分布曲线作为保障设施（备）通用性评价指标的隶属函数。

u 对于模糊集 A 的隶属函数为：

$$A(u) = \begin{cases} 1 & u \leqslant 0.2 \\ e^{-(\frac{u-0.2}{0.15})^2} & u > 0.2 \end{cases} \qquad （6\text{-}45）$$

u 对于模糊集 B 的隶属函数为：

$$B(u) = e^{-(\frac{u-0.5}{0.15})^2} \quad -\infty < u < +\infty \qquad （6\text{-}46）$$

u 对于模糊集 C 的隶属函数为：

$$C(u) = \begin{cases} 0 & u \leqslant 0.7 \\ 1 - e^{-(\frac{u-0.7}{0.1})^2} & u > 0.7 \end{cases} \qquad （6\text{-}47）$$

保障设施（备）通用性隶属函数的图形如图 6-11 所示。

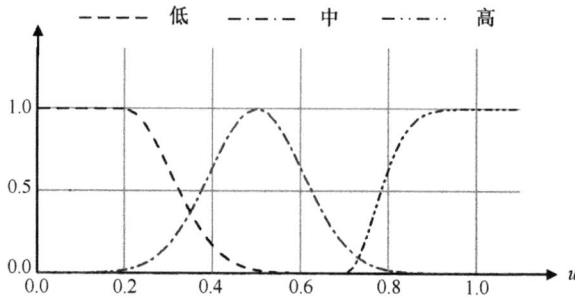

图 6-11　保障设施（备）通用性隶属函数

在模糊理论中，去模糊的方法有很多，常用的方法主要有重心法、最大隶属度法等，其中重心法不仅有公式可循，而且在理论上比较合理，涵盖和利用了模糊集合的所有信息，并根据隶属度的不同而有所侧重，因此本文采用重心法实现定性指标的去模糊处理。

重心法的计算公式为：

$$u = \frac{\int x\mu(x)\mathrm{d}x}{\int \mu(x)\mathrm{d}x} \qquad （6\text{-}48）$$

其中，$\mu(x)$ 为隶属函数。具体到保障设施（备）通用性评价指标，将 $\mu(x)$ 分别用 $A(u)$、$B(u)$、$C(u)$ 代入，可得各评估等级对应的精确评价指标值。

$$T_s = \begin{cases} 0.8935 & \text{（评估等级为高）} \\ 0.5236 & \text{（评估等级为中）} \\ 0.1954 & \text{（评估等级为低）} \end{cases} \qquad (6\text{-}49)$$

其中，T_s 为去模糊化后的保障设施（备）通用性评价指标，为了使去模糊化后的指标值更符合实际保障工作情况，对评价指标值做如下改进，即在各评估等级对应的精确评价指标值基础上，分别增加偏置量 α_{Ts}、β_{Ts}、λ_{Ts}，其表达式为：

$$T_s = \begin{cases} 0.8935 + \alpha_{Ts} & \text{（评估等级为高）} \\ 0.5236 + \beta_{Ts} & \text{（评估等级为中）} \\ 0.1954 + \lambda_{Ts} & \text{（评估等级为低）} \end{cases} \qquad (6\text{-}50)$$

② 保障设施（备）效率的去模糊化计算公式为：

$$E_s = \begin{cases} 0.9025 + \alpha_{Es} & \text{（评估等级为高）} \\ 0.5848 + \beta_{Es} & \text{（评估等级为中）} \\ 0.2617 + \lambda_{Es} & \text{（评估等级为低）} \end{cases} \qquad (6\text{-}51)$$

③ 备件获得难易度的去模糊化计算公式为：

$$D_{pt} = \begin{cases} 0.8769 + \alpha_{pt} & \text{（评估等级为高）} \\ 0.5847 + \beta_{pt} & \text{（评估等级为中）} \\ 0.3014 + \lambda_{pt} & \text{（评估等级为低）} \end{cases} \qquad (6\text{-}52)$$

④ 资料完整性的去模糊化计算公式为：

$$C_r = \begin{cases} 0.8735 + \alpha_{Cr} & \text{（评估等级为高）} \\ 0.6547 + \beta_{Cr} & \text{（评估等级为中）} \\ 0.3657 + \lambda_{Cr} & \text{（评估等级为低）} \\ 0.1485 + \delta_{Cr} & \text{（评估等级为差）} \end{cases} \qquad (6\text{-}53)$$

⑤ 资料适用性的去模糊化计算公式为：

$$S_r = \begin{cases} 0.9044 + \alpha_{Sr} & \text{（评估等级为优）} \\ 0.5782 + \beta_{Sr} & \text{（评估等级为良）} \\ 0.3854 + \lambda_{Sr} & \text{（评估等级为中）} \\ 0.1475 + \delta_{Sr} & \text{（评估等级为差）} \end{cases} \qquad (6\text{-}54)$$

⑥ 方案安全性的去模糊化计算公式为：

$$S_p = \begin{cases} 0.8864 + \alpha_{Sp} & \text{（评估等级为高）} \\ 0.6145 + \beta_{Sp} & \text{（评估等级为中）} \\ 0.2758 + \lambda_{Sp} & \text{（评估等级为低）} \end{cases} \qquad (6\text{-}55)$$

采用遗传算法来获得上述 20 个偏置量的最优值，适应度函数采用全局误差函数的倒数：$f_k = \dfrac{1}{E}$，其中，$E = \sum\limits_{i=1}^{n} (y-c)^2 / 2$，$n$ 表示训练样本个数，$y-c$ 表示第 i 个样本训练时实际输出与期望输出的差。计算得出的 20 个偏置量的值如表 6-4 所示。

表 6-4　偏置量值

编号	偏置量	值	编号	偏置量	值	编号	偏置量	值
1	α_{Ts}	0.03	8	β_{pt}	0.079	15	β_{Sr}	0.054
2	β_{Ts}	0.125	9	λ_{pt}	−0.026	16	λ_{Sr}	−0.036
3	λ_{Ts}	0.103	10	α_{Cr}	−0.014	17	δ_{Sr}	0.0751
4	α_{Es}	−0.056	11	β_{Cr}	0.13	18	α_{Sp}	−0.0664
5	β_{Es}	0.174	12	λ_{Cr}	0.127	19	β_{Sp}	0.0746
6	λ_{Es}	−0.041	13	δ_{Cr}	0.104	20	λ_{Sp}	0.0338
7	α_{pt}	0.08	14	α_{Sr}	−0.096			

3. 保障方案神经网络评价模型

由于 3 层 BP 网络可以实现任意精度 n 维向 m 维的近似映射，且 3 层 BP 网络的构建相对容易，故采用基于 3 层 BP 网络保障方案评价模型，即除输入层与输出层外，网络中仅包含一个隐含层。模型构建步骤如下。

（1）确定输入层、输出层

评估模型的输入层由 16 个神经元构成，对应于评价指标体系中的 16 项评价指标。模型以保障方案优劣度作为输出，设定保障方案优劣程度分为优、良、中、差四个等级，因此模型的输出层由 4 个神经元构成。

（2）隐含层神经元数目的确定

隐含层神经元个数一般认为与样本数量以及评估问题的复杂程度相关。根据 Kolmogorov 定理，在 BP 网络中，隐含层神经元数量、输入层神经元数量与输出层神经元数量存在如下的近似函数关系：

$$k = \sqrt{n+m} + b \tag{6-56}$$

式中：n 表示输入层神经元数量，m 表示输出层神经元数量，b 为修正常量，取值为在 $1 \sim 10$。分别使用不同的隐含层神经元数量训练模型并对模型进行检验，比较每次计算结果与实际结果的误差，最终确定评估模型隐含层神经元数量为 13。

（3）激励函数选择

选择双曲正切函数作为模型的激励函数，该函数可以近似反映输入和输出数据之间的非线性关系。

$$f(x) = \frac{1 - e^{-x}}{1 + e^{-x}} \tag{6-57}$$

（4）学习算法的选择

本文采用经过改进的比例共轭梯度算法作为网络的学习算法：

$$w(k+1) = w(k) + \partial_k (1 - \eta D(k) + \eta D(k-1)) \tag{6-58}$$

式中，$w(k)$ 既可以表示单个的连接权值系数，也可以表示连接权值向量，$D(k)$ 为 k 时刻的负梯度，$D(k-1)$ 为 $k-1$ 时刻的负梯度，η 为网络学习速率，$\eta > 0$，∂ 为动量项因子，$0 \leqslant \partial < 1$。该算法可以有效减少学习过程的振荡，改善网络收敛性。

由此，得到关于装备保障方案评估模型，如图 6-12 所示。

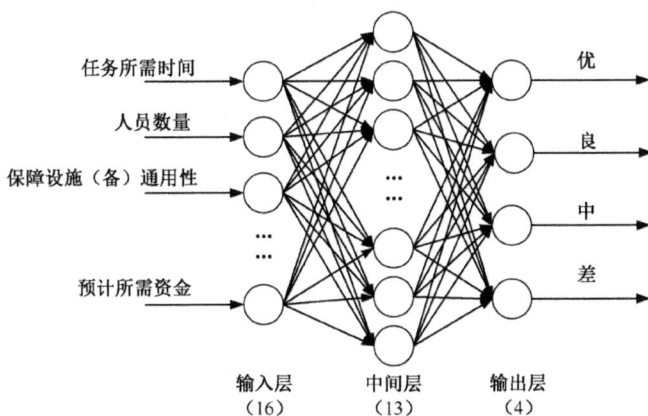

图 6-12　装备保障方案评估模型

4. 神经网络评价模型训练

（1）选择训练样本

选取 X、Y、Z 三个保障单位近十年来执行的若干保障任务作为样本，在剔除错误数据、缺失数据等不具备样本价值的数据之后，共获得有效样本 21 组，从中选取 15 组作为训练样本，剩余 6 组用于对模型的检验。数据样本如表 6-5 所示。

表 6-5　数据样本表

No.	M_t	N_p	N_m	L_p	N_s	T_s	E_s	K_s	N_{pt}	D_{pt}	N_r	C_r	S_r	S_p	M_p	Res
1	10	8	2	0.65	5	高	高	20	52	高	21	高	优	高	2	优
2	21	12	2	0.47	21	高	高	21	65	高	12	高	优	高	12	优
3	35	14	3	0.65	14	中	高	41	189	中	10	高	优	中	15	良
								......								
20	24	10	3	0.87	24	高	高	6	36	高	11	高	良	高	35	优
21	15	15	3	0.76	16	低	中	15	87	高	19	高	优	中	25	良

（2）样本数据预处理

由于各输入数据变动区间差别大，有必要对数据进行归一化处理，从而防止小数值信息被大数值信息淹没。采用阈值法进行归一化处理：

$$x' = \frac{x - x_{\min}}{x_{\max} - x_{\min}} \qquad (6\text{-}59)$$

式中 x' 为归一化后的数据；x 为原始数据；$x_{\min}$、$x_{\max}$ 为原始数据中最小值和最大值。上述样本数据经过归一化和去模糊化处理后，得到表 6-6 的样本数据。

表 6-6　归一化、去模糊化后的样本数据

No.	M_t	N_p	N_m	L_p	N_s	T_s	E_s	K_s	N_{pt}	D_{pt}	N_r	C_r	S_r	S_p	M_p	Res
1	0.11	0.00	0.33	0.65	0.65	0.93	0.84	0.45	0.19	0.98	0.64	0.79	0.7	0.9	0.00	优
2	0.34	0.18	0.33	0.47	0.47	0.93	0.84	0.47	0.27	0.98	0.32	0.79	0.7	0.9	0.10	优
3	0.64	0.27	0.67	0.65	0.65	0.725	0.84	1.00	1.00	0.68	0.25	0.79	0.7	0.6	0.13	良
								......								
20	0.40	0.09	0.67	0.87	0.49	0.93	0.84	0.08	0.10	0.98	0.29	0.79	0.65	0.9	0.34	优
21	0.21	0.32	0.67	0.76	0.28	0.403	0.77	0.32	0.40	0.98	0.57	0.79	0.7	0.6	0.23	良

5. 评价结果分析

设定网络参数如下：学习速率 0.1，最大迭代次数为 10000，模型的总迭代误差为 0.001。训练结果显示：改进后的预测网络在进行了 1520 次学习之后，总误差已小于 0.001，训练完成，实验结果表明，该保障方案评估模型具有较好的收敛速度。利用训练好的网络对剩余的 6 组数据进行预测，以检验模型的预测精度。检验结果如表 6-7 和图 6-13 所示。

表 6-7　4 个评估模型检验结果

编号	模型评估结果	实际评估结果	编号	模型评估结果	实际评估结果
16	优	优	19	中	中
17	差	差	20	良	优
18	中	良	21	良	良

上述检验结果表明，基于神经网络的保障方案评估模型得出的结论与实际评估结果基本吻合，分析发生误差的两个样本（18 号、20 号）可以发现，评估模型得出的结论要比实际评估结果更加苛刻，这也可以在一定程度上促进保障部队对保障方案的改进，因此，此评估模型具备较高的可行性。

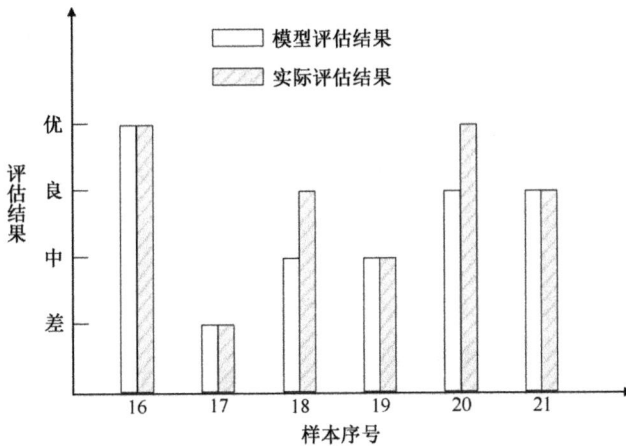

图 6-13　模型评估结果与实际结果对比图

思考题

1. 何谓人工神经网络？人工神经网络从哪些方面刻画人脑的基本特征？

2. 简述人工神经网络的基本组成。

3. 简述人工神经网络评价法的思想和原理？

4. 简述神经元、感知器、单层前向网络和多层前向网络模型的结构和原理。

5. 简述误差反向传递（BP）人工神经网络评价模型和算法。

6. 简述误差反向传递（BP）人工神经网络评价的基本程序和步骤。

7. 结合实例说明人工神经网络评价法的应用。

第 7 章　粗糙集评价法

本章知识要点

粗糙集理论是一种能够定量分析处理不精确、不一致、不完整信息与知识的数学工具，可以根据观测数据删除冗余信息，根据属性重要度或者区分能力推理得出评价结果。本章在介绍粗糙集基本概念的基础上，给出了属性离散化和属性重要度的定义及计算方法，分析了粗糙集评价方法的思想和主要步骤，并采用粗糙集评价法以装备维修保障综合训练效果评价和多岛礁要地防空威胁评价为应用实例，进行综合评价。

重点把握内容

（1）论域、概念、知识和知识库的定义；

（2）知识表达系统和决策表的定义；

（3）上近似集、下近似集的定义；

（4）冗余属性、属性约简和属性核的定义；

（5）属性离散化和属性重要度的定义及计算方法；

（6）粗糙集评价法的基本程序和步骤；

（7）粗糙集评价法的应用。

7.1　粗糙集理论

在现实生活中，存在大量的模糊与不精确的问题，概率方法以及模糊理论等处理不确定问题的传统方法，往往需要处理数据集合之外的先验信息，粗糙集（Rough Set，RS）理论克服了这一缺陷，具有客观性与效率高等优点。粗糙集理论是波兰华沙大学的 Z.Pawlak 教授于 1982 年提出的一种能够定量分析、处理不精确、不一致、不完整信息与知识的数学工具，可以用来分析、推理和挖掘数据之间的关系，发现隐含的知识，探寻数据间潜在的规律。

粗糙集评价法只需要观测评价对象的指标数据，利用粗糙集评价法分析决策表，建立属性集的约简，提取出核心指标和约简指标，可以根据观测数据删除冗余信息，比较不完整知识的程度（粗糙度）、属性间的依赖性与重要性，根据属性重要度或者区分能力，推理得出评价结果。粗糙集有两个显著特点：一是仅利用数据本身所提供的信息，无须提供问题所需处理的数据集合之外的任何先验信息，这体现了其客观性；二是具备从大量数据中求取最小不变集合与求解最小规则集的能力，这样就大大提高了提取有用信息的效率。

7.1.1 基本概念

1. 论域、概念、知识和知识库

在粗糙集理论中，研究对象组成的有限集合称为论域，用 U 表示，$U \neq \varnothing$；论域的任何子集 $X \subseteq U$，称为 U 中的一个概念或范畴；知识被认为是一种对研究对象进行的划分，论域 U 中的任意概念簇称为关于 U 的抽象知识，简称知识，它代表了对 U 中个体的分类，换句话说，假设 R 是 U 上的一个等价关系，则给定论域 U 和等价关系 R，在 R 下对 U 的划分，称为知识或属性，记为 U/R；U 上一簇划分（对 U 的分类），则称为关于 U 的知识库，一个知识库可用 $K=(U, R)$ 表示，其中 U 为非空有限集，R 是 U 上的一簇等价关系。

2. 知识表达系统和决策表

粗糙集理论主要借助二维信息表来有效地表示知识信息，称为知识表达系统。它的基本组成是研究对象的集合，关于这些对象的知识是通过指定对象的属性（特征）和它们的属性值来描述的，一般用四元组 $S=\{U, R, V, f\}$ 表示一个知识表达系统，其中，U 为对象的非空有限集合，称为论域 $U = \{x_1, x_2, \cdots, x_n\}$；$R$ 是属性集合，$V = \bigcup_{r \in R} V$ 是属性值的集合，V_r 表示属性 $r \in R$ 的属性值范围，即属性 r 的值域；$f: U \times R \to V$ 是一个信息函数，它指定 U 中每一个对象的属性值。

决策表是一类特殊的知识表达系统，如果 $R=C \cup D$ 为属性的非空有限集合，子集 C 和 D 分别称为条件属性集和决策属性集，$C \cap D = \varnothing$，则称 $S= \{U, R, V, f\}$ 为决策信息系统，对应的二维数据表称为决策表。

3. 上近似集、下近似集

粗糙集中的"粗糙"主要体现在边界上，而边界又是由下、上近似集来刻画的。设 U 是给定论域，对于任意 $X \subseteq U$，$B \subseteq R$ 为一个非空子集，R 是 U 上的等价关系簇，当 X 能表达成属性子集 B 所确定的 U 上的基本集的并集时，称 X 是 B 可分辨的，否则称 X 是 B 不可分辨的，简记为 $\mathrm{Ind}(B)$，表示是 X 和 B 一种等价关系，$\mathrm{Ind}(B)$ 将论域 U 中的元素分成若干等价类，全体等价类组成的集合记为 $U/\mathrm{Ind}(B)$。

B 可分辨集也称为 B 精确集，B 不可分辨集称为 B 粗糙集。相对于 B 而言，包含于 X 中的最大可定义集称为 X 的下近似集，记为 $B\_(X)$；包含 X 的最小可定义集称为 X 的上近似集，记为 $B^-(X)$。

X 的下近似集：$B\_(X) = U\{Y_i | Y_i \in U/\mathrm{Ind}(B) \wedge Y_i \subseteq X\}$

X 的上近似集：$B^-(X) = U\{Y_i | Y_i \in U/\mathrm{Ind}(B) \wedge Y_i I X \neq \varnothing\}$

论域 U 中那些在现有知识 B 之下能够确定地归入集合 X 的元素的集合称为 X 的 B 正域，记为 $\mathrm{Pos}_B(X) = U/B\_(X)$；根据知识 B、U 中所有不能确定一定能归入集合 X 的元素的集合称为 X 的 B 负域，或称为否定域，记为 $\mathrm{Neg}_B(X) = U/B\_(X)$。集合 $\mathrm{Ind}_B(X) = B^-(X)/B\_(X)$，称为 X 的 B 边界域，是某种意义上论域 U 的不确定域，即在现有知识 B 之下 U 中那些既不能肯定在 X 中，又不能肯定归入 $\bar{X} = U \setminus X$ 中的元素的集合。

4. 冗余属性、属性约简和属性核

决策表中的所有条件属性并非都是必要的，有的是多余的，去除这些多余的属性不会影响原表达效果，也就是在保持分类能力不变的划分中，这些属性既不能肯定归入集合 X，又不能肯定归入集合 $\bar{X}$ 中。正域 $\mathrm{Pos}_B(X)$ 是在知识前提下，通过知识的约简导出概念的分类规则。

对于信息系统 $S = \{U, R, V, f\}$，设 $r_0 \in R$，如果 $\mathrm{Ind}(R-\{r_0\}) = \mathrm{Ind}(R)$，则称属性 r_0 在 R 中是冗余的，r_0 为冗余属性；否则称 r_0 在 R 中是绝对必要的。如果每个属性 $r \in R$ 在 R 中都是绝对必要的，则称属性集 R 是独立的；否则称属性集 R 是可约简的。R 中所有绝对必要属性组成的集合称为 R 的属性核，记为 $\mathrm{Core}(R)$。

设 P 和 Q 为论域 U 上的两个等价关系簇（属性集），且 $Q \subseteq P$，如果满足 $\mathrm{Ind}(Q) = \mathrm{Ind}(P)$，且 Q 是独立，则称 Q 是 P 的一个绝对约简（Reduce），记为 $\mathrm{Red}(P)$。

由于 Core(P) 是 P 中所有不可省略的属性集合，称为 P 的核（Core），那么所有约简 Red(P) 的交正好等于 P 的核，即 Core(P) = $\bigcap$Red(P)。该式的意义不仅体现了核与所有约简的关系可以直接由约简得到，而且也表明了核是知识库中最重要的部分，是进行知识约简的过程中不能删除的知识。

7.1.2　属性离散化和重要度

1. 属性离散化

在运用粗糙集理论进行对象评价、处理决策时，要求对决策表中的值用离散数据进行表达，如果某条件属性或决策属性的值域为连续值，则在计算前必须进行离散化处理。属性离散化的主要有等距离划分算法、等频率划分算法、信息熵算法、C-均值属性离散化算法等。

2. 属性重要度

为了判断某属性或属性集的重要度，需要从表中去掉另外一些属性，再来考察去掉该属性后分类会怎样变化。若去掉该属性会相应地改变分类，则说明该属性的强度大，即重要度高；反之说明该属性的强度小，即重要度低。

对于决策表 $S=\{U, R, V, f\}$，$R=C \cup D$，C、D 分别为条件属性集和决策属性集，条件属性 $c_i \in C(1, 2, \cdots, n)$，从属性集 C 中去掉 c_i 记为 C/c_i 或 $C - \{c_1\}$，c_i 对于决策属性的重要度定义为 k_i：

$$k_i = r_C(D) - r_{C/c_i}(D) = \frac{\mathrm{Card}\left(\mathrm{Pos}_C(D) - \mathrm{Card}\left(\mathrm{Pos}_{C/c_i}(D)\right)\right)}{\mathrm{Card}(U)} \qquad (7\text{-}1)$$

其中，$\mathrm{Card}(U)$ 表示集合 U 中元素的个数，$\mathrm{Pos}_C(D)$ 称为 D 相对于 C 的正域，即 U 中所有根据属性集 C 进行划分后，仍可划分到 D 的等价类中的对象集合；$\mathrm{Card}\left(\mathrm{Pos}_C(D)\right)$ 表示集合 $\mathrm{Pos}_C(D)$ 中元素的个数；$\mathrm{Pos}_{C/c_i}(D)$ 称为 D 相对于 C/c_i 的正域，即 U 中所有根据属性集 C/c_i 进行划分后，仍可准确地划分到 D 的等价类中的对象集合；$\mathrm{Card}\left(\mathrm{Pos}_{C/c_i}(D)\right)$ 表示集合 $\mathrm{Pos}_{C/c_i}(D)$ 中元素的个数。

k_i 越大，表明从条件属性中去掉属性 c_i 后再对论域中对象进行分类时，分类 U/D 的正域所受影响越大，则条件属性 c_i 即第 i 个评价指标对决策结果越重要；如果 $k_i = 0$，说明它对决策结果影响很小，可直接约简，不必赋予权重和评分。

7.2 粗糙集评价法步骤

根据粗糙集的基本理论，可以将评价问题归结为条件属性和决策属性，通过对知识表达系统进行数值化处理，可删去重复行；求取决策属性的重要度，也就是评价指标集合对决策属性评价指标的依赖程度，进而求得各个评价指标的权重，据此可以对评价指标进行约简。所以粗糙集评价法用于综合评价的主要应用在于约减评价指标。粗糙集评价法主要步骤如下。

1. 建立关系数据模型

将每个评价指标视为条件属性，则条件属性集合为 $C=\{c_1,c_2,\cdots,c_n\}$；把各个专家根据每个评价指标打分后的最后综合得分 y 视为决策属性，则决策属性集合为 $D=\{y\}$。第 k 个待评价对象的各个评价指标值和最后综合得分视为某个知识系统的一条信息，则可定义为 $u_k=(c_{1k},c_{2k},\cdots,c_{nk},y_k)$，从而论域为 $U=(u_1,u_2,\cdots,u_m)$，称为样本集合，这时候研究对象 u_k 的属性值为 $c_i(u_k)=c_i$，$y(u_k)=y_k$，由 u_k 构成的二维信息表就是关于要评价的关系数据模型。

2. 确定评价指标权重

（1）从最低一层评价指标开始，建立其对父指标的知识表达系统，各子指标即构成条件属性集合 C，$C=\{c_1,c_2,\cdots,c_n\}$，父指标即为决策属性集合 D，$D=\{y\}$。

（2）对知识表达系统进行数值化处理，并删去重复行。

（3）计算知识 R_D 对知识 R_C 的依赖程度 $\gamma_{R_C}(R_D)$，即计算评价指标集合 C 对决策属性集合 $D=\{y\}$ 的依赖程度。

$$\gamma_{R_C}(R_D)=\frac{\mathrm{Card}(\mathrm{Pos}_{R_C}(R_D))}{\mathrm{Card}(U)} \tag{7-2}$$

（4）对每个评价指标 c_j，计算知识 R_D 对知识 $R_{C-\{c_j\}}(R_D)$ 的依赖程度 $\gamma_{R_{C-\{c_j\}}}(R_D)$，$j=1,2,\cdots,n$。即计算每个评价指标 c_j 对决策属性评价指标 y 的依赖程度。

$$\gamma_{R_{C-\{c_j\}}}(R_D)=\frac{\mathrm{Card}(\mathrm{Pos}_{R_{C-\{c_j\}}}(R_D))}{\mathrm{Card}(U)} \tag{7-3}$$

（5）计算第 j 种评价指标的重要性

$$k_D(c_j) = \gamma_{R_C}(R_D) - \gamma_{R_{C-\{c_j\}}}(R_D), \quad j = 1, 2, \cdots, n \tag{7-4}$$

（6）经归一化处理，可计算出第 j 种评价指标的重要性，即权重：

$$\omega_j = \frac{k_D(c_j)}{\sum\limits_{j=1}^{n} k_D(c_j)} \tag{7-5}$$

3. 综合权重计算

利用上述方法，分别求出各评价指标对上一级评价指标的权重后，即可以从上一级开始，自上而下地求出各级评价指标关于评价目标的综合权重，即：

$$\omega_i = \sum_{j=1}^{n} a_j b_{ij} \tag{7-6}$$

其中：a_j 是一级评价指标相对于评价总目标的权重；b_{ij} 是二级评价指标相对于一级评价指标的权重。

4. 综合评价

可以利用线性加权法对各评价指标进行加权计算，得出待评价对象的分值，最终对待评价对象的状态进行评价。

7.3　粗糙集评价法应用

7.3.1　多岛礁要地防空威胁评价

多岛礁要地防空属于预设阵地防空，由于各岛礁可能相距甚远，岛礁之间协同作战困难，有时只能孤军奋战；各岛礁四面环海，容易遭受全方位、多形式、多梯次攻击，在未来海战中，其面临的威胁将更加突出。为了适应未来多岛礁要地防空作战指挥决策的需求，提出基于粗糙集理论的要地防空威胁评价方法。多岛礁要地防空威胁评价不仅要分析影响敌打击威胁程度大小的多种因素，还要综合考虑要地相对价值，而且在实际情况下，存在探测不精确、不一致、不完整等各种不完备信息的情况。粗糙集理论常用来处理模糊不精确的问题，具有从大量数据中求取最小不变集合与求解最小规律集的能力，可提高提取有用信息的效率。

1. 目标威胁程度分析

威胁评价就是综合考虑目标威胁的各影响因素，合理地选取威胁评价指标并对其进行量化，建立威胁评价模型对敌打击威胁程度进行估计，并给出目标威胁程度排序。威胁程度是敌空袭武器对我方保护目标袭击成功的概率及成功时所造成毁伤的大小。威胁程度排序是根据目标遭受威胁的程度对敌空袭武器进行排序，为防空武器分配和兵力部署提供基本依据。威胁评价是要地防空指挥决策的重要环节，合理的威胁排序是要地防空指挥过程中进行目标优化分配的前提条件。

敌空袭武器威胁程度与很多因素有关，在威胁评价时必须综合考虑各方面因素。而且，战时敌我双方均相互保密，我方作为防御方只能根据雷达探测的信息和以前掌握的相关信息来进行综合分析，威胁评价通常考虑以下几个因素。

（1）目标类型。空袭武器类型体现的是其静态特征，空袭武器类型不同，其本身性能、所携带武器性能和数量、攻击范围等都不尽相同，攻击能力也有差别。根据现代防空反导的特点，把空袭武器分为三类：大型目标，包括侦察机、轰炸机、歼击轰炸机、非隐身战斗机等；小型目标，包括导弹、隐身飞机、无人攻击机（如 X-47B）等；中型目标，包括直升飞机和无人侦察机。

（2）攻击样式。空袭武器的攻击样式包括高空、中空、低空和超低空，由于受到地球曲率和海杂波等方面的影响，低空与超低空更难被发现，威胁程度也就越大，是空袭武器首选的攻击样式。

（3）飞行速度。空袭武器的飞行速度直接影响它的突防能力及杀伤范围。通常来说，空袭武器的飞行速度越快，威胁程度就越大，反之则越小。

（4）航向角。可以通过空袭武器的航向角来判断其攻击企图（指向），航向角越小，说明空袭武器直指我方某一要地，对我方构成的威胁就越大。

（5）目标距离。空袭武器距我方要地的距离也是决定其威胁程度的一个重要因素，如果在速度一定的情况下，空袭武器距我方要地越近，威胁程度就越大。

（6）反侦察能力[8]。敌空袭武器为了能够顺利突防，必须具有反侦察能力，如施放干扰、投放诱饵等，反侦察能力是敌空袭突防的典型对抗手段。这里把空袭武器反侦察能力划分为强、中、弱、无四个等级。

（7）要地相对价值。对于同一批空袭目标而言，若保卫要地固定，则不影响目标威胁的判断[9]。若是在多个要地的情况下，要地相对价值也是威胁评价重要因素之一，空袭武器直指我方相对重要的地点则威胁程度大，反之威胁程度就小。

2. 建立关系数据模型

作战定为在多岛礁要地防空作战，某时刻协同网探测到 16 个敌方空袭武器，敌方目标的属性如表 7-1 所示。设定条件属性 $C=\{c_1$ 目标类型；c_2 攻击样式；c_3 飞行速度；c_4 航向角；c_5 目标距离；c_6 反侦察能力；c_7 要地相对价值}。

表 7-1 敌方目标的属性

目标	目标类型	攻击样式	飞行速度（m/s）	航向角（度）	目标距离（km）	反侦察能力	要地相对价值
1	大型目标	中空	400	5	130	强	岛礁1（极其重要）
2	小型目标	低空	1180	4	280	弱	岛礁1（极其重要）
3	小型目标	低空	1600	3	300	弱	岛礁1（极其重要）
4	小型目标	低空	1150	5	260	无	岛礁2（非常重要）
5	大型目标	超低空	380	7	110	弱	岛礁2（非常重要）
6	直升飞机	超低空	50	14	140	无	岛礁4（一般）
7	未知	中空	400	5	130	强	岛礁1（极其重要）
8	大型目标	超低空	420	12	140	弱	岛礁2（非常重要）
9	小型目标	低空	1600	3	300	弱	岛礁1（极其重要）
10	大型目标	中空	280	4	140	强	岛礁2（非常重要）
11	小型目标	低空	1500	3	220	弱	岛礁1（极其重要）
12	小型目标	低空	1200	5	145	中	岛礁2（非常重要）

（续表）

目标	目标类型	攻击样式	飞行速度（m/s）	航向角（度）	目标距离（km）	反侦察能力	要地相对价值
13	直升飞机	低空	50	13	140	无	岛礁4（一般）
14	大型目标	低空	350	3	145	强	岛礁1（极其重要）
15	大型目标	超低空	330	8	120	弱	岛礁3（重要）
16	未知	低空	1600	3	300	弱	岛礁1（极其重要）

3. 威胁评价指标量化

对表 7-1 中的各评价指标属性进行离散化处理。

c_1：按直升飞机、大型目标、小型目标的顺序依次量化为1、2、3。

c_2：按高空、中空、低空和超低空的顺序依次量化为1、2、3、4。

c_3：按 0 m/s～1600m/s 等间隔（400m/s）依次量化为1、2、3、4。

c_4：按 0 度～20 度等间隔（5 度）依次量化为4、3、2、1。

c_5：按 100km～300km 等间隔（50km）依次量化为4、3、2、1。

c_6：按强、中、弱、无依次量化为4、3、2、1。

c_7：按一般、重要、非常重要、极其重要依次量化为1、2、3、4。

根据上述分段，对目标的属性进行离散化处理，得到如表 7-2 所示的敌方目标各属性量化值。

表 7-2　敌方目标各属性量化值

U	c_1	c_2	c_3	c_4	c_5	c_6	c_7
1	2	2	1	4	4	4	4
2	3	3	3	4	1	2	4
3	3	3	4	4	1	2	4
4	3	3	4	4	1	1	3
5	2	4	1	3	4	2	3
6	1	4	1	2	4	1	1
7	—	2	1	4	4	4	4
8	2	4	2	3	4	2	3
9	3	3	4	4	1	2	4

（续表）

U	c_1	c_2	c_3	c_4	c_5	c_6	c_7
10	2	2	1	4	4	4	3
11	3	3	4	4	2	2	4
12	3	3	3	4	1	3	3
13	1	3	1	2	4	1	1
14	2	3	1	4	4	4	4
15	2	4	1	3	4	2	2
16	-	3	4	4	1	2	4

4. 确定评价指标权重

由表 7-2 可以得到以下结果：

$U/\mathrm{Ind}(C)$ = {(1), (2), (3), (4), (5), (6), (7), (8), (9), (10), (11), (12), (13), (14), (15), (16)}；

$\mathrm{Pos}_C(f)$ = {1，2，3，4，5，6，7，8，9，10，11，12，13，14，15，16}=16；

$U/\mathrm{Ind}(c_2, c_3, c_4, c_5, c_6, c_7)$ = {(1, 7), (2), (3, 9, 16), (4), (5), (6), (8), (10), (11), (12), (13), (14), (15)}；

$\mathrm{Pos}(c_2, c_3, c_4, c_5, c_6, c_7)(f)$ = {(2), (4), (5), (6), (8), (10), (11), (12), (13), (14), (15)}=11；

$U/\mathrm{Ind}(c_1, c_3, c_4, c_5, c_6, c_7)$ = {(1, 14), (2), (3, 9), (4), (5), (6, 13), (7), (8), (10), (11), (12), (15), (16)}；

$\mathrm{Pos}(c_1, c_3, c_4, c_5, c_6, c_7)(f)$ = {(2), (4), (5), (7), (8), (10), (11), (12), (15), (16)}=10；

$U/\mathrm{Ind}(c_1, c_2, c_4, c_5, c_6, c_7)$ = {(1), (2, 3, 9), (4), (5, 8), (6), (7), (10), (11), (12), (13), (14), (15), (16)}；

$\mathrm{Pos}(c_1, c_2, c_4, c_5, c_6, c_7)(f)$ = {(1), (4), (6), (7), (10), (11), (12), (13), (14), (15), (16)}=11；

$U/\mathrm{Ind}(c_1, c_2, c_3, c_5, c_6, c_7)$ = {(1), (2), (3, 9), (4), (5), (6), (7), (8), (10), (11), (12), (13), (14), (15), (16)}；

$\mathrm{Pos}(c_1, c_2, c_3, c_5, c_6, c_7)(f)$ = {(1), (2), (4), (5), (6), (7), (8), (10), (11), (12), (13), (14), (15), (16)}=14；

$U/\mathrm{Ind}(c_1, c_2, c_3, c_4, c_6, c_7)$ = {(1), (2), (3, 9, 11), (4), (5), (6), (7), (8), (10), (12), (13), (14), (15), (16)}；

$\mathrm{Pos}(c_1, c_2, c_3, c_4, c_6, c_7)(f)$ = {(1), (2), (4), (5), (6), (7), (8), (10), (12), (13), (14),

(15), (16)}=13；

$U/\text{Ind}(c_1, c_2, c_3, c_4, c_5, c_7) = \{(1), (2), (3, 9), (4, 12), (5), (6), (7), (8), (10), (11),$
(13), (14), (15), (16)}；

$\text{Pos}(c_1, c_2, c_3, c_4, c_5, c_7)(f) = \{(1), (2), (5), (6), (7), (8), (10), (11), (13), (14), (15),$
(16)}=12；

$U/\text{Ind}(c_1, c_2, c_3, c_4, c_5, c_6) = \{(1, 10), (2), (3, 9), (4), (5, 15), (6), (7), (8), (11), (12),$
(13), (14), (16)}；

$\text{Pos}(c_1, c_2, c_3, c_4, c_5, c_6)(f) = \{(2), (4), (6), (7), (8), (11), (12), (13), (14), (16)\}=10$。

进而可以求得：

$r_C(D) = 16/16=1$；

$r(c_2, c_3, c_4, c_5, c_6, c_7)(f) = 11/16=0.6875$，$k_{c1} = 1-0.6875=0.3125$；

$r(c_1, c_3, c_4, c_5, c_6, c_7)(f) = 10/16=0.625$，$k_{c2} = 1-0.625=0.375$；

$r(c_1, c_2, c_4, c_5, c_6, c_7)(f) = 11/16=0.6875$，$k_{c3} = 1-0.6875=0.3125$；

$r(c_1, c_2, c_3, c_5, c_6, c_7)(f) = 14/16=0.875$，$k_{c4} = 1-0.875=0.125$；

$r(c_1, c_2, c_3, c_4, c_6, c_7)(f) = 13/16=0.8125$，$k_{c5} = 1-0.8125=0.1875$；

$r(c_1, c_2, c_3, c_4, c_5, c_7)(f) = 12/16=0.75$，$k_{c6} = 1-0.75=0.25$；

$r(c_1, c_2, c_3, c_4, c_5, c_6)(f) = 10/16=0.625$，$k_{c7} = 1-0.625=0.375$。

经过归一化处理，可分别得到 c_1、c_2、c_3、c_4、c_5、c_6、c_7 的评价指标权重为：

$$w_i = (0.161, 0.194, 0.161, 0.064, 0.097, 0.129, 0.194)$$

5. 综合评价

根据确定的评价指标权重，利用加权评分法 $T = \sum_{i=1}^{n} w_i S_i$，即可计算出目标的综合得分。

对于目标 1：

$$T_1 = \sum_{i=1}^{n} w_1 S_1 = 2\times0.161+2\times0.194+1\times0.161+4\times0.064+4\times0.097+4\times0.129+4\times0.194$$

$$=2.807$$

同理，$T_2 = 2.935$，$T_3 = 3.096$，$T_4 = 2.612$，$T_5 = 2.679$，$T_6 = 1.937$，$T_8 = 2.840$，$T_9 = 3.096$，$T_{10} = 2.613$，$T_{11} = 3.193$，$T_{12} = 2.87$，$T_{13} = 1.743$，$T_{14} = 3.001$，$T_{15} = 2.485$。

对于目标 7：如果去掉 c_1 属性，目标 7 与目标 1 的属性相同，所以可视目标 7 与目标 1 为同类，由于目标 7 的 c_1 属性未知，所以目标 7 的威胁值要比目标 1 略大。

对于目标 16：如果去掉 c_1 属性，目标 16 与目标 3、9 的属性相同，所以可视目标 16 与目标 3、9 为同类，由于目标 16 的 c_1 属性未知，所以目标 16 的威胁值要比目标 3、9 略大。

故可得空袭武器威胁大小排序为：目标 11>目标 16>目标 3=目标 9>目标 14>目标 2>目标 12>目标 8>目标 7>目标 1>目标 5>目标 10>目标 4>目标 15>目标 6>目标 13。通常来说，低空飞行的小型目标速度快，而且直指我方极其重要的岛礁，威胁程度较高，直升飞机威胁程度较小，所得结论符合实际情况，说明粗糙集评价法在多目标的情况下有效可行。

7.3.2 装备维修保障训练效果评价

装备维修保障训练是军队装备训练的重要组成部分，是装备保障人才队伍建设的关键环节，是提高部队保障力的重要途径。装备维修保障训练是指装备机关和装备保障部队，为满足作战及其他军事行动对装备维修保障的需要，对从事装备维修保障工作的专业技术军官、技师和修理工等装备维修保障人员进行有计划、有目的、有组织地学习装备维修保障知识和技能的活动。装备维修保障训练效果评价是保证装备维修保障训练质量，提高装备维修保障训练效果的重要手段。装备维修保障综合训练效果评价是否科学、是否全面、是否准确，将直接影响部队对装备维修保障训练情况的准确把握，影响对训练工作的指导和对训练的改进，并最终会影响部队装备保障战斗力的生成。由于装备维修保障训练的重要性和评价问题的复杂性，装备维修保障训练评价工作已经引起了广泛的关注，传统的评价方法采用德尔菲法建立评价指标体系，用层次分析法确定评价指标权重进行加权平均得出评价结果，该方法成熟且计算方便，但存在评价指标间关联性强、评价指标和权重的确定主观性强等问题，而粗糙集理论特有的属性约简功能、属性重要度原理能与评价理论相结合解决其存在的问题。

利用粗糙集理论属性约简方法去除评价指标体系中的冗余指标，以优化评价指标体系，确保评价工作质量；应用粗糙集属性重要度和层次分析法相结合的方法来确定评价指标权重，降低评价指标权重确定过程中人为主观因素的影响，为装备维修保障训练效果评价提供了新的思路和方法。

1. 评价体系的初建和数据采集

以装备维修保障训练效果和任务需求为出发点，从装备维修保障人员的知识水平、岗位能力、装备效能和素质表现四个方面进行科学分析，本着系统全面、精确、可操作性强的原则建立装备维修保障训练效果评价指标体系，如图 7-1 所示。

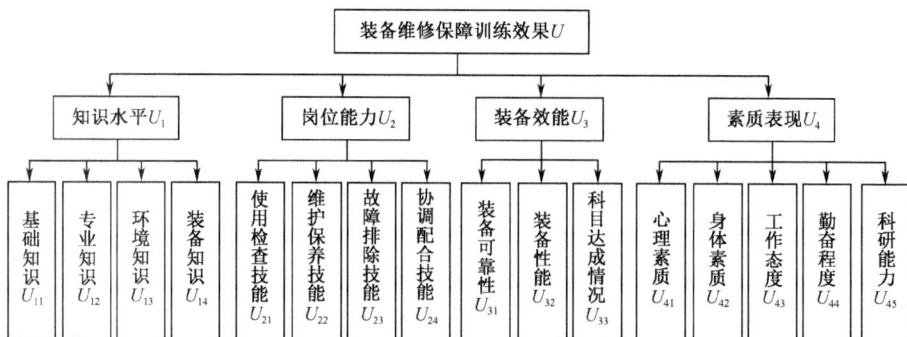

图 7-1　装备维修保障训练效果评价指标体系

（1）知识水平。采用笔试考核的方式进行。重点考查装备维修保障人员的专业理论基础知识水平，对装备的结构和工作原理、操作方法、保养及常见故障排除知识的掌握程度等。

（2）岗位能力。采用专项技能测试和履历分析法等方式进行测评。重点考查装备维修保障人员结合实际情况开展装备日常检查维护工作的能力，组织开展故障判断和维修工作的能力，以及维修训练开展过程中的组织协调能力。

（3）装备效能。由于装备维修保障训练的复杂性和不确定性，对装备维修保障人员的保障能力水平进行量化十分困难，仅通过采用直接建立评价指标体系的方式进行评估主观性过强，因此在对装备维修保障人员知识水平和岗位能力进行评估的基础上，基于装备模拟维修训练情况下装备作战效能建立评价指标，通过训练前后装备作战效能保持和恢复的量化值反映装备维修保障人员能力的提高，由专家组给予评分，对装备训练效果进行评估。

（4）素质表现。评价指标得分由训练履历分析和训练教员打分的方式进行测评。人员素质包含参训人员的身体和心理素质情况；人员表现包含工作态度、勤奋程度和科研能力等。考察其是否具有较强的责任心，纪律观念是否强；在学习过程中是否具有刻苦钻研的决心，学习的主动性是否积极，参训时间是否达到要求；是否在训练的过程中积极主动思考，是否善于发现总结问题等。

装备维修保障训练评价指标及内容如表 7-3 所示。

表 7-3 装备维修保障训练评价指标及内容

评价指标	评价内容
基础知识 U_{11}	装备维修应掌握的工艺技术、材料性能知识、装备维修保障的发展趋势等
专业知识 U_{12}	装备维修必须掌握的专业知识和其他相关知识
环境知识 U_{13}	维修保障应了解的法规、规章制度、技术规范、安全防护知识等
装备知识 U_{14}	装备维修应掌握的装备构造原理、技术参数、故障模式、维护保养知识等
使用检查技能 U_{21}	正确使用操作装备和工具及装备日常检查能力
维护保养技能 U_{22}	对装备进行日常维护，使其保持完好状态的能力
故障排除技能 U_{23}	发现故障、判断故障模式以及排除故障的能力
协调配合技能 U_{24}	装备维修、保养过程中的组织指挥及管理协调能力
装备可靠性 U_{31}	装备模拟训练中装备可靠性，工作参数指标有无偏离正常情况等
装备性能 U_{32}	装备模拟训练中装备主要战术指标及性能情况
科目达成情况 U_{33}	模拟训练中设定科目的达成情况
身体素质 U_{42}	人员身体素质情况
心理素质 U_{41}	人员心理素质情况
工作态度 U_{43}	对待工作的态度、职业道德水平
勤奋程度 U_{44}	训练学习过程中的钻研知识的能力和勤奋程度
科研能力 U_{45}	具有多维的思考能力和丰富的想象力，提出创新或者相关性的文章等

以初步建立的装备维修保障训练评价指标体系为依据，选取了 8 个评价对象进行评价，它们在各个评价指标上的得分如表 7-4 所示。

表 7-4 评价对象的评价指标数据

	U_{11}	U_{12}	U_{13}	U_{14}	U_{21}	U_{22}	U_{23}	U_{24}	U_{31}	U_{32}	U_{33}	U_{41}	U_{42}	U_{43}	U_{44}	U_{45}
X_1	84	70	80	90	9	7	7	8	1	4	4	94	76	4	4	2
X_2	85	74	88	82	6	9	8	7	2	4	3	83	63	2	3	1
X_3	85	83	92	80	9	8	6	6	1	4	3	81	69	5	2	2
X_4	98	89	78	75	7	8	6	7	3	5	4	65	64	3	5	3
X_5	96	90	76	88	6	9	8	6	4	2	4	94	67	3	3	2
X_6	97	75	85	89	7	7	9	9	3	4	2	84	69	5	2	4
X_7	85	84	74	75	8	9	9	7	2	4	2	74	76	4	4	3
X_8	76	82	82	84	7	7	6	7	3	1	2	70	61	2	2	1

2. 评价指标数据的离散化

这里采用信息熵法进行离散化处理，以评价对象的"基础知识 U_{11}"数据为例，其他评价指标数据照此进行。

将评价对象 $S_{U_{11}}$ 的数据按照从小到大进行排序：

$$S_{U_{11}} = \{76, 84, 85, 96, 97, 98\}, \quad T = \{80, 84.5, 90.5, 96.5, 97.5\}$$

T 表示离散化区分的间隔点，若取间隔点 $T_1=80$，离散化的结果为 $S_{11}=\{76\}$，$S_{12}=\{84,85,85,96,96,98\}$，信息熵为：

$$E(S, T_1) = \frac{|S_{1i}|}{|S|} E(S_{1i}) + \frac{|S_{2i}|}{|S|} E(S_{2i})$$

$$= 1 \times (-\log_2 1) + \frac{3}{7} \times \left(-\log_2 \frac{3}{7}\right) + \frac{4}{7} \times \left(-\log_2 \frac{1}{7}\right) = 2.125$$

设定阈值为 0.5，按照评价指标数据的离散化步骤计算，当 U_{11} 的信息熵 $E(S,T_i)<\delta$ 或者分类数达到分类数 3（取对象总数对数 $\log_2 8 = 3$ 作为分类数）时，停止递归运算，得到 U_{11} 离散化数据分类 $S=\{S_1, S_2, S_3\}=\{\{79,84\}\{85,85,85\}\{96,97,98\}\}$，$S_1$ 的简化为"1"，S_2 的简化为"2"，S_3 的简化为"3"，同理对评价指标 $U_{12} \sim U_{45}$ 进行熵计算得到数据的离散化结果，如表 7-5 所示。

表 7-5 离散化的数据表

	U_{11}	U_{12}	U_{13}	U_{14}	U_{21}	U_{22}	U_{23}	U_{24}	U_{31}	U_{32}	U_{33}	U_{41}	U_{42}	U_{43}	U_{44}	U_{45}
X_1	1	1	2	3	3	1	2	3	1	2	3	3	3	2	2	2
X_2	2	1	3	2	1	3	2	2	3	2	2	2	1	1	2	1
X_3	2	1	2	2	3	2	1	1	2	2	2	2	2	3	1	2
X_4	3	3	1	1	2	2	1	2	2	3	3	1	1	2	3	3
X_5	3	3	1	3	2	2	1	3	1	3	3	2	1	2	2	2
X_6	3	1	2	2	1	3	3	2	2	1	2	2	3	3	1	3
X_7	2	2	1	1	3	3	3	2	1	3	1	3	2	2	2	3
X_8	1	2	2	2	2	1	2	2	1	1	1	1	1	1	1	1

3. 属性约简

根据表 7-5 和区分矩阵构造定义得到的离散化结果，得到评价指标"知识水平 U_1"在无决定属性条件下的区分矩阵 $\boldsymbol{D}_{U_1}$，如表 7-6 所示。由 $f(U) = \prod\limits_{(x_i,x_j) \in X \times X} d_{ij}$ 得到区分函数：

$$f(U_1) = \prod_{(x_i, x_j) \in X \times X} d(x, y)$$
$$= (U_{11} \vee U_{13} \vee U_{14}) \wedge (U_{11} \vee U_{12} \vee U_{13} \vee U_{14}) \wedge (U_{11} \vee U_{13} \vee U_{14})$$
$$= U_{11} \vee U_{12} \vee U_{14}$$

因此，$\{U_{11}, U_{12}, U_{14}\}$ 由评价指标体系中"知识水平 U_1"优化后的评价指标构成，说明"基础知识""专业知识"和"装备知识"为 U_1 的关键评价指标，"环境知识"为冗余评价指标（或为评价指标 $\{U_{11}, U_{12}, U_{14}\}$ 的关联等价可约简评价指标）。

表 7-6　区分矩阵 D_{U_1}

U	X_1	X_2	X_3	X_4	X_5	X_6	X_7
X_2	$U_{11}\,U_{13}\,U_{14}$						
X_3	$U_{11}\,U_{12}\,U_{13}\,U_{14}$	U_{12}					
X_4	$U_{11}\,U_{12}\,U_{13}\,U_{14}$	$U_{11}\,U_{12}\,U_{13}\,U_{14}$	$U_{11}\,U_{12}\,U_{13}\,U_{14}$				
X_5	$U_{11}\,U_{12}\,U_{13}$	$U_{11}\,U_{12}\,U_{13}\,U_{14}$	U_{14}				
X_6	U_{11}	$U_{11}\,U_{12}\,U_{13}\,U_{14}$	$U_{11}\,U_{12}\,U_{13}\,U_{14}$	$U_{12}\,U_{13}\,U_{14}$	$U_{12}\,U_{13}$		
X_7	$U_{11}\,U_{12}\,U_{13}\,U_{14}$	$U_{12}\,U_{13}\,U_{14}$	$U_{11}\,U_{12}\,U_{13}\,U_{14}$	$U_{11}\,U_{12}$	$U_{11}\,U_{12}\,U_{14}$	$U_{11}\,U_{12}\,U_{13}\,U_{14}$	
X_8	$U_{12}\,U_{14}$	$U_{11}\,U_{12}\,U_{13}$	$U_{11}\,U_{12}\,U_{13}$	$U_{11}\,U_{12}\,U_{13}\,U_{14}$	$U_{11}\,U_{12}\,U_{13}\,U_{14}$	$U_{11}\,U_{12}\,U_{14}$	$U_{11}\,U_{13}\,U_{14}$

同理可得装备维修保障训练效果评价指标体系 U 优化约简后为：

$U' = \{\{U_{11}, U_{12}, U_{14}\}, \{U_{22}, U_{23}, U_{24}\}, \{U_{31}, U_{33}\}, \{U_{41}, U_{42}, U_{44}, U_{45}\}\}$＝{基础知识，专业知识，装备知识；维护保养技能，故障排除技能，协调配合技能；装备可靠性，科目达成情况，心理素质，身体素质，勤奋程度，科研能力}。

经过评价指标优化约简，在保证评估结果可靠性的同时降低了评估的复杂度。

4. 评价指标权重的计算

（1）粗糙集权重确定

粗糙集属性重要度计算：对于评价指标体系中的评价指标 $u_i \in U$，考虑评价指标 u_i 对于评价指标体系 U 的重要度，即 U 中减去评价指标 u_i 后分辨度的提高程度，提高程度越大，则认为评价指标 u_i 对于评价指标体系 U 越重要。

设属性评价指标 u_i 对于评价指标体系 U 的属性重要度为 $\mathrm{Sig}_U(u_i)$：

$$\mathrm{Sig}_U(u_i) = 1 - \frac{|U|}{|U - \{u_i\}|}$$

$U / \mathrm{Ind}(u_i) = \{X_1, X_2, \cdots, X_n\}$ 表示评价对象的不可分辨的等价分类，$|U - \{u_i\}| = \mathrm{Ind}(U - u_i) = \sum_{i=1}^{n} |X_i|^2$，评价指标 u_i 的权重为：

$$p_i = \frac{\text{Sig}_U(u_i)}{\sum_{i=1}^{m} \text{Sig}_U(u_i)}$$

根据约简后的评价指标体系U'，以"基础知识U_{11}"为例：

$U/\text{Ind}(u_i) = \{\{X_1\}, \{X_2\}, \cdots, \{X_8\}\}$，$|C| = 1^2 + 1^2 + 1^2 + 1^2 + 1^2 + 1^2 + 1^2 + 1^2 = 8$

$U_1'/\text{Ind}(U_1' - U_{11}) = \{\{X_1, X_6\}, \{X_2\}, \{X_3, X_8\}, \cdots, \{X_7\}\}$

$|U_1' - U_{11}| = 2^2 + 1^2 + 2^2 + 1^2 + 1^2 + 1^2 = 12$。

同理可得：

$|U_1' - U_{12}| = 12$，$\quad |U_1' - U_{14}| = 12$

评价指标属性重要度：

$$\text{Sig}_{U_1}(u_{11}) = \text{Sig}_{U_1}(u_{12}) = \text{Sig}_{U_1}(u_{14}) = 1 - \frac{U_1'}{|U_1' - u_{1i}|} = 1 - \frac{8}{12} = \frac{1}{3}$$

同理得评价指标u_{2i}和u_{3i}的属性重要度为：

$\text{Sig}_{U_2}(u_{23}) = 1/3$，$\quad \text{Sig}_{U_2}(u_{22}) = \text{Sig}_{U_2}(u_{24}) = 0.2$

$\text{Sig}_{U_3}(u_{31}) = 5/12$，$\quad \text{Sig}_{U_3}(u_{33}) = 6/13$

$\text{Sig}_{U_4}(u_{41}) = \text{Sig}_{U_4}(u_{42}) = 0.2$，$\quad \text{Sig}_{U_4}(u_{44}) = \text{Sig}_{U_4}(u_{45}) = 1/3$

（2）综合权重确定

评价指标综合权重由两部分权重组成：粗糙集根据数据样本得到属性重要度确定客观权重P，由专家经验和知识根据层次分析法确定的主观权重Q。

设：$P = (p_1, p_2, p_3, \cdots, p_m)$，$Q = (q_1, q_2, q_3, \cdots, q_m)$；综合权重$W = (W_1, W_2, \cdots, W_m)$，则：$W = \alpha P + (1-\alpha)Q \quad (0 \leqslant \alpha \leqslant 1)$

α为经验因子，反映评价过程中评价者对主观权重和客观权重的偏好程度。α越小，表明评价者越重视专家的经验知识；α越大，表明评价者越重视评价指标数据属性重要度确定的客观权重。根据评价指标属性重要度求得的权重P，由评估专家组给出比较矩阵并计算得到权重Q，取$\alpha = 0.38$，计算得到的评价指标权重W见表7-7。

表7-7 评价指标权重

权重	U_{11}	U_{12}	U_{14}	U_{22}	U_{23}	U_{24}	U_{31}	U_{33}	U_{41}	U_{42}	U_{44}	U_{45}
P（粗糙集）	0.0815	0.0815	0.0815	0.0723	0.1205	0.0723	0.1258	0.1393	0.0563	0.0563	0.0563	0.0563
Q（层次分析法）	0.1034	0.1111	0.0298	0.0771	0.1435	0.0445	0.2035	0.616	0.0563	0.0563	0.0751	0.0376
W（综合权重）	0.0951	0.0998	0.0494	0.0753	0.1348	0.0551	0.1740	0.0911	0.0563	0.0563	0.0680	0.0447

5. 计算综合得分

综合得分为：$G = \sum_{i=1}^{m} w_i f_i$ $(i=1,2,\cdots,m)$，w_i 表示第 i 个评价指标的权重，f 表示第 i 个评价指标的得分。优化后的评价指标体系 U' 和评估结果如表 7-8 所示。

表 7-8　优化后的评价指标体系 U' 和评估结果

对象	约简后的评价指标												评价结果		
	U_{11}	U_{12}	U_{14}	U_{22}	U_{23}	U_{24}	U_{31}	U_{33}	U_{41}	U_{42}	U_{44}	U_{45}	P	Q	W
X_1	84	70	90	7	7	8	1	4	94	76	4	2	69.15	64.23	66.10
X_2	85	74	82	9	8	7	2	3	83	63	3	1	66.96	66.3	66.56
X_3	85	83	80	8	6	6	1	3	81	69	2	1	61.39	58.56	59.64
X_4	98	89	75	8	6	7	3	4	65	64	5	3	74.39	74.32	74.35
X_5	96	90	88	9	8	6	4	4	94	67	3	2	78.72	79.92	79.47
X_6	97	75	89	7	9	9	3	2	84	69	2	4	72.17	72.63	72.46
X_7	85	84	75	9	9	7	3	4	74	76	4	3	77.32	77.17	77.23
X_8	76	82	84	7	6	7	3	2	70	61	2	1	60.95	62.40	61.85

从表 7-8 可见，8 个评价对象训练效果的排序为：$X_5 > X_7 > X_4 > X_6 > X_2 > X_1 > X_8 > X_3$，与利用粗糙集评价指标权重或层次分析法确定评价指标权重进行综合计算相比，该模型更加客观地反映出了评价对象维修训练效果的综合评估结果。

思考题

1. 何谓粗糙集？
2. 何谓论域、概念、知识和知识库？
3. 何谓知识表达系统和决策表？
4. 何谓上近似集、下近似集？
5. 何谓冗余属性、属性约简和属性核？
6. 何谓属性离散化？具体如何进行实施？
7. 何谓属性重要度？如何进行求取？
8. 粗糙集评价法的基本程序和步骤。
9. 结合实例说明粗糙集评价法的应用。

第8章 支持向量机评价方法

本章知识要点

支持向量机是一种基于统计学习理论的分类算法。本章在介绍支持向量机概念和核心思想的基础上，给出了支持向量机模型的基本要素，包括 VC 维、最优分类面、支持向量机的非线性映射、核函数的定义及计算方法，分析了支持向量机评价方法的思想和主要步骤，并采用支持向量机评价方法，以武器装备研制项目风险评价和装备技术准备能力预测为应用实例进行综合评价。

重点把握内容

(1) 支持向量机的定义；

(2) VC 维和结构风险最小化原理；

(3) 最优分类面、支持向量机的非线性映射的定义；

(4) 核函数的定义及目前主要使用的核函数形式；

(5) 支持向量机评价方法的思想；

(6) 支持向量机评价方法的基本程序和步骤；

(7) 支持向量机评价方法的应用。

8.1 概述

支持向量机（Support Vector Machine，SVM）是一种基于统计学习理论（Statistical Learning）的分类算法，但是也可以做回归分析，根据输入的数据不同可做不同的模型，如果输入标签为连续值则做回归，称为支持向量回归 SVR（Support Vector Regression）；如果输入标签为分类值则做分类，称为支持向量分类 SVC（Support Vector Classification）。通过寻求结构化风险最小来提高学习机泛化能力，实现经验风险和置信范围的最小化，从而达到在统计样本量较少的情况下，也能获得良好统计规律的目的。通俗来讲，它是一种二类分类模型，其基本模型定义为特征空间上的间隔最大的线性分类器，即支持向量机的学习策略便是间隔最大化，最终可转化为一个凸二次规划问题的求解，具有很强的学习能力，是一种新的非常有潜力的分类技术，在分类、回归模式识别和评价领域具有良好的应用价值和发展前景。

支持向量机理论源于 Vapnik 在 1963 年提出的用于解决模式识别问题的支持向量方法。这种方法从训练集中选择一组特征子集，使得对特征子集的线性划分等价于对整个数据集的分割。这组特征子集称为支持向量。在此后的近 30 年中，对支持向量机的研究主要集中在对分类函数的改进和函数预测上。

1971 年，Kimel-dorf 提出使用线性不等约束重新构造支持向量机的核空间，解决了一部分线性不可分的问题，为以后支持向量机的研究开辟了道路。20 世纪 90 年代，在统计学理论的实现和神经网络研究中遇到了困难，例如，如何确定网络结构问题、过学习与欠学习问题、局部极小点问题等，Grace、Boster 和 Vapnik 等人开始对支持向量机进行研究，并取得突破性进展。1995 年，Vapnik 与其领导的贝尔实验室提出了支持向量机理论，较好地解决了线性不可分的问题，正式奠定了支持向量机的理论基础，在解决小样本、非线性及高维模式识别问题中表现出特有的优势，并将其推广应用到函数拟合等其他机器学习问题。

支持向量是指那些在间隔边缘的训练样本点。"机"（Machine）实际上是一种算法。在机器学习领域，常把一些算法视为一个机器，支持向量机的关键在于核函数，低维空间向量通常难以划分，解决的方法是将它们映射到高维空间。但这个办法带来的困难就是计算复杂度的增加，而核函数正好巧妙地解决了这个问题，也就是说，只要选对核函数，就可以得到高维空间的分类函数。在支持向量机理论中，采用不同的核函数将导致不同的支持向量机算法。在确定了核函数之后，由于确定核函数的已知数据也存在一定的误差，考虑到推广性问题，因此引入松弛系数和惩罚系数两个变量来加以校正，在确定了核函数基础上，再经过大量对比试验等将两个系数取定。

支持向量机具有理论严密、适应性强、全局优化、训练效率高和泛化性能好等优点，能成功地处理模式识别（分类、判别分析）和回归问题（时间序列分析）等，并可推广到预测和评价领域，在理论和应用方面均有良好的发展前景。

8.2　原理和模型

传统统计学习是包括神经网络在内的众多机器学习方法的理论基础，它是学习样本数目趋于无穷大时刻的渐近理论，然而在实际中，样本数目往往是有限的，即这一条件得不到满足。因此，基于传统统计学习的机器学习方法所取得的学习效果经常不尽人意，由此而发展成为统计学习理论，指出经验风险最小并不能保证期望风险最小；提出了结构风险最小化原理（Structural Risk Minimization，SRM）；给出核心概念 VC 维（VapnikChervonenk is Dimension），指出为了实现最小化期望风险必须同时最小化经验风险和 VC 维。支持向量机是统计学习理论中最新的内容，也是最实用的部分。

结构风险最小化原理就是在保证分类精度（经验风险）的同时，降低学习机器的 VC 维，使学习机器在整个样本集上的期望风险得到控制。机器学习过程不但要使经验风险最小，还要使 VC 维尽量小，其目的是缩小置信范围，取得较小的实际风险。统计学习理论提出把函数集构造为一个函数子集序列，使各个子集按照 VC 维的大小排列；在每个子集中寻找最小经验风险，在子集间折衷考虑经验风险和置信范围，使取得实际风险的最小，这就是结构风险最小化原理。

实现结构风险最小化可以有两种思路，一是在每个子集中求最小经验风险，然后选择使最小经验风险和置信范围之和最小的子集，该方法显然比较费时；二是设计函数集的某种结构使每个子集中都能取得最小的经验（如使训练误差为 0），然后只需选择适当的子集使置信范围最小，则这个子集中使经验风险最小的函数就是最优函数。支持向量机方法实际上就是这种思想的具体实现。

对于一个指示函数集，如果存在 H 个样本能够被函数集中的函数按所有可能的 2 的 H 次方种形式分开，则称函数集能够把 H 个样本打散；函数集的 VC 维就是它能打散的最大样本数目 H。如果对任意数目的样本都有函数能将它们打散，则函数集的 VC 维为无穷大，有界实函数的 VC 维可以通过用一定的阈值将它转化为指示函数进行定义。

VC 维反映的是函数集的学习能力，VC 维越大则学习机器越复杂（容量越大）。目前，尚没有通用的关于任意函数集 VC 维计算的理论，只是对一些特殊的函数集知道其 VC 维，例如，在 N 维空间中，线性分类器和线性实函数的 VC 维是 $N+1$。经验风险最小化学习过程一致的必要条件是函数集的 VC 维有限，且此时收敛速度最快。

8.2.1　最优分类超平面和广义最优分类超平面

支持向量机解决二分类问题的基本思想是寻找一个最优分类超平面，将两类样本尽量正确分开，在保持较高分类精度的同时实现分类间隔最大化。支持向量机是从线性可分情况下的最优分类超平面发展而来的，其基本思想如图 8-1 所示。

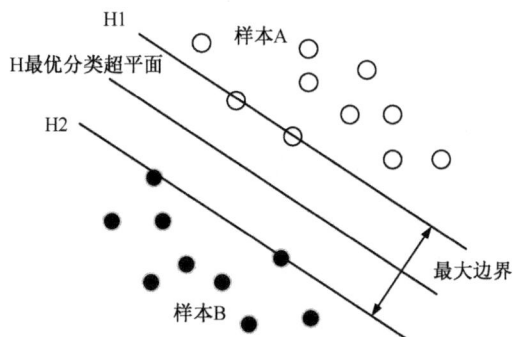

图 8-1　最优分类面

在图 8-1 中，实心圆和空心圆分别代表两类样本，中间的线代表分类超平面，两边的两条线分别为过各类样本中离分类超平面最近的样本且平行于分类超平面的直线，它们之间的距离就是分类间隔。最优分类超平面就是要求分类超平面不但能将两个类正确分开，即训练错误率为 0，而且使分类间隔最大。

设 d 维空间中线性判别函数的一般形式为 $g(x) = \omega x + b$，分类线性方程为：

$$\omega x + b = 0 \tag{8-1}$$

式中：ω 为权向量；b 为阈值。

将判别函数进行归一化，使两类样本都满足 $|g(x)| = 1$，此时的分类间隔 $\text{margin} = 2/\|\omega\|$，设线性可分的样本集为 (x_i, y_i)，$i = 1, 2, \cdots, n$，n 为样本个数，$x_i \in \mathbf{R}$，$y_i \in \{-1, 1\}$，要使分类间隔最大，即使 $\|\omega\|$ 最小，要求分类线对所有样本正确分类，应满足条件：

$$y_i[(\omega x) + b] - 1 \geqslant 0 \tag{8-2}$$

满足式（8-2）的条件且使分类间隔最大的分类超平面就称为最优分类超平面，这两类样本中离分类超平面最近的点且平行于最优分类超平面的 H1、H2 上的训练样本就称为支持向量。

根据上面的分析，在线性可分的情况下构建最优分类超平面，就转化为以下的二次规划问题。

$$\min \varphi(\omega) = \frac{1}{2}(\omega \cdot \omega) \tag{8-3}$$

$$\text{s.t.} \quad y_i((\omega \cdot x_i) + b) \geqslant 1 \quad i = 1, 2, \cdots, l \tag{8-4}$$

式（8-3）的最优解为下面的拉格朗日函数鞍点，即：

$$L(\omega, b, \alpha) = \frac{1}{2}(\omega \cdot \omega) - \sum_{i=1}^{l} \alpha_i \left[y_i((\omega \cdot x) + b) - 1 \right] \tag{8-5}$$

在数学最优问题中，拉格朗日乘数法是一种寻找变量受一个或多个条件所限制的多元函数的极值的方法。这种方法将一个有 n 个变量与 k 个约束条件的最优化问题转换为一个有 $n+k$ 个变量的方程组的极值问题，其变量不受任何约束。这种方法引入了一种新的标量未知数 α_i，α_i 即为拉格朗日乘数，也就是约束方程的梯度的线性组合里每个向量的系数。

由于在鞍点处的 ω 和 b 的梯度为 0，因此，有：

$$\frac{\partial L}{\partial \omega} = \omega - \sum_{i=1}^{l} \alpha_i y_i x_i = 0 \Rightarrow \omega = \sum_{i=1}^{l} \alpha_i y_i x_i \tag{8-6}$$

$$\frac{\partial L}{\partial b} = \sum_{i=1}^{l} \alpha_i y_i = 0 \Rightarrow \sum_{i=1}^{l} \alpha_i y_i = 0 \tag{8-7}$$

根据 KKT（Karush-Kuhn-Tucker），最优解还应该满足：

$$\alpha_i(y_i(\omega \cdot x_i + b) - 1) = 0, \forall i \tag{8-8}$$

可以看出，只有支持向量机的系数 α 不为 0，所以 ω 可以表示成：

$$\omega = \sum_{i=1}^{l} \alpha_i y_i x_i \tag{8-9}$$

由此可得构建最优分类超平面的问题转化为一个简单对偶二次规划问题：

$$\max L(\alpha) = \sum_{i=1}^{l} \alpha_i - \frac{1}{2} \sum_{i,j=1}^{l} \alpha_i \alpha_j y_i y_j (x_i x_j) \tag{8-10}$$

$$\text{s.t.} \quad \sum_{i=1}^{l} y_i \alpha_i = 0 \quad \alpha_i \geqslant 0, \quad i = 1, 2, \cdots, l \tag{8-11}$$

若 α^* 为上式的最优解，则：

$$\omega^* = \sum_{i=1}^{l} \alpha^* y \alpha_i \qquad (8\text{-}12)$$

由此可得，最优分类超平面的权系数向量是训练样本向量的线性组合。

这是一个不等式约束条件下的二次函数极值问题，存在唯一解。根据 KKT，解中将只有一部分（通常为很少的一部分）α_i 不为零，这些不为零的解所对应的样本就是支持向量。求解上述问题后得到的最优分类函数是：

$$f(x) = \text{sgn}\left\{\left(\omega^* x\right) + b^*\right\} = \text{sgn}\{\sum_{i=1}^{n} \alpha_i^* y_i (x_i x) + b^*\} \qquad (8\text{-}13)$$

sgn(x) 中的 x 参数可以是任意有效的数值表达式。其功能为当 x<0 时，返回值为-1；当 x=0 时，返回值为 0；当 x>0 时，返回值为 1。

对于给定的未知样本 x，只需计算 $f(x) = \text{sgn}\left\{\left(\omega^* x\right) + b^*\right\}$，就可以判断 x 所属的类别，其类别判定规则为：

$$\begin{cases} f(x) > 0, x \in \text{正类} \\ f(x) = 0, x \text{位于分类超平面} \\ f(x) < 0, x \in \text{负类} \end{cases} \qquad (8\text{-}14)$$

从前面的分析可以看出，最优分类超平面是在线性可分的前提下讨论的，但在实际应用中，在大多数情况下并不能满足线性可分性，也就是某些训练样本不能满足 $y_i\left[(\omega x) + b\right] - 1 \geq 0$ 的条件。针对这个问题，可以在条件中增加一个松弛参数 $\varepsilon_i \geq 0$，将约束条件放宽，原式则变为：

$$y_i\left[\left(\omega \cdot x_i + b\right)\right] - 1 + \varepsilon_i \geq 0 \qquad i = 1, 2, \cdots, l \qquad (8\text{-}15)$$

对于足够小的 $\varepsilon > 0$，只要使 $F_\sigma(\varepsilon) = \sum_{i=1}^{l} \varepsilon_i^\alpha$ 最小就可以使错分样本数最小。对应线性可分情况下使分类间隔最大，在线性不可分情况下可引入约束 $\|\omega\|^2 \leq c_k$，在约束条件下求极小值，就得到了线性不可分情况下的最优分类超平面，称为广义最优分类超平面。为了方便计算，取 $\varepsilon = 1$，为使计算进一步简化，广义最优分类超平面问题可以进一步演化成求下列函数的极小值：

$$\phi(\omega, \varepsilon) = \frac{1}{2}(\omega, \omega) + C(\sum_{i=1}^{l} \varepsilon_i) \qquad (8\text{-}16)$$

式中，C 为某个指定的常数，它实际上起控制对错分样本惩罚程度的作用，故称为惩罚参数，实现在错分样本的比例与算法复杂度之间的折衷。

8.2.2　支持向量机的非线性映射

对于非线性问题,可以通过非线性变换转化为某个高维空间中的线性问题,在变换空间求最优分类超平面。这种变换可能比较复杂,因此这种思路在一般情况下不易实现。但是我们可以看到,在上述的对偶问题中,无论是寻优目标函数,还是分类函数都只涉及训练样本间的内积运算。

设有非线性映射 $\phi:\mathbf{R}^d \to \mathrm{H}$ 将输入空间的样本映射到高维(可能是无穷维)的特征空间 H 中,当在特征空间 H 中构造最优分类超平面时,训练算法仅使用空间中的点积,即 $\phi(x_i)\cdot\phi(x_i)$,而 $\phi(x_i)$ 没有单独出现。

这样在高维空间中实际上只需进行内积运算,而这种内积运算是可以用原空间中的函数实现的,我们甚至没有必要知道变换中的形式。根据泛函的有关理论,只要一种核函数 $K(x_i \cdot x_j)$ 满足 Mercer 条件,它就对应某一变换空间中的内积。因此,在最优分类超平面中采用适当的内积函数就可以实现某一非线性变换后的线性分类,而计算复杂度却没有增加。此时目标函数变为:

$$\max Q(\alpha) = \sum_{i=1}^{l}\alpha_i - \frac{1}{2}\sum_{i,j=1}^{l}\alpha_i\alpha_j y_i y_j K(x_i x_j) \tag{8-17}$$

$$\text{s.t.}\begin{cases} \sum_{i=1}^{l} y_i\alpha_i = 0 \\ C \geqslant 0 \quad \alpha_i \geqslant 0 \end{cases} \quad i=1,2,\cdots,l \tag{8-18}$$

相应的分类函数为:

$$f(x) = \mathrm{sgn}\{\sum_{i=1}^{n}\alpha_i^* y_i K(x_i \cdot x_j) + b^*\} \tag{8-19}$$

式中,b^* 为分类阈值,可以用任何一个支持向量求得,或通过两类中任意一维支持向量取中值求得。

概括地说,支持向量机就是通过某种事先选择的非线性映射将输入向量映射到一个高维特征空间,在这个特征空间中构造最优分类超平面。在形式上支持向量机分类函数类似于一个神经网络,输入为训练样本,输出是中间层节点的线性组合,中间层每个节点对应一个支持向量机与样本的内积,如图 8-2 所示。

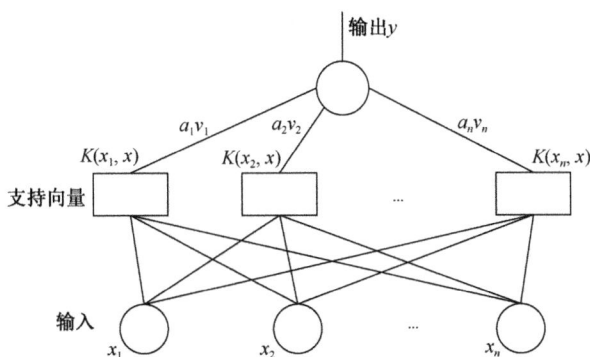

图 8-2　支持向量机结构图

8.2.3　核函数

核函数的基本作用就是接受两个低维空间里的向量，能够计算出经过某个变换后在高维空间里的内积值。支持向量机的非线性处理能力主要来自于核函数，满足 Mercer 条件的函数都可以作为支持向量机的核函数，选择满足 Mercer 条件的不同内积核函数就构造了不同的支持向量机，这样也就形成了不同的算法。目前研究最多的核函数主要有三类。

（1）多项式核函数

$$K(x, x_i) = (x \cdot x_i)^p \qquad p = 1, 2, \cdots \qquad （8\text{-}20）$$

$$K(x, x_i) = \left[(x \cdot x_i) + c \right]^q \qquad q = 1, 2, \cdots \qquad （8\text{-}21）$$

其中：c 为常数，一般可取为 1。

式（8-20）代表数据所处的原空间中的内积计算，其作用是统一两个空间中的数据形式，即数据处于原空间的形式与数据经映射后所处空间的形式；式（8-21）代表多项式空间中的内积计算，注重数据的全局性，其计算过程不同于线性核函数，这是由于直接在多项式空间计算会造成维数灾难，所以其计算包含一个转换过程，即从高维空间转到低维空间，利用低维空间计算其内积值。

（2）径向基函数（RBF）

$$K(x, x_i) = \exp\left\{ -\frac{|x - x_i|^2}{\sigma^2} \right\} \qquad （8\text{-}22）$$

径向基函数类似人类的视觉特性，式（8-22）可将原始特征空间映射到无穷维特征空间中，其性能好坏在于参数的调控，局部性较强，其在实际应用中更为广泛。

（3）S 形核函数

$$K(x, x_i) = \tanh\left[v(x \cdot x_i) + c \right] \tag{8-23}$$

这时的支持向量机算法将 sigmoid 函数作为核函数，近似为多层感知器神经网络，注重样本数据的全局最优值。算法中包含了一个隐层的多层感知器网络，网络的权值和网络的隐层节点数都由算法自动确定，不像传统感知器网络那样凭借经验确定。此外，该算法不存在困扰神经网络的局部极小点的问题。

在实际应用中，研究者通过权衡各个核函数的优势与劣势，通常将最佳的核函数应用于特定数据分类领域中。

8.2.4　支持向量机的特点和不足

1. 支持向量机的特点

（1）非线性映射是支持向量机的理论基础，支持向量机利用内积核函数代替向高维空间的非线性映射。

（2）对特征空间划分的最优分类超平面是支持向量机的目标，最大化分类边际的思想是支持向量机的核心。

（3）支持向量是支持向量机的训练结果，在支持向量机分类决策中起决定作用的是支持向量。

（4）支持向量机是一种有坚实理论基础的、新颖的小样本学习方法。它基本上不涉及概率测度及大数定律等，因此不同于现有的统计方法。从本质上看，它避开了从归纳到演绎的传统过程，实现了高效地从训练样本到预报样本的"转导推理"，大大简化了分类和回归等问题。

2. 支持向量机的不足

（1）支持向量机对大规模训练样本难以实施。由于支持向量机是借助二次规划来求解支持向量，而求解二次规划将涉及 m 阶矩阵的计算（m 为样本的个数），当 m 很大时，该矩阵的存储和计算将耗费大量的机器内存和运算时间。

（2）用支持向量机解决多分类问题时，经典支持向量机算法只给出了二类分类的算法，而在数据挖掘的实际应用中，一般要解决多类的分类问题，可以通过多个二类支持向量机的组合来解决。

8.3　支持向量机评价方法的基本步骤

总结起来，支持向量机评价方法的基本步骤概括如下。

（1）明确评价目的；

（2）选择支持向量机；

（3）建立评价指标体系；

（4）收集和整理数据资料，主要是数据的归一化处理；

（5）选择适当的核函数；

（6）求解优化方程，获得支持向量及相应的拉格朗日算子；

（7）写出最优分类超平面方程；

（8）建立模型并进行评价；

（9）分析评价结果并提出决策建议。

8.4　支持向量机评价方法应用

8.4.1　武器装备研制项目风险评价

支持向量机建立在统计学习理论基础上，运用 VC 维理论和结构风险最小原理，根据有限的样本信息在模型的复杂性和学习能力之间寻求最佳折衷，以期获得最好的推广能力。它是近年来发展起来的一种有效的非线性问题处理的机器学习算法。目前，我国武器装备研制项目由于涉及国家安全，各种数据透明性差，实际可利用的数据样本非常少，而一般的数据挖掘技术是基于样本无限大的背景之下的，因此，基于有限样本的支持向量机在此领域的应用就显得更加重要。

1. 明确评价目的

风险决策体系是提高武器装备研制评价水平的关键，武器装备研制项目数据量大、涉及流程多、协调整合难度大,风险决策作为全方位管理的重要一环,对保证武器装备研制的成功具有重要意义。

2. 选择支持向量机

传统的风险决策需要行业专家和分析人员进行大量人工分析,所采用的数据多靠主观判断提取。而当前大多风险评价方法又存在评价指标的确定主观随意性较大、准确度较低且无法普遍推广的缺陷。

3. 建立评价指标体系

综合考虑武器装备研制项目中的各个因素,在项目风险识别和分析的基础上,将武器装备研制项目风险可以归结为技术风险、费用和进度风险、管理组织风险、环境政策风险等方面,每一方面又可细化分为各个子评价指标,从而建立一套武器装备研制项目风险评价指标体系,如表8-1所示。

表8-1 武器装备研制项目风险评价指标体系

一级评价指标	二级评价指标
技术风险 U_1	武器装备性能先进程度 U_{11}
	武器装备自主创新程度 U_{12}
	武器装备技术复杂程度 U_{13}
	武器装备预研技术成熟度 U_{14}
费用和进度风险 U_2	研制费用的保障力度 U_{21}
	研制项目进度合理程度 U_{22}
管理组织风险 U_3	管理体系的专业化程度 U_{31}
	研制项目群的研制能力 U_{32}
	研制项目群的协调能力 U_{33}
	项目组织后勤保障能力 U_{34}
环境政策风险 U_4	国防发展策略的稳定程度 U_{41}
	研制武器装备的需求程度 U_{42}

4. 确立评价等级

选取一定数量的已有定论的项目作为样本,建立样本集和评价等级。对前期已完成的类似9个项目的武器装备研制项目风险评价指标数据进行预处理,武器装备研制项目的训练数据如表8-2所示。其中,项目1~6选取为训练样本;项目7~9选取为验证样本;项目10为待评估样本。风险级别1、2、3分别表示高、一般、低风险。

表 8-2　武器装备研制项目的训练数据

项目	U_1				U_2		U_3				U_4		风险级别
	U_{11}	U_{12}	U_{13}	U_{14}	U_{21}	U_{22}	U_{31}	U_{32}	U_{33}	U_{34}	U_{41}	U_{42}	
1	0.9	0.3	0.9	0.4	0.6	0.4	0.6	0.5	0.5	0.6	0.4	0.3	1
2	0.8	0.2	0.9	0.3	0.5	0.4	0.5	0.6	0.6	0.4	0.3	0.4	1
3	0.6	0.6	0.7	0.6	0.8	0.6	0.8	0.8	0.6	0.6	0.6	0.8	2
4	0.5	0.7	0.6	0.7	0.7	0.7	0.7	0.6	0.7	0.7	0.8	0.6	2
5	0.6	0.7	0.7	0.7	0.6	0.7	0.8	0.7	0.6	0.7	0.8	0.8	2
6	0.3	0.9	0.3	0.8	0.9	0.9	0.8	1	1	0.8	0.9	0.8	3
7	0.8	0.4	0.7	0.6	0.8	0.3	0.7	0.6	0.5	0.5	0.4	0.4	1
8	0.3	0.9	0.3	0.8	0.9	0.9	0.8	1	1	0.8	0.9	0.8	3
9	0.5	0.7	0.6	0.7	0.7	0.7	0.7	0.6	0.7	0.7	0.8	0.6	2
10	0.4	0.9	0.2	0.9	0.9	0.9	0.7	0.9	0.9	0.9	0.8	0.9	3

5. 选择适合的核函数并确定相应的参数

在对项目风险和支持向量机进行系统研究的过程中发现,径向基函数(RBF)是最稳定的核函数,故本文选取该函数作为风险评价模型的核函数。并经多次验证,确定参数变量:$T=2$,表示采取径向基函数;$C=100$,表示采用 C-SVC 算法的核心参数。

6. 利用训练样本进行训练

利用训练样本,通过学习训练获得项目风险预测中的决策支持向量及有关参数值,并用验证样本进行验证,对训练模型参数进行调整。

7. 利用验证样本进行验证

利用已有的验证样本进行验证,进行准确性判断。然后对要进行的武器装备研制项目的风险进行分析、评价。利用表 8-2 的数据,通过支持向量机算法得到模型,生成模型文件 trainmodel,然后代入验证数据进行验证。运算后发现,能够准确地得出与已有项目完全一致的结果,准确率为 100%。因此,通过训练数据而得到的模型具有良好的预测能力。

8. 预测项目的总体风险水平

根据待预测项目的风险评价指标属性值预测该项目的总体风险水平,为进行研制项目风险应对和风险管理提供有力的支撑。项目 10 经项目论证后进入研制阶段。运用训练出来的模型，对项目 10 的数据进行运算得出：该项目的风险级别为 3 级，属于风险低的项目。

鉴于其研制风险的数据具备有限样本的特性，因此，提出应用支持向量机评价方法建立武器装备研制项目风险评价模型，模型能够充分利用已有的研制项目有关风险因子的统计信息和专家意见，通过高度的非线性映射和最大化分类边界以最小化 VC 维，即在保证经验风险最小的基础上最小化置信风险，从而达到最小化结构风险的目的，寻求研制项目风险因子与其影响因素之间隐含的内在机理，获取整个项目风险的综合评价。本问题试图采用与上述相同的样本，利用神经网络和模糊综合评价法进行评价，发现神经网络由于对小样本数据处理存在过学习问题而使评价结果比较紊乱，没有得到理想的结果；模糊综合评判法在计算权重时由于需要专家进行打分，使得整个评价过程较为繁杂且主观性较大，最后没有得到实施。而支持向量机评价方法由于具有很好的自学习性和特征提取能力，因此，该方法具有更高的客观性、准确性和有效性。

8.4.2　装备技术准备能力预测

装备技术准备是装备在使用前所进行的一系列技术活动的统称，包括利用专用的设施、设备对其进行综合检查、测试、技术鉴定、加注燃料、充电、充气、组装配套、加装火工品及弹药、进行系统联调等工作。装备技术准备工作主要由装备技术保障机构完成，这里专指承担装备技术准备任务职能的保障机构。随着精确制导武器、信息化作战平台的快速发展，大量装备需要满足"先备后用""先测后修"，装备技术准备已成为装备使用和装备保障必不可少的工作，其地位和作用越来越重要。装备技术准备内容，随装备类型、技术、性能和用途的差异而不同。在分析某单位技术准备保障诸多要素、关键环节和主要行动过程基础上，建立了基于支持向量机的装备技术准备能力预测算法，并对某技术分队保障能力进行了实例应用研究，验证算法的合理性和有效性，为装备技术准备保障辅助决策和大型模拟系统的开发提供算法支持。

1. 装备技术准备保障要素分析

导弹武器装备系统是一个多层次、多要素、多指标的复杂系统，导弹装备技术准备的各种保障要素、特征指标的数量很多，容易造成维数灾难。通常，评价指标体系的建立一般需要遵循系统性、客观性、完备性、可测性、独立性等原则。其中完备性原则要求对研究对象的剖析尽可能详细，但在复杂系统能力评估中也会造成一个很大的问题，即评价指标越来越多，计算越来越复杂，模型的求解也变得越来越困难。虽然完备性是建立评价指标体系追求的目标之一，但如果主次不分，过分在细枝末节上纠缠不清，则是不可取的。综合考虑技术准备保障过程的各个要素，采用粗糙集方法约简评价指标，得到如图 8-3 所示的装备技术准备保障效能评价指标体系。

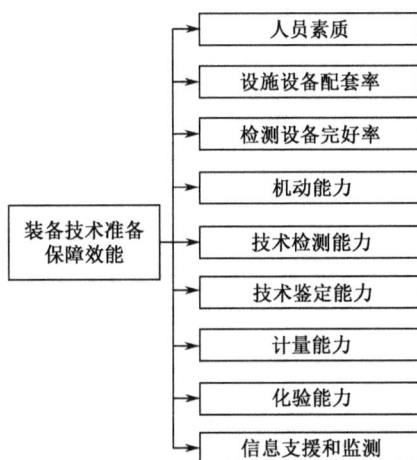

图 8-3　装备技术准备保障效能评价指标体系

2. 评价指标值的确定

根据确定的装备技术准备保障效能评价指标体系，分别采用 3 种方法确定各评价指标的值。

（1）运筹分析方法

人的因素在各类装备技术准备保障任务中始终起着关键的作用，人的素质越高，将会提升技术准备保障能力。用 x_1 表示人员素质，采用模糊综合评判法量化人员素质。

信息支援和监测是指武器装备技术检测过程的实时动态监控能力、专家知识数据库的建设水平和指挥通信系统建设等，用 x_9 表示，通过模糊综合评判法计算评价指标值。

（2）数学定义方法

定义 1：设施设备配套率是实编设施设备的数量与应编设施设备的数量之比。

$$x_2 = \begin{cases} \dfrac{n_v}{n_\omega}, & n_v \leqslant n_\omega \\ 1, & n_v > n_\omega \end{cases} \qquad (8\text{-}24)$$

其中，x_2 为设施设备配套率，n_v 为实编设施设备的数量；n_ω 为应编设施设备的数量。

定义 2：检测装备完好率是指完好的检测装备数量与应编的数量之比。

$$x_3 = \begin{cases} \dfrac{n_1}{n_2}, & n_1 \leqslant n_2 \\ 1, & n_1 > n_2 \end{cases} \qquad (8\text{-}25)$$

其中，x_3 为检测装备完好率；n_1 为完好的检测装备数量；n_2 为编制的检测装备数量。

由于设施设备机动能力很难用精确的数学表达式描述，因此设施设备机动能力是一个模糊型评价指标。记设施设备机动能力为 x_4，x_4 与设施设备的机动性 m_1、机动方式 m_2、机动环境 m_3、机动范围 m_4 和使用对象 m_5 有关。$M_i(i=1,2,\cdots,5)$ 的值一般由专家确定，则 x_4 可由式（8-26）确定。

$$x_4 = \sum_{i=1}^{5} a_i m_i \qquad (8\text{-}26)$$

式中，a_i 为权重，且 $a_1 + a_2 + \cdots + a_5 = 1$。

（3）实际考核方法

根据部队的相关考核规则，相应计算出技术鉴定能力 x_5、技术检测能力 x_6、计量能力 x_7 和化验能力 x_8。

3. 技术准备效能分级模式

采用德尔菲法建立保障效能预测评估分级决策模式，分别对 9 个单项评价指标进行分级评定和综合，按照性能优劣分为 4 级：保障效能优秀、良好、达标和不达标。装备技术准备保障能力评价指标分级模式如表 8-3 所示。评定成绩按 1000 分制，由于导弹武器技术性能要求高，技术准备效能类似于木桶效应，因此在规定 9 个评价指标中，如果有一个评价指标不达标，即使其他评价指标值再高，综合效能也评定为不达标。

表 8-3 装备技术准备保障能力评价指标分级模式

综合效能评价指标	4 级决策模式			
	不达标	达标	良好	优秀
人员素质	[0, 300]	[300, 350]	[350, 400]	[400, 450]
设施设备配套率	[0, 35]	[35, 40]	[40, 45]	[45, 50]
检测装备完好率	[0, 35]	[35, 40]	[40, 45]	[45, 50]
机动能力	[0, 35]	[35, 40]	[40, 45]	[45, 50]
技术鉴定能力	[0, 35]	[35, 40]	[40, 45]	[45, 50]
技术检测能力	[0, 85]	[85, 90]	[90, 95]	[95, 100]
计量能力	[0, 85]	[85, 90]	[90, 95]	[95, 100]
化验能力	[0, 85]	[85, 90]	[90, 95]	[95, 100]
信息支援和监测	[0, 35]	[35, 40]	[40, 45]	[45, 50]

4. 某技术分队技术准备保障效能预测

（1）训练数据的获取与预处理

为了建立一个稳健的非线性支持向量机分类模型，在收集整理部队考核成绩的基础上，对数据进行适当调整，得到 63 个样本，其中，53 个样本作为模型训练样本，用于建立分类模型；10 个样本作为测试样本，用来检验模型分类的准确率，样本数据分别如表 8-4 和表 8-5 所示。

表 8-4 模型训练样本

样本	评价指标								
	x_1	x_2	x_3	x_4	x_5	x_6	x_7	x_8	x_9
1	280	33	34	32	35	84	82	83	33
2	260	35	37	36	38	87	86	85	35
3	275	36	38	38	36	88	87	86	40
4	320	30	36	37	39	86	91	86	38
5	350	29	41	43	38	88	90	87	40
6	370	37	31	39	37	889	88	89	37
7	330	40	29	38	39	88	85	90	36
8	340	45	31	39	40	87	86	85	38
9	300	39	35	28	36	85	89	91	33
10	310	35	33	30	44	89	83	85	37
11	400	36	37	38	39	90	79	86	36
12	395	35	37	39	37	95	77	87	40
13	320	36	38	35	36	88	85	81	335

（续表）

样本	评价指标								
	x_1	x_2	x_3	x_4	x_5	x_6	x_7	x_8	x_9
14	315	37	35	36	39	85	886	82	38
15	312	38	36	37	38	35	85	83	36
16	320	37	36	35	37	87	86	86	37
17	330	35	38	36	35	86	87	88	36
18	335	37	37	37	36	88	87	89	36
19	345	37	37	37	36	88	87	89	36
20	333	38	36	38	39	89	89	87	39
21	310	39	39	37	38	88	85	88	37
22	315	38	36	39	36	85	88	85	38
23	305	35	35	39	36	87	87	86	36
24	301	36	36	37	38	86	86	86	37
25	300	37	37	36	39	87	87	87	38
26	320	37	36	35	37	87	86	86	37
27	330	35	38	36	35	86	87	88	36
28	335	36	35	36	38	87	88	87	38
29	345	37	37	37	36	88	87	89	36
30	333	38	36	38	39	89	89	87	39
31	310	39	39	37	38	88	85	88	37
32	315	38	36	39	36	85	88	85	38
33	360	42	42	41	44	93	92	93	43
34	350	43	44	40	41	91	93	93	41
35	355	41	40	42	42	95	91	92	42
36	360	40	41	41	41	94	94	91	43
37	365	42	42	43	43	93	93	93	41
38	370	43	40	44	42	92	92	92	40
39	370	44	43	42	44	91	91	91	41
40	390	43	44	43	43	93	93	94	42
41	385	42	41	44	41	94	92	93	43
42	387	41	42	41	42	93	94	91	42
43	420	47	46	46	47	97	96	97	47
44	410	46	47	49	48	96	98	96	46
45	425	47	49	48	49	98	97	98	48
46	430	48	48	47	46	97	98	97	49
47	440	49	47	46	48	96	97	98	48

（续表）

样本	评价指标								
	x_1	x_2	x_3	x_4	x_5	x_6	x_7	x_8	x_9
48	445	45	46	48	47	95	99	96	47
49	446	47	45	47	45	95	98	99	46
50	436	48	47	46	48	96	95	97	48
51	435	49	48	48	49	97	96	96	47
52	441	50	47	49	50	98	97	95	45
53	448	48	46	47	47	99	96	96	46

表 8-5　测试样本

样本	评价指标								
	x_1	x_2	x_3	x_4	x_5	x_6	x_7	x_8	x_9
1	270	38	35	38	36	85	86	87	35
2	280	37	36	36	36	85	87	88	37
3	276	40	37	37	37	86	86	86	38
4	400	35	36	36	35	87	81	88	37
5	310	36	38	37	38	88	80	89	36
6	300	35	33	32	40	86	89	86	36
7	370	43	45	44	49	95	94	93	44
8	320	35	39	38	39	88	89	90	37
9	400	39	39	39	41	89	90	88	39
10	430	47	48	49	49	98	98	97	48

　　为了消除各维数据间的数据级差别，避免因为输入数据和输出数据间的数量级差别较大，从而造成网络预测误差较大，这里对数据进行归一化处理，把所有数据都转化为 [0,1] 之间的数。归一化方法有最大最小法、平均数方差法及其他方法，这里采用最大最小法，归一化映射为：

$$f : x \rightarrow y = \frac{x - x_{\min}}{x_{\max} - x_{\min}} \tag{8-27}$$

式中，$x, y \in \mathbf{R}^n$，$x_{\min} = \min(x)$；$x_{\max} = \max(x)$。

　　（2）装备技术准备效能预测实现过程

　　a. 统计学习得到最优分类超平面

　　采用 SMO（Sequential Minimal Optimization）算法对 4 类决策模式进行训练，得到最优分类超平面。此处选取具有明显统计特征的径向基核函数为：

$$K(x, x_i) = \exp\left(-\frac{|x - x_i|^2}{\sigma^2}\right) \qquad (8\text{-}28)$$

利用 53 个训练样本数据（见表 8-4）输入机器学习，由此建立分类预测决策模型。

b. 分类决策

将预测样本数据（见表 8-5）输入已建立好的决策模型进行分类预测，得到如图 8-4 所示的分类结果。从图 8-4 可见，预测 10 个样本，只有第 9 个样本错误分类，准确率达 90%。

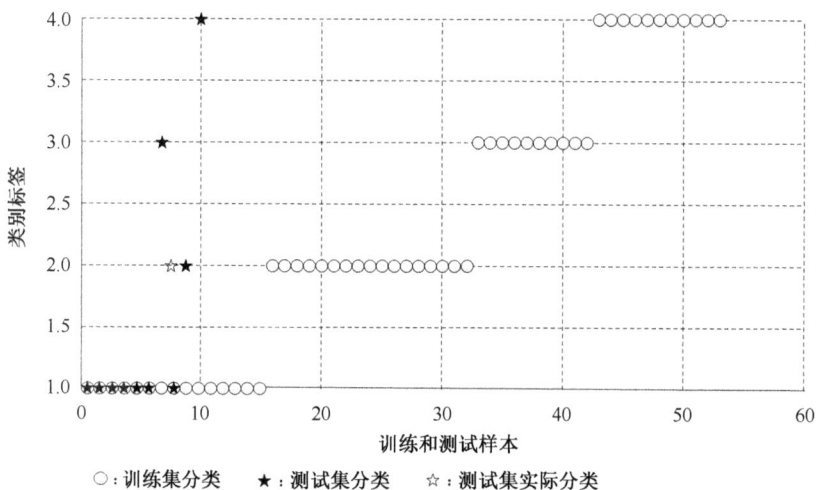

○：训练集分类　　★：测试集分类　　☆：测试集实际分类

图 8-4　训练集分类和预测集分类图

5. 结果分析

从实例预测结果来看，本文建立的预测算法具有较高的预测准确率，同时泛化能力较强，对于预测样本 1 到样本 3，人员素质不达标，其他评价指标分值再高，也确定为不达标。同样，样本 4 和样本 5，计量能力不达标，其他评价指标分值再高，同样定为不达标。这和木桶效应是一致的。另外，测试样本 8 未能正确分类，从训练样本数据分析，应该是训练样本数量显得有些不足，测试样本也不是太多，如果增加训练样本数量，尤其是达标数据范围的数据样本数量，预测正确率还会相应提高。

思考题

1. 何谓支持向量和支持向量机？
2. 简述 VC 维和结构风险最小化原理的定义。
3. 简述最优分类超平面、支持向量机的非线性映射的定义。
4. 何谓核函数？写出目前研究最多的核函数形式。
5. 简述支持向量机评价方法的思想。
6. 简述支持向量机评价方法的基本程序和步骤。
7. 结合实例说明支持向量机评价方法的应用。

第 9 章　基于可拓学的综合评价方法

本章知识要点

可拓学是以物元建立模型来描述矛盾问题，以物元变换作为解决矛盾问题的手段，并在可拓集合中通过建立关联函数对事物的量变和质变过程进行定量描述的评价方法。本章在介绍可拓学概念和核心思想的基础上，提出了物元、事元、关系元的定义，关联度计算和评价等级确定，给出了基于可拓学的综合评价方法的步骤，并采用基于可拓学的综合评价方法，以武器装备体系效能评估和无人机可靠性评价为实例进行综合评价应用。

重点把握内容

（1）可拓学的概念；

（2）物元、事元、关系元的概念；

（3）关联度计算和评价等级确定方法；

（4）基于可拓学的综合评价方法的步骤；

（5）基于可拓学的综合评价方法的应用。

9.1　概述

可拓学又称为物元分析法，是 1983 年由我国著名学者蔡文教授创立的一门学科，该方法从定性和定量的角度针对矛盾问题提出解决思路和办法，以可拓论为基本理论，以可拓方法为处理事物的方式，可广泛应用在各个领域。关联度、关联函数、经典域、节域等是可拓学的重要研究对象。

可拓学以物元建立模型来描述矛盾问题，以物元变换作为解决矛盾问题的手段，并在可拓集合中通过建立关联函数对事物的量变和质变过程进行定量描述，即利用可拓域和临界元素对事物的量变和质变进行定量化描述。物元和可拓集合两个概念为描述事物的属性及其转化，以及为不具有某种性质的事物向具有某种性质的事物的转化过程提供了可能。

可拓集合理论将经典数学中的康托集合和模糊数学中的模糊集合进行拓展创造，将康托集合和模糊集合中距离的概念拓展为距、侧距的概念，并阐述了描述对象的质变和量变关联函数。

基于可拓学的综合评价的基本原理是把待描述或评价的对象、各特征和对象关于特征的量值组成一个整体——物元来研究，用可拓集合的关联函数值——关联度的大小来描述各种特征参数与所研究对象的从属关系，从而把属于或不属于的定性描述扩展为定量描述。

9.2　基本概念

1. 物元

将物 N、特征 c 和 N 关于 c 的量值 v 构成的有序三元组 $\boldsymbol{R}=(N, c, v)$ 作为描述物 N 的基本元，称为一维物元，N、c、v 三者称为物元 $\boldsymbol{R}$ 的三要素。其中 c 和 v 构成的二元组 $\boldsymbol{M}=(c, v)$ 表示物 N 的特征，将物元的全体记为 $\boldsymbol{R}(R)$，物的全体记为 $\boldsymbol{R}(N)$，特征的全体记为 $\boldsymbol{R}(c)$，关于特征 c 的取值范围记为 $V(v)$，称为 c 的量域。

如果 N 有 n 个特征，记为 $c_1, c_2, \cdots, c_n$，相应量值分别记为 $v_1, v_2, \cdots, v_n$，则物元记为：

$$\boldsymbol{R} = \begin{bmatrix} N & c_1 & v_1 \\ & c_2 & v_2 \\ & \vdots & \vdots \\ & c_n & v_n \end{bmatrix} = \begin{bmatrix} R_1 \\ R_2 \\ \vdots \\ R_n \end{bmatrix} = (N, c, v) \tag{9-1}$$

2. 事元

物与物的相互作用称为事，事以事元来描述。将动词 d、动词的特征名 b 及相应的量值 u 构成的有序三元组作为描述事的基本元，称为一维事元，记为：

$$I = （动词，动词的特征名，量值） = (d, b, u) \qquad (9\text{-}2)$$

其中 b 和 u 构成的二元组 (b, u) 表示事元的特征元。对于动词 d，它的基本特征有：支配对象、施动对象、接受对象、时间、地点、程度、方式、工具。动词 d、n 个特征 $b_1, b_2, \cdots, b_n$ 和 d 关于 n 个特征取得的量值 $u_1, u_2, \cdots, u_n$ 构成的阵列 I 即为事元，可以记为：

$$I = \begin{bmatrix} d & b_1 & u_1 \\ & b_2 & u_2 \\ & \vdots & \vdots \\ & b_n & u_n \end{bmatrix} = (d, b, u) \qquad （9\text{-}3）$$

3. 关系元

某一物、事与其他的物、事之间可能有不同的关系，这些关系之间又相互作用、相互影响。对应的物元、事元也与其他的物元、事元一样应能描述这样的关系及其相互作用。关系元就是描述这类现象的形式化工具。

以关系词或关系符（也称为关系名）s、n 个特征 $a_1, a_2, \cdots, a_n$ 和相应的量值 $w_1, w_2, \cdots, w_n$ 构成的 n 维阵列 Q 用于描述 w 的关系，称为关系元。可以记为：

$$Q = \begin{bmatrix} s & a_1 & w_1 \\ & a_2 & w_2 \\ & \vdots & \vdots \\ & a_n & w_n \end{bmatrix} = (s, a, w) \qquad （9\text{-}4）$$

4. 关联度

在可拓集合中，通过关联度表征事物之间的关联程度，关联度可以定量地阐述论域中的任意元素属于三域（正域、负域、零界）的情况，即使同属于一个域，也可以由关联函数值的大小区分其相处的不同层次。

通常设 x_0 为实数域中的任何一点，$X_0 = <\alpha, \beta>$ 为实数域上的任何一个区间，称 $\rho(x_0, X_0)$ 为点 x_0 与区间 $X_0 = <\alpha, \beta>$ 的距，其中 $\rho(x_0, X_0)$ 为：

$$\rho(x_0, X_0) = \left| x_0 - \frac{\alpha + \beta}{2} \right| - \frac{\beta - \alpha}{2} \qquad （9\text{-}5）$$

一般地，设 $X_0 = <\alpha, \beta>$，$X = <\alpha', \beta'>$，且 $X_0 \subset X$，则点 x 关于区间 X_0 和 X 组成的区间套的位置规定为：

$$D(x, X_0, X) = \begin{cases} \rho(x, X) - \rho(x, X_0), & x \notin X_0 \\ -1, & x \in X_0 \end{cases} \qquad （9\text{-}6）$$

$D(x, X_0, X)$ 就描述了点 x_0 与 X_0 和 X 组成的区间套的位置关系。

定义关联函数为：

$$K(x) = \frac{\rho(x, X_0)}{D(x, X_0, X)} \qquad (9\text{-}7)$$

式（9-7）中，$\rho(x, X_0)$ 为点 x 与区间 $X_0 = <\alpha, \beta>$ 的距；$D(x, X_0, X)$ 就表示点 x 与区间 X_0 和 X 组成的区间套的位置关系；当 X_0 和 X 取相同的区间时，$K(x)$ 在 $(0,1)$ 间取值，这时的关联度表征着 x 与标准取值区间 X_0 的关联程度。

9.3　基于可拓学的综合评价方法的步骤

基于可拓学的综合评价方法是通过建立被评价对象的多评价指标性能参数模型，采用形式化设计，从定性与定量两个角度同时考虑解决问题的规律和方法，反映和解决事物的综合质量水平。其步骤主要分为：

（1）确定经典域、节域和待评物元矩阵；

（2）确定各等级关联函数；

（3）计算关联度和确定评定等级。

9.3.1　经典域、节域和待评物元矩阵的确定

根据评价目的，选择评价指标，并确定其相应的变化范围；确定待评价事物的经典域、节域；确定待评价事物的待评物元矩阵。

设待评价事物的名称为 N，关于特征 c 的量值为 v，如果待评价事物 N 有 n 个评价指标，记为 $c_1, c_2, \cdots, c_n$，相应的量值记为 $v_1, v_2, \cdots, v_n$。则物元记为：

$$\boldsymbol{R} = \begin{bmatrix} N & c_1 & v_1 \\ & c_2 & v_2 \\ & \vdots & \vdots \\ & c_n & v_n \end{bmatrix} = \begin{bmatrix} R_1 \\ R \\ \vdots \\ R_n \end{bmatrix} = (N, c, v)$$

1. 确定经典域

假设评价效果分为 m 个水平等级，R_j 为第 j 等级的物元模型（$j = 1, 2, \cdots, m$），

经典域就是当评价等级 N 的特征 c 发生时，特征 c 所规定的量值范围，也就是各种效果等级关于其对应特征所取得数值范围。评价模型的物元经典域 R_j 为：

$$R_j = (N_j, c_i, v_{ji}) = \begin{bmatrix} N_j & c_1 & v_{j1} \\ & c_2 & v_{j2} \\ & \vdots & \vdots \\ & c_n & v_{jn} \end{bmatrix} = \begin{bmatrix} N_j & c_1 & <a_{j1}, b_{j1}> \\ & c_2 & <a_{j2}, b_{j2}> \\ & \vdots & \vdots \\ & c_n & <a_{jn}, b_{jn}> \end{bmatrix} \quad (9\text{-}8)$$

式中：N_j 为第 j 个评价等级；c_i 为评价等级 N_j 的评价指标 $(i=1,2,\cdots,n)$；$V_{ji} = <a_{ji}, b_{ji}>$ 表示 N_j 关于评价指标 c_i 的量值范围。

2. 确定节域

节域是指所有经典域的集合，评价模型的物元节域 R_p 可表示为：

$$R_p = (P, c_i, v_{pi}) = \begin{bmatrix} P & c_1 & v_{p1} \\ & c_2 & v_{p2} \\ & \vdots & \vdots \\ & c_n & v_{pn} \end{bmatrix} = \begin{bmatrix} P & c_1 & <a_{p1}, b_{p1}> \\ & c_2 & <a_{p2}, b_{p2}> \\ & \vdots & \vdots \\ & c_n & <a_{pn}, b_{pn}> \end{bmatrix} \quad (9\text{-}9)$$

式中：P 为效果等级的全体；v_{pi} 表示 P 关于 $c_1, c_2, \cdots, c_n$ 的取值范围，即 P 的节域 $<a_{pi}, b_{pi}>$。

3. 确定待评物元矩阵

对于待评物元，把检测得到的数据或分析的结果用物元 R_0 表示，称为待评物元。

$$R_0 = (P_0, c_i, v_i) = \begin{bmatrix} P_0 & c_1 & v_1 \\ & c_2 & v_2 \\ & \vdots & \vdots \\ & c_n & v_n \end{bmatrix} \quad (9\text{-}10)$$

式中：P_0 为待评物元；v_i 为 P_0 关于 c_i 量值，即待评价物元的评价指标值。

9.3.2 确定各等级关联函数

第 i 个评价指标数值域属于第 j 个等级的关联函数为：

$$K_j(v_i) = \begin{cases} \rho(v_i, v_{ji}) / [\rho(v_i, v_{pi}) - \rho(v_i, v_{ji})], & v_i \in v_{ji} \\ -\rho(v_i, v_{ji}) / |v_{ji}|, & v_i \notin v_{ji} \end{cases} \quad (9\text{-}11)$$

其中：

$$\rho(v_i, v_{ji}) = \left| v_i - \frac{a_{ji} + b_{ji}}{2} \right| - \frac{1}{2}(b_{ji} - a_{ji}) = \begin{cases} a_{ji} - v_i, v_i \leqslant \dfrac{a_{ji} + b_{ji}}{2} \\ v_i - b_{ji}, v_i > \dfrac{a_{ji} + b_{ji}}{2} \end{cases}$$

$$\rho(v_i, v_{pi}) = \left| v_i - \frac{a_{pi} + b_{pi}}{2} \right| - \frac{1}{2}(b_{pi} - a_{pi}) = \begin{cases} a_{pi} - v_i, v_i \leqslant \dfrac{a_{pi} + b_{pi}}{2} \\ v_i - b_{pi}, v_i > \dfrac{a_{pi} + b_{pi}}{2} \end{cases} \qquad (9\text{-}12)$$

$\rho(v_i, v_{ji})$、$\rho(v_i, v_{pi})$ 分别称为 v_i 与 v_{ji} 或 v_i 与 v_{pi} 的距，用以描述同类事物性质之间的区别。

9.3.3 关联度计算和评定等级的确定

关联度的计算：

$$K_j(P_0) = \sum_{i=1}^{n} \omega_{ij} K_j(v_i) \qquad (9\text{-}13)$$

$K_j(P_0)$ 则为待评物关于第 j 个等级的关联度，式中 ω_{ij} 为其关联函数对应的权重。若存在：

$$K_j(P) = \max\{K_j(P_0), j = 1, 2, \cdots, m\} \qquad (9\text{-}14)$$

则可判断待评物元属于 j 等级，进而得出待评物元的所属等级。

9.4 基于可拓学的综合评价方法应用

9.4.1 武器装备体系效能评价

现代高技术局部战争实质上已经发展成为武器装备体系与体系的对抗。战争的胜负很大程度上取决于所有参战武器的整体效能和在对抗中是否得到恰当的运用。武器装备是在一定的战略指导、作战指挥和保障条件下，为完成一定作战任务，由功能上相互联系和制约、作用上互为补充的各种武器装备系统组成的更高层次系统。效能是解决方案满足问题需求的能力状况。武器装备体系效能是指武器装备体系完成规定任务的有效程度，是武器装备在体系化应用中所能够发挥的能力，是在完备的作战体系和在真实的作战对抗环境中体现的综合能力。随着武器装备网络化、信息化与智能化程度的提高，其体系综合应用的特性已经明显优于独立操控的基本效能。在实际实现上一般表征为一组战技指标，具有多维性、不确定性、局限性等特点。

武器装备体系效能评价主要是通过系统工程理论与方法，采用解析法、系统仿真法等技术手段，进行体系效能评价指标体系建立与效能评价，从而实现促进作战需求向装备需求转变的目的，是对武器装备体系执行其使命任务能力过程所进行的一系列活动。

1. 武器装备体系效能评价指标及选择

武器装备体系效能评价指标表征为武器装备性能与功能的综合水平，是武器装备体系最基本的特征，是武器装备价值的集中体现，是武器装备完成作战任务的潜力与基础。由于体系本身由复杂系统及其连接组成，体系效能的概念更具复杂性，因此体系效能的评价指标选择始终是装备论证领域的一大难题。

在选取武器装备体系效能评价指标时，主要考虑其以下特点。

（1）多维性。效能的度量可采取多种维数，不同的维数体现决策者不同的主观价值判断。维数的选择取决于决策者要求达到的作战行动目的，这意味着具有较强的主观性。

（2）不确定性。某些效能参数由于作战行动目标不明确、偶发性强或与人的行为因素密切相关而难以量化。这种情况下可采用定性评价的定量表示法。

（3）局限性。体系效能评价指标并不能完全包含相应效能特性的全部信息。许多对作战行动效能起重要影响的因素，如指挥官能力素质、战斗人员士气状态等难以量化。这时可以采取定量与定性相结合的方法进行评估。

2. 体系效能评价指标体系建立

"知彼知己，百战不殆"是赢得战争的不二法宝，根据当前在复杂电磁环境下体系作战的特点，分析客观反映武器装备体系效能的评价要素，选取 5 个一级评价指标，14 个二级评价指标。采用层次分析法构造出的武器装备体系效能评价指标体系结构如图 9-1 所示。

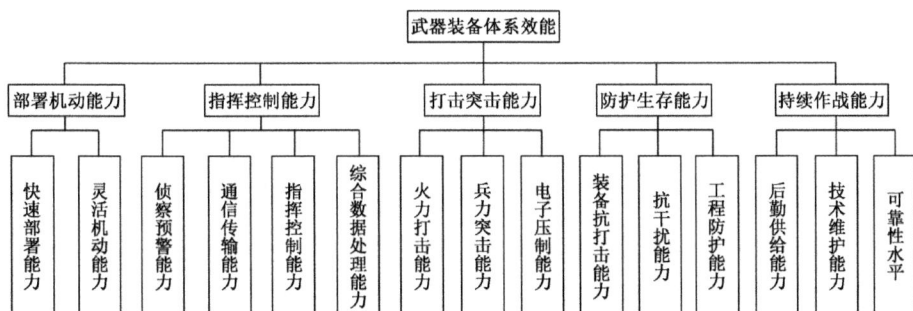

图 9-1 武器装备体系效能评价指标体系结构

（1）部署机动能力分为快速部署能力和灵活机动能力两个二级评价指标。

① 快速部署能力主要是为实现有效地作战，达到作战的目的，部队向战区快速投送、部署、转移人员、装备的能力。

② 灵活机动能力是武器装备能够实现在战场上有效运动以实现预定兵力集结、交战、脱离战斗或回避敌方作战兵力的能力，主要是做到部署灵活、反应快速且机动性能要强。

（2）指挥控制能力，即 C⁴ISR 系统综合能力，包括指挥、控制、通信、计算机、情报、监视和侦察等，可归纳为侦察预警能力、通信传输能力、指挥控制能力和综合数据处理能力四个二级评价指标。

① 侦察预警能力是快速、准确、全面地发现敌情与精确定位，为作战提供有效支持数据的能力。

② 通信传输能力是通过数据链迅速、安全、可靠地传输作战信息的能力。

③ 指挥控制能力是能够高效利用时间因素，以最快的速度，根据战场环境、敌我态势以及目标的精确数据，先做出精准决策，完成指挥控制活动，达到最高指挥效能的能力。

④ 综合数据处理能力是通过计算机的强大处理能力综合分析指挥、控制、情报、监视和侦察等各种信息，及时准确获取辅助决策建议。

（3）打击突击能力主要分为火力打击能力、兵力突击能力、电子压制能力三个二级评价指标。

① 火力打击能力是迅速、准确、突然、猛烈地综合运用"软硬"打击火力，有效杀伤对方有生力量、使其丧失战斗力的能力。

② 兵力突击能力是突入并占领对方阵地，滞迟、瓦解对方使其陷入混乱的

能力，包括空中突击能力、地面突击能力等。

③ 电子压制能力是使用电磁能、定向能或反辐射武器，攻击对方人员、设施或装备，进行电子干扰，使其丧失功能的能力。

（4）防护生存能力主要分为装备抗打击能力、抗干扰能力、工程防护能力三个二级评价指标。

① 装备抗打击能力是武器装备自身具备隐身、抗毁、抗干扰和强适应能力。

② 抗干扰能力是为保护我方人员、设备或装备，使其不受对方使用电磁频谱的影响，能够防御电子干扰的能力。

③ 工程防护能力是部队在战场上具备由工程结构、伪装、障碍、拦截、干扰与电磁屏蔽技术等提供的"综合对抗"型防护，以提高其生存的能力。

（5）持续作战能力，主要区分为后勤供给能力、技术维护能力、可靠性水平三个二级评价指标。

① 后勤供给能力是部队获取为开展作战行动所必需的补给（食物、燃料、弹药、部件和医药等）的能力。

② 技术维护能力是部队武器装备或人员在作战行动中及时获取检测、维修、医疗等使战斗力得以保持和再生的能力。

③ 可靠性水平是指武器装备在一定的交战条件下和作战时间内，保持武器装备作战功能的能力。

3. 武器装备体系效能评价

（1）评价指标体系权重的确立

结合实战演练，经过数据收集、层次分析武器装备体系效能评价指标体系，并采用德尔菲法给各个评价指标打分，确定武器装备体系效能评价指标体系中各评价指标的权重，如表 9-1 所示。

表 9-1　武器装备体系效能评价指标体系各评价指标的权重

一级评价指标	打分 1	权重 1	二级评价指标	打分 2	权重 2
部署机动能力	15	0.15	快速部署能力 C_1	8	0.08
			灵活机动能力 C_2	7	0.07
指挥控制能力	26	0.26	侦查预警能力 C_3	7	0.07
			通信传输能力 C_4	7	0.07
			指挥控制能力 C_5	9	0.09
			综合数据处理能力 C_6	7	0.08

（续表）

一级评价指标	打分 1	权重 1	二级评价指标	打分 2	权重 2
打击突击能力	22	0.22	火力打击能力 C_7	8	0.08
			兵力突击能力 C_8	6	0.06
			电子压制能力 C_9	9	0.09
防护生存能力	16	0.16	装备抗打击能力 C_{10}	5	0.05
			抗干扰能力 C_{11}	6	0.06
			工程防护能力 C_{12}	5	0.05
持续作战能力	16	0.16	后勤供给能力 C_{13}	7	0.07
			技术维护能力 C_{14}	4	0.04
			可靠性水平 C_{15}	5	0.05

（2）物元模型

① 经典域与节域。

通过对不同部队、科研院所调研及专家评判，可以将评价指标划分为 A、B、C、D 级四个标准，分别对应武器装备体系效能的优劣程度：优、良、合格和不合格，评价指标分级标准如表 9-2 所示。

表 9-2　评价指标分级标准

	A 级	B 级	C 级	D 级
快速部署能力 C_1	<0.75, 1>	<0.5, 0.75>	<0.25, 0.5>	<0, 0.25>
灵活机动能力 C_2	<0.75, 1>	<0.5, 0.75>	<0.25, 0.5>	<0, 0.25>
侦查预警能力 C_3	<0.75, 1>	<0.5, 0.75>	<0.25, 0.5>	<0, 0.25>
通信传输能力 C_4	<0.75, 1>	<0.5, 0.75>	<0.25, 0.5>	<0, 0.25>
指挥控制能力 C_5	<0.75, 1>	<0.5, 0.75>	<0.25, 0.5>	<0, 0.25>
综合数据处理能力 C_6	<0.75, 1>	<0.5, 0.75>	<0.25, 0.5>	<0, 0.25>
火力打击能力 C_7	<0.75, 1>	<0.5, 0.75>	<0.25, 0.5>	<0, 0.25>
兵力突击能力 C_8	<0.75, 1>	<0.5, 0.75>	<0.25, 0.5>	<0, 0.25>
电子压制能力 C_9	<0.75, 1>	<0.5, 0.75>	<0.25, 0.5>	<0, 0.25>
装备抗打击能力 C_{10}	<0.75, 1>	<0.5, 0.75>	<0.25, 0.5>	<0, 0.25>
抗干扰能力 C_{11}	<0.75, 1>	<0.5, 0.75>	<0.25, 0.5>	<0, 0.25>
工程防护能力 C_{12}	<0.75, 1>	<0.5, 0.75>	<0.25, 0.5>	<0, 0.25>
后勤供给能力 C_{13}	<0.75, 1>	<0.5, 0.75>	<0.25, 0.5>	<0, 0.25>
技术维护能力 C_{14}	<0.75, 1>	<0.5, 0.75>	<0.25, 0.5>	<0, 0.25>
可靠性水平 C_{15}	<0.75, 1>	<0.5, 0.75>	<0.25, 0.5>	<0, 0.25>

节域：

$$R_p = (P, c_i, v_{pi}) = \begin{bmatrix} A-D & 快速部署能力 c_1 & <0,1> \\ & 灵活机动能力 c_2 & <0,1> \\ & \vdots & \vdots \\ & 可靠性水平 c_{15} & <0,1> \end{bmatrix}$$

经典域：

$$R_1 = (A, c_i, v_{1i}) = \begin{bmatrix} A & 快速部署能力 c_1 & <0.75,1> \\ & 灵活机动能力 c_2 & <0.75,1> \\ & \vdots & \vdots \\ & 可靠性水平 c_{15} & <0.75,1> \end{bmatrix}$$

$$R_2 = (A, c_i, v_{2i}) = \begin{bmatrix} B & 快速部署能力 c_1 & <0.5,0.75> \\ & 灵活机动能力 c_2 & <0.5,0.75> \\ & \vdots & \vdots \\ & 可靠性水平 c_{15} & <0.5,0.75> \end{bmatrix}$$

$$R_3 = (A, c_i, v_{3i}) = \begin{bmatrix} C & 快速部署能力 c_1 & <0.25,0.5> \\ & 灵活机动能力 c_2 & <0.25,0.5> \\ & \vdots & \vdots \\ & 可靠性水平 c_{15} & <0.25,0.5> \end{bmatrix}$$

$$R_4 = (A, c_i, v_{4i}) = \begin{bmatrix} D & 快速部署能力 c_1 & <0,0.25> \\ & 灵活机动能力 c_2 & <0,0.25> \\ & \vdots & \vdots \\ & 可靠性水平 c_{15} & <0,0.25> \end{bmatrix}$$

② 待评物元矩阵

对某部队进行武器装备体系效能评估，通过实际调查和分析，可得到 15 个评价指标的归一化数据，其物元矩阵如下：

$$\boldsymbol{R}_0 = (P_0, c_i, v_i) = \begin{bmatrix} P_0 & c_1 & 0.84 \\ & c_2 & 0.74 \\ & c_3 & 0.71 \\ & c_4 & 0.85 \\ & c_5 & 0.53 \\ & c_6 & 0.39 \\ & c_7 & 0.68 \\ & c_8 & 0.76 \\ & c_9 & 0.87 \\ & c_{10} & 0.69 \\ & c_{11} & 0.70 \\ & c_{12} & 0.78 \\ & c_{13} & 0.82 \\ & c_{14} & 0.58 \\ & c_{15} & 0.62 \end{bmatrix}$$

③ 关联度计算

利用式（9-11）和式（9-12）得出 $c_1 \sim c_{14}$ 评价指标关于各等级的关联度，利用式（9-13）得出待评物元 P_0 关于各等级的关联度，如表9-3所示。

表9-3　各评价指标关联度

	$K_1(v_i)$	$K_2(v_i)$	$K_3(v_i)$	$K_4(v_i)$
快速部署能力 C_1	1.2857	−0.3600	−1.3600	−2.3600
灵活机动能力 C_2	−0.0400	0.0400	−0.9600	−1.9600
侦查预警能力 C_3	−0.1600	0.1600	−0.8400	−1.8400
通信传输能力 C_4	2.0000	−0.4000	−1.4000	−2.4000
指挥控制能力 C_5	−0.8800	0.0682	−0.1200	−1.1200
综合数据处理能力 C_6	−1.4400	−04400	0.3929	−0.5600
火力打击能力 C_7	−0.2800	0.2800	−0.7200	−1.7200
兵力突击能力 C_8	0.0435	−0.0400	−1.0400	−2.0400
电子压制能力 C_9	12.0000	−0.4800	−1.4800	−2.4800
装备抗击能力 C_{10}	−0.2400	0.2400	−0.7600	−1.7600
抗干扰能力 C_{11}	−0.2000	0.2000	−0.8000	−1.8000
工程防护能力 C_{12}	0.1579	−0.1200	−1.1200	−2.1200
后勤供给能力 C_{13}	0.6364	−0.2800	−1.2800	−2.2800
技术维护能力 C_{14}	−0.6800	0.2353	−0.3200	−1.3200
可靠性水平 C_{15}	−0.5200	0.4615	−0.4800	−1.4800
$K_j(P_0)$	−0.0042	0.0037	−0.0038	−0.0118

由式（9-14）可知：$K_j(P_0)=0.0037$，根据最大隶属度原则，表明该部队武器装备体系效能评价属于等级良。$K_3(v_6)=0.3929$，属于等级中，这表明该部队在指挥控制能力方面较弱，下一步需加强此方面的能力提升。

9.4.2　无人机可靠性评价

可靠性是指产品在规定的条件下和规定的时间内，实现规定功能的能力。当今军事领域，由于无人机具有体积小、造价低、使用方便、对作战环境要求低、战场生存能力强等优点，从而被广泛应用于空中侦察、监视、通信、靶标、电子干扰等。随着无人机广泛的应用，无人机可靠性问题成为该领域的研究热点。

1. 无人机可靠性评价指标体系的建立

无人机是较为典型的空、天、地协同工作的一体化系统，其可靠性首先取决于设计过程中赋予的固有可靠性，其次取决于无人机实际使用、维修质量及故障对系统功能的危害与影响，因此其可靠性评价应综合考虑各影响因素。同时，遵循完整性、方便性、可比性、先进性的原则，无人机可靠性评价指标可以考虑以下 4 项：平均故障间隔飞行小时（Mean Flying Hours Between Failures，MFHBF）、平均修复时间（Mean Time To Repair，MTTR）、任务成功率（Mean Complete Success Probability，MCSP）、每飞行小时需维修小时（Mean Maintenance Hours/Flight Hour，MMH/FH）。以上 4 个评价指标构成了无人机可靠性评价指标体系，如图 9-2 所示。

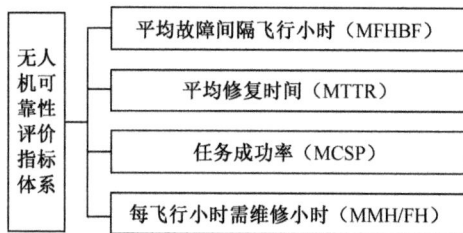

图 9-2　无人机可靠性评价指标体系

将无人机的可靠性水平分为优、良、中、差四个等级。依据某部两型无人机在实际使用中收集的数据，如表 9-4 所示，说明基于可拓学的综合评价方法对无人机可靠性评价的应用。

表 9-4　某部两型无人机可靠性数据

评价指标	无人机 1	无人机 2
平均故障间隔飞行小时（MFHBF）	4.13	4.52
平均修复时间（MTTR）	1.91	1.45
任务成功率（MCSP）	0.985	0.951
每飞行小时需维修小时（MMH/FH）	4.3	5.9

2. 确定物元模型的经典域

$$
\boldsymbol{R}_{优} = \begin{bmatrix} N_{优} & c_1 & <4.5,5> \\ & c_2 & <1.5,1> \\ & c_3 & <0.975,1> \\ & c_4 & <5,4> \end{bmatrix} \quad
\boldsymbol{R}_{良} = \begin{bmatrix} N_{良} & c_1 & <4,4.5> \\ & c_2 & <2,1.5> \\ & c_3 & <0.95,0.975> \\ & c_4 & <6,5> \end{bmatrix}
$$

$$
\boldsymbol{R}_{中} = \begin{bmatrix} N_{中} & c_1 & <3.5,4> \\ & c_2 & <2,2.5> \\ & c_3 & <0.925,0.95> \\ & c_4 & <6,7> \end{bmatrix} \quad
\boldsymbol{R}_{差} = \begin{bmatrix} N_{差} & c_1 & <3,3.5> \\ & c_2 & <2.5,3> \\ & c_3 & <0.90,0.925> \\ & c_4 & <7,8> \end{bmatrix}
$$

3. 确定物元模型的节域

$$
\boldsymbol{R}_p = \begin{bmatrix} N_p & c_1 & <3,5> \\ & c_2 & <1,3> \\ & c_3 & <0.9,1> \\ & c_4 & <4,8> \end{bmatrix}
$$

4. 确定待评物元矩阵

$$
\boldsymbol{R}_{无人机1} = \begin{bmatrix} P_{无人机1} & c_1 & 4.13 \\ & c_2 & 1.91 \\ & c_3 & 0.985 \\ & c_4 & 4.3 \end{bmatrix}
$$

$$
\boldsymbol{R}_{无人机2} = \begin{bmatrix} P_{无人机2} & c_1 & 4.52 \\ & c_2 & 1.45 \\ & c_3 & 0.951 \\ & c_4 & 5.9 \end{bmatrix}
$$

5. 确定各评价指标权重

根据确定的无人机可靠性评估的 4 个评价指标，采用 1～9 度量法构造评价指标之间的评判矩阵 D：

$$D = \begin{bmatrix} 1 & 2 & 1/3 & 2 \\ 1/2 & 1 & 1/5 & 1 \\ 3 & 5 & 1 & 5 \\ 1/2 & 1 & 1/5 & 1 \end{bmatrix}$$

求得上述判断矩阵的特征向量 $W = \begin{bmatrix} 0.3324 & 0.1738 & 0.9105 & 0.1738 \end{bmatrix}$ 和最大特征根 $\lambda_{max} = 4.0042$。进行一致性检验，求得 CI=0.0014，由表 9-4 可得 RI=0.9，则 CR=CI/RI=0.0016 < 0.10，可以判断矩阵 D 具有满意的一致性。将特征向量 W 归一化即得各评价元素的权重 $\omega = \begin{bmatrix} 0.21 & 0.11 & 0.57 & 0.11 \end{bmatrix}$。

6. 确定待评无人机的关联度

根据式（9-11），利用 MATLAB 软件进行仿真计算，可得：

$$K_{无人机1} = \begin{bmatrix} -0.74 & 0.18 & -0.26 & -1.26 \\ -0.82 & 0.11 & -0.18 & -1.18 \\ 2.00 & -0.40 & -1.40 & -2.40 \\ 0.33 & -0.20 & -1.20 & -2.20 \end{bmatrix}$$

$$K_{无人机2} = \begin{bmatrix} 0.02 & -0.02 & -1.02 & -2.02 \\ 0.02 & -0.02 & -1.02 & -2.02 \\ -0.96 & 0.02 & -0.04 & -1.04 \\ -0.90 & 0.06 & -0.10 & -1.10 \end{bmatrix}$$

根据式（9-13），计算综合关联度，可得：

$$K'_{无人机1} = \begin{bmatrix} 0.93 & -0.20 & -1.00 & -2.00 \end{bmatrix}$$

$$K'_{无人机2} = \begin{bmatrix} -0.64 & 0.01 & -0.36 & -1.36 \end{bmatrix}$$

由最大隶属度原则可知，无人机 1 的可靠性等级为优，无人机 2 的可靠性等级为良。

思考题

1. 何谓可拓学？简述基于可拓学的综合评价方法的基本原理。

2. 简述物元、事元、关系元的定义。

3. 简述关联度的定义，并写出关联度的计算方法。

4. 简述基于可拓学的综合评价方法的步骤。

5. 结合实例说明基于可拓学的综合评价方法的应用。

第 10 章　基于集对分析的综合评价法

本章知识要点

集对分析理论是一种处理模糊和不确定知识的数学工具，能有效地分析和处理不精确、不一致、不完整等各种不确定信息。本章在介绍集对分析基本概念和方法的基础上，给出了集对、联系度、联系数的定义，分析了基于集对分析的综合评价法的步骤，并采用基于集对分析的综合评价法，以导弹保障性评价和反舰导弹武器作战效能评价为实例进行综合评价应用。

重点把握内容

(1) 集对分析的概念；

(2) 集对、联系度、联系数的概念；

(3) 基于集对分析的综合评价法的步骤；

(4) 基于集对分析的综合评价法的应用。

10.1　概述

集对分析（Set Pair Analysis，SPA）理论是一种新型的处理模糊和不确定知识的数学工具，能有效地分析和处理不精确、不一致、不完整等各种不确定信息，由此实现系统的评价与决策；集对分析从辩证的角度，即从整体和局部上来剖析研究对象间内在的关系，并从中发现隐含的知识，揭示潜在的规律。集对分析概念清晰，原理简单，计算简洁。大量的应用研究表明，集对分析是一种比较容易让人接受又能解决很多实际问题的科学方法。

集对分析由中国学者赵克勤在 1989 年首次提出。2000 年，赵克勤出版了专著，系统、全面地阐述了该理论的基本概念、原理、方法及应用，该书与 2001 年出版的集对论应用专集较好地总结了这一时期关于集对论的研究及应用成果，促进了它的进一步发展，现已成为学习和应用集对论的重要文献。

10.2　基本概念

集对分析的核心思想是对不确定性系统的两个有关联的集合构建集对，再对集对的特性做同一性、差异性、对立性分析，然后建立集对的同、异、反联系度。可见，集对分析的基础是集对的构建，关键是联系度的计算。

10.2.1　集对

根据系统成对原理，赵克勤在构建集对分析时提出了"集对"初始概念。集对是由具有一定联系的两个集合组成的基本单位，集对是指在不确定性系统中有一定联系的两个集合组成的一个对子，在集对分析中集对一般表示为 $H(A, B)$，表达了 A 和 B 构成的一个对子。集对分析中的集对概念拓展了成对原理中"成对"概念，它包含了在某特定属性方面有联系的任意两个集合。

集合是指具有某种共同属性的全部或部分对象。数学上的集合一般指 m 维欧氏空间中的子集，用大写字母来表示，如 A、B、C、X、Y 等。集合常用坐标形式描述，如 $A = (a_1, a_2, \cdots, a_n)$，$Y = (y_1, y_2, \cdots, y_n)$。集合中的任意一个体，称为集合中的元素，$a_i$（$i = 1, 2, \cdots, n$；$n$ 为集合中元素的个数）是集合 A 的元素，集合中的元素 a_i 可以是具体的数值，也可以是某种特定的符号。

10.2.2　联系度

根据集对分析的核心思想可知，集对分析用"同一"和"对立"来描述集对中两集合的确定性联系，用"差异"来描述不确定性联系，简称"同、异、反"联系，即表示两集合的"确定和不确定联系"，可通过数学图形表示。

集对分析的核心是建立集对的联系度函数表达式。设有联系的集合 A 和 B。A 有 n 项表征其特性，即 $A = (x_1, x_2, \cdots, x_n)$，$B$ 也有 n 项表征其特性，即

$B = (y_1, y_2, \cdots, y_n)$。$X$ 和 Y 构成集对 $H(A,B)$。描述 $H(A,B)$ 间关系的联系度定义为：

$$\mu = \frac{S}{N} + \frac{F}{N}i + \frac{P}{N}j \tag{10-1}$$

式中，N 为所讨论集对具有的特性总数，S 为集对中两个集合共同具有的特性个数，P 为集对中两个集合相互对立的特性个数，$F=N-S-P$ 是集对中两个集合既不共同具有、又不互相对立的特性个数，S/N、F/N、P/N 分别称为所讨论集对在指定问题背景下的同一度、差异度、对立（相反）度；i 为差异度的系数，在 $[-1,1]$ 视不同情况取值；j 为对立度的系数，规定取值为 -1，即 $j \equiv -1$。在不计算 i、j 的值时，i、j 分别做差异度与对立度的标记使用。

为了简便，可令 $a=S/N$，$b=F/N$，$c=P/N$，于是式（10-1）可写成：

$$\mu = a + bi + cj \tag{10-2}$$

式中，a、b、c 满足归一化条件，$a+b+c=1$。

有时，又可把式（10-2）简写成：

$$\mu' = a + bi \tag{10-3}$$

或：

$$\mu' = a + cj \tag{10-4}$$

或：

$$\mu' = bi + cj \tag{10-5}$$

上述式（10-2）~式（10-5）可根据不同情况加以选用。

不难看出，联系度 $\mu = a + bi + cj$ 是对研究对象所处的状态空间进行"一分为三"的一种刻画。这种刻画对于不少问题的研究已有足够的精度。但也存在一些问题，因为将状态空间简单地"一分为三"，显得过于粗糙。为此，可将联系度 $\mu = a + bi + cj$ 根据不同的情况做不同层次的展开。例如，把 b 做更深层次的细分，则可将式（10-2）展开为：

$$\mu = a + b_1 i_1 + b_2 i_2 + \cdots + b_n i_n + cj \tag{10-6}$$

当 $n=2$ 时，式（10-2）变为：

$$\mu = a + b_1 i_1 + b_2 i_2 + cj \tag{10-7}$$

为方便起见，可把式（10-7）改写为：

$$\mu = a + bi + cj + dk \tag{10-8}$$

并规定 $a \in [0,1]$，$b \in [0,1]$，$c \in [0,1]$，$d \in [0,1]$，且 $a+b+c+d=1$；$i \in [0,1]$，$j \in [-1,0]$，$k=-1$。同样，在不计算 i、j、k 的值时，i、j、k 仅做标记使用，并称

a 为同一度、b 为正差异度、c 为负差异度、d 为对立（相反）度，称以上规定的式（10-8）为四元联系度。类似地，可以得到 n 元（n=5、6）联系度的概念。

联系度源自对决策的研究。由式（10-1）的联系度可以方便地刻画决策中的评价和表决结果。例如，一个方案，让 10 个人去表决，其中 6 人赞同，3 人反对，1 人弃权，则可用：

$$\mu = \frac{6}{10} + \frac{1}{10}i + \frac{3}{10}j = 0.6 + 0.1i + 0.3j$$

表示表决结果，并据此做出决策。

10.2.3　联系数

我们称形如 $a+bi+cj$、$a+bi$、$a+cj$、$bi+cj$ 的数为联系数，其中 a、b、c 是任意正数，$j=-1$，$i \in [-1,1]$ 且不确定取值。

引进联系数最初是为了应用上的方便，但其理论意义则在于拓宽了数的概念。联系数的意义在于它把可确定数与所在范围、数与值联系起来，同时，它把宏观层次上的确定量和微观层次上的不确定量联系起来。

10.3　基于集对分析的综合评价法的步骤

1. 确定评价指标与评价等级

设有 m 个评价对象 $x_1, x_2, \cdots, x_m$ 构成空间 $X = \{x_1, x_2, \cdots, x_m\}$，表征评价对象属性的各评价指标构成评价指标集 $I = \{I_1, I_2, \cdots, I_m\}$，评价标准等级集为 $V = \{v_1, v_2, \cdots, v_n\}$，其中 $v_1, v_2, \cdots, v_n$ 构成属性的一个有序分割集，且 $v_1 < v_2 < \cdots < v_n$，每个评价指标的评价标准都是已知的，可以写成评价矩阵为：

$$\begin{array}{c} \\ I_1 \\ \vdots \\ I_p \\ \vdots \\ I_n \end{array} \begin{array}{c} v_1 \quad\ v_2 \quad \cdots \quad v_n \\ \begin{bmatrix} a_{11} & a_{12} & \cdots & a_{1n} \\ \vdots & \vdots & \vdots & \vdots \\ a_{p1} & a_{p2} & \cdots & a_{pn} \\ \vdots & \vdots & \vdots & \vdots \\ a_{m1} & a_{m2} & \cdots & a_{mn} \end{bmatrix} \end{array} \qquad (10\text{-}9)$$

在评价矩阵中，要满足：$a_{p1} < a_{p2} < \cdots < a_{pn}$ 或者 $a_{p1} > a_{p2} > \cdots > a_{pn}$。

根据评价对象 x_q 的各评价指标实测值判断评价对象属于哪一个评价类，判断 x_q 的各评价指标 I_p 属于哪一个评价类。

2. 各评价指标综合评价 *n* 元联系数的确定

定义评价对象 x_q 评价指标 I_p 的综合评价 *n* 元联系数为：

$$\mu_p = r_{p1} + r_{p2}i_1 + r_{p3}i_2 + \cdots + r_{p(n-1)}i_{n-2} + r_{pn}j \tag{10-10}$$

式中：$r_{pl} \in [0,1]$（$1 \leqslant p \leqslant m$，$1 \leqslant l \leqslant n$）是评价指标 I_p 相对等级 V_l 的联系度分量。

设评价指标 I_p 的测量值为 t_p，则：

（1）当 $t_p \leqslant a_{p1}$ 时

$$\mu_p = 1 + 0i_1 + 0i_2 + \cdots + 0i_{n-2} + 0j \tag{10-11}$$

（2）当 $a_{p1} \leqslant t_p < a_{p2}$ 时

$$\mu_p = \frac{t_p - a_{p2}}{a_{p1} - a_{p2}} + \frac{t_p - a_{p1}}{a_{p1} - a_{p2}}i_1 + 0i_2 + \cdots + 0i_{n-2} + 0j \tag{10-12}$$

（3）当 $a_{ps} \leqslant t_p < a_{p(s+1)}$（$s = 2, 3, \cdots, n-2$）时

$$\mu_p = 0 + \cdots + \frac{t_p - a_{p(s+1)}}{a_{ps} - a_{p(s+1)}}i_{s-1} + \frac{t_p - a_{ps}}{a_{ps} - a_{p(s+1)}}i_s + \cdots + 0i_{n-2} + 0j \tag{10-13}$$

（4）当 $a_{p(n-1)} \leqslant t_p < a_{pn}$ 时

$$\mu_p = 0 + \cdots + 0i_{n-3} + \frac{t_p - a_{pn}}{a_{p(n-1)} - a_{pn}}i_{n-2} + \frac{t_p - a_{p(n-1)}}{a_{p(n-1)} - a_{pn}}j \tag{10-14}$$

（5）当 $a_{pn} < t_p$ 时

$$\mu_p = 0 + 0i_1 + 0i_2 + \cdots + 0i_{n-2} + 1j \tag{10-15}$$

上述五种情况中 r_{pl} 满足 $\sum_{i=1}^{n} r_{pl} = 1$。

3. 确定总评价指标的综合评价 *n* 元联系数

总评价指标的综合评价 *n* 元联系数为：

$$\mu = r_1 + r_2i_1 + r_3i_2 + \cdots + r_{n-1}i_{n-2} + r_nj \tag{10-16}$$

其中：$r_l = \sum_{p=1}^{m} \omega_p r_{pl}$（$1 \leqslant p \leqslant m$，$1 \leqslant l \leqslant n$），$\omega_p$ 是评价指标 I_p 在评价指标体系中的权重。

4. 综合评价

根据评价对象的综合评价 n 元联系数，可得评价对象属于各个等级的程度。由于评价等级有序，故可以采取置信度识别准则，对评价结果进行识别。令：

$$k_0 = \min\{u_i\}(\sum_{i=1}^{k} u_i \geqslant \lambda, 1 \leqslant k \leqslant n) \qquad （10-17）$$

通常取 $\lambda=0.8$，可以得到评价对象的评价等级为 k_0。

10.4　基于集对分析的综合评价法应用

10.4.1　导弹保障性评价

在高科技实战背景下，导弹是打击敌方重要目标、杀伤对方有生力量的有效手段，导弹作为一种精密制导武器，需要良好的保障条件才能保持其良好的战备状态。因此，具有良好保障性的导弹武器可以极大地促进战斗力的提升，为现代战争的制胜提供有力支撑，对导弹保障性进行评价可为制定作战方案和优化保障流程提供参考依据。

1. 保障性评价指标体系的建立

（1）评价指标体系建立的原则

保障性是系统的设计特性和计划的保障资源能满足平时和战时使用要求的能力。装备保障性评价是对装备系统在其寿命周期内，为经济而有效地保障所考虑的必需的各种保障组合，是否满足规定的定量和定性的保障性评价指标要求的评价。装备保障包含多种因素，是一项复杂系统工程，因此在进行装备保障性评价时，应当对这些因素的影响进行综合考虑，但并不是所有的因素都能成为评价保障性的评价指标，有些因素对评价结果影响很小，可以剔除，另外有些因素之间也存在相互联系，需要对这些因素归纳整理。

（2）评价指标的筛选与设计

保障性评价指标可以用于定性和定量地描述导弹的保障性，是衡量导弹系统保障性的度量，保障性一方面取决于导弹本身设计水平，另一方面和导弹保障系统有关，在分析导弹使用与保障要求、现有装备保障状况和人员、保障设施的基础上，参考 GJB 451A—2005《可靠性维修性保障性术语》的定义，最后综合归纳得出。

查阅相关文献，导弹保障性评价指标通常可分为保障性综合评价指标、保障性设计评价指标和保障资源评价指标。因此可将影响某型导弹保障性的三种评价指标作为一级评价指标，再对三种评价指标展开分析。

① 保障性综合评价指标是直接反映或度量武器系统战备完好、寿命周期费用的综合性评价指标，根据导弹保障的核心任务，确定导弹的系统保障性评价指标有使用可用度、寿命周期费用和导弹技术准备时间。

② 保障性设计评价指标是指在设计过程中决定的与导弹系统保障性有关的评价指标，通过对某型导弹保障流程涉及的要素进行分析，并参考文献资料，确定导弹可靠性、导弹可维修性和导弹测试性作为导弹系统保障性设计评价指标。

③ 保障性资源评价指标从保障资源方面来影响保障性水平,包括多个保障资源的综合影响和单一保障资源要素的影响。通过部队实地调研，参考近几年实弹演习、保障能力比武评定规则，认为保障该型导弹所具备的专业技术人员素质、技术资料齐全程度和保障设施满足程度决定了外部环境对保障性的影响，可确定为导弹系统保障性资源评价指标。

按照上面所述的原则，在剔除对导弹装备保障性影响不是很大的评价指标后，将每类评价指标下的具体值标定为二级评价指标，最终建立的某型导弹保障性评价指标体系及各评价指标所占权重，如图 10-1 所示。

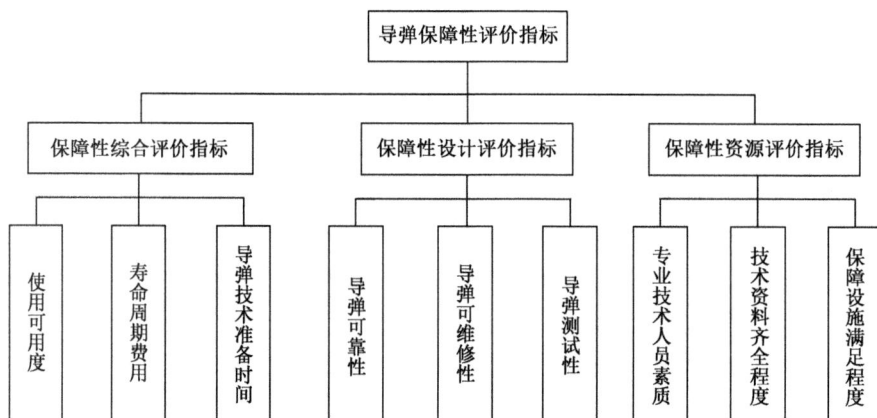

图 10-1 某型导弹保障性评价指标体系及各评价指标所占权重

2. 各评价指标权重的确定

采用层次分析法确定评价指标权重。层次分析法是根据问题的性质和要达到的目标分解出问题的组成因素，根据对应因素间的大小对比关系确定隶属度，将各因素以层次的形式展现，建立一个层次结构模型，然后按层分析，最终获得最低层因素对于最高层总目标的权重。

（1）判断矩阵构造

在评价指标层次结构建立的基础上，专家根据历史统计资料、自身的知识经验等对同层次的评价指标相对重要程度进行两两比较评判，从而确定某一层评价指标相对重要程度，其中指标间的两两比较重要程度可以根据 1～9 度量法确定。

结合专家评判，确定某层次 n 个评价指标的两两比较判断矩阵为：

$$C = (C_{ij})_{n \times n} \tag{10-18}$$

C_{ij} 表示因素 i 相对于因素 j 的重要程度，且满足下列条件：

$$C_{ij} > 0 , \quad C_{ij} = 1/C_{ji} , \quad C_{ii} = 1 \tag{10-19}$$

（2）评价指标权重的确定

根据以上原则经过专家评判，可以得到判断矩阵，求出判断矩阵每一行元素的乘积，再进行归一化和标准化处理，即可求得评价指标的评价指标权重。计算方法可采用下列公式：

$$\overline{W_i} = \sqrt[n]{\prod_{j=1}^{n} a_{ij}} \tag{10-20}$$

$$W_i = \frac{\overline{W_i}}{\sum_{j=1}^{n} \overline{W_i}} \tag{10-21}$$

式中：i 为矩阵阶数；W_i 为单层次结构下的评价指标权重，则评价指标权重向量表示为：

$$W = (\omega_1, \omega_2, \omega_3, \cdots, \omega_n) \tag{10-22}$$

判断矩阵建立后需对建立的矩阵进行一致性检验，目的是减少主观因素影响判断矩阵的特征值。只有判断矩阵满足一致性要求，才能确定求取的权重有效。最终求得的各层次评价指标权重为：

W=(0.5, 0.35, 0.15)，W_1=(0.55, 0.3, 0.15)，

W_2=(0.42, 0.38, 0.2)，W_3=(0.39, 0.25, 0.36)

3. 确定评价等级

参考同类型装备的评价标准，对各评价指标进行等级划分，划定为五个等级，依次为优、良、中、及格、差。

4. 联系数的确定

邀请由五名专家组成的专家组，参考同类型装备的评价标准，对某型导弹保障性评价指标及等级打分见表 10-1～表 10-3。

表 10-1　保障性综合评价指标数据

一级评价指标	二级评价指标	各等级界值					实测值
		优	良	中	及格	差	
保障性综合评价指标	使用可用度	90	85	80	75	70	88.2
	寿命周期费用	10	20	30	40	50	25
	导弹技术准备时间	10	20	30	40	50	40

表 10-2　保障性设计评价指标数据

一级评价指标	二级评价指标	各等级界值					实测值
		优	良	中	及格	差	
保障性设计评价指标	导弹可靠性	90	85	80	75	70	87.6
	导弹可维修性	95	85	75	65	55	80
	导弹测试性	90	85	80	75	70	80

表 10-3　保障性资源评价指标数据

一级评价指标	二级评价指标	各等级界值					实测值
		优	良	中	及格	差	
保障性资源评价指标	专业技术人员素质	95	90	85	80	75	80
	技术资料齐全程度	98	96	94	92	90	95.2
	保障设施满足程度	98	96	94	92	90	92.7

综合考虑各评价指标权重，按式（10-10）～式（10-16）计算并对系数进行归一化处理，得出第一个保障性综合评价指标的联系数为：

$$\mu_1 = 0.352 + 0.348i_1 + 0.15i_3 + 0.15j$$

同理得出第二个保障性设计评价指标的联系数为：

$$\mu_2 = 0.27 + 0.36i_1 + 0.19i_2 + 0.18j \qquad （10\text{-}23）$$

同理得出第三个保障性资源评价指标的联系数为：

$$\mu_3 = 0.15i_1 + 0.126i_2 + 0.39i_3 + 0.334j \qquad (10\text{-}24)$$

将三类评价指标即本次评估目标的一级评价指标联系数分别乘以一级评价指标的评价指标权重，然后进行归一化处理，计算可以得到该型导弹保障性评价结果：

$$\mu = 0.2705 + 0.3225i_1 + 0.0854i_2 + 0.1335i_3 + 0.1881j \qquad (10\text{-}25)$$

根据保障性属于五个等级的联系度，利用置信度识别准则，取 $\lambda=0.8$，由式（10-17）知，$k_0 = \min\{u_i\}$，可以得到 i_2 的系数 0.085 为最小，所以对应的该型导弹保障性综合评价结果为"中"。

10.4.1　反舰导弹武器作战效能评价

1. 建立系统的评价指标体系

半个世纪以来，世界反舰导弹技术得到了很大发展，反舰导弹作为现代海战的主力兵器已引起世界各国的普遍关注，各国争相研制发展性能越来越先进的反舰导弹，根据分析众多文献资料，得出对反舰导弹武器系统性能影响最大的十个评价指标：$f = (f_1, f_2, \cdots, f_{10})$，它们分别表示导弹的十个性能评价指标，采用专家打分法确定权重，由八位专家打分选择认为对导弹影响最大的 6～8 个评价指标因素，归一化得到权重向量：

$$\omega_{10\times1} = [0.09\ 0.14\ 0.11\ 0.12\ 0.11\ 0.05\ 0.12\ 0.09\ 0.11\ 0.07]^{\mathrm{T}} \qquad (10\text{-}26)$$

选择具有典型意义的 7 种反舰导弹：捕鲸叉（美）、宝石（俄）、日炙（俄）、花岗岩（俄）、飞鱼（法）、奥托马特（法意）和雄风Ⅱ（台湾）作为评估样本，各型导弹的评价指标如表 10-4 所示。

表 10-4　各型导弹的评价指标

评价指标	捕鲸叉	宝石	日炙	花岗岩	飞鱼	奥托马特	雄风Ⅱ
系统反应时间/s	100	80	100	100	120	100	200
单发命中概率 P	0.95	0.95	0.95	0.95	0.95	0.95	0.8
发射扇面角/（°）	90	90	90	垂直发射	90	90	60
最大有效射程/km	227	250	120	500	70	180	130
战斗部质量/kg	230	200	320	750	165	210	225

评价指标	捕鲸叉	宝石	日炙	花岗岩	飞鱼	奥托马特	雄风Ⅱ
巡航高度/m	61	15	20	20	15	20	50
巡航速度/Ma	0.75	2.5	2.3	2.5	0.93	0.9	0.85
末制导方式	主动雷达	主动雷达+红外	主动雷达+红外	主动雷达+红外	主动雷达	主动雷达	主动雷达+红外
末段机动方式	跃升	蛇形+跃升	蛇形+跃升	降高	降高	跃升	跃升
雷达截面积/m²	0.1	0.3	0.5	0.7	0.2	0.3	0.1

其中：

$$r_{3j} = \begin{cases} 1 & \text{垂直发射} \\ \left[\dfrac{\varphi-30}{90-30}\right](1-0.7)+0.5 & \text{扇面发射} \\ 0.3 & \text{非扇面发射} \end{cases}$$

式中，φ 为发射扇面角。

$$r_{8j} = \begin{cases} 0.9 & \text{主动雷达+红外} \\ 0.7 & \text{主动雷达} \end{cases}$$

$$r_{9j} = \begin{cases} 0.9 & \text{蛇形机动+跃升俯冲} \\ 0.6 & \text{跃升俯冲} \\ 0.45 & \text{降高} \end{cases}$$

对于一个像反舰导弹这样的具有复杂外形的物体，雷达截面积 σ 是无法用计算的方法求出的，只有通过大量的测试，通过求统计平均值来确定 σ 值。因此，这里对于目标舰艇的舰载雷达的性能和导弹的材料性能不予考虑，而只考虑反舰导弹的外形参数，并且因雷达与导弹基本处在同一平面上，可近似认为雷达波从平行于导弹纵轴的方向射入，从而可以根据导弹弹体数据参数进行计算，计算公式如下：

$$r_{10j} = \pi r^2 + (d_1 + d_2)h$$

式中，r 为弹体最大半径，d_1 为翼展，d_2 为尾翼展，h 为翼面厚度。

各型导弹的评价指标评价矩阵 $R_{10\times7}$ 可以写为：

$$R_{10\times 7}=\begin{bmatrix} 100 & 80 & 100 & 100 & 120 & 100 & 200 \\ 0.95 & 0.95 & 0.95 & 0.95 & 0.95 & 0.9 & 0.8 \\ 0.8 & 0.8 & 0.8 & 1.0 & 0.8 & 0.8 & 0.65 \\ 227 & 250 & 120 & 500 & 70 & 180 & 130 \\ 230 & 200 & 320 & 750 & 165 & 210 & 225 \\ 61 & 15 & 20 & 20 & 15 & 20 & 50 \\ 0.75 & 2.5 & 2.3 & 2.5 & 0.93 & 0.9 & 0.85 \\ 0.7 & 0.9 & 0.9 & 0.9 & 0.7 & 0.7 & 0.9 \\ 0.6 & 0.9 & 0.9 & 0.45 & 0.45 & 0.6 & 0.6 \\ 0.1 & 0.3 & 0.5 & 0.7 & 0.2 & 0.3 & 0.1 \end{bmatrix}$$

2. 构造理想评价指标向量

理想导弹武器的评价指标值由各个评价指标下的所有导弹的最优值确定，对于效益型评价指标 f_2、f_3、f_4、f_5、f_7、f_8 和 f_9 取最大值；对于成本型评价指标 f_1、f_6 和 f_{10} 取最小值，得到理想导弹武器评价指标向量：

$$r^*=[80\ \ 0.95\ \ 1.0\ \ 500\ \ 750\ \ 15\ \ 2.5\ \ 0.9\ \ 0.9\ \ 0.1]^T$$

3. 形成联系矩阵

由于有 $a+b+c=1$，因此在计算同一度 $a=S/N$ 时，总是以较小的数除以较大的数，即：

$$A_{10\times 7}=a_{ij}=\begin{cases} \dfrac{r_{ij}}{r_i^*} & r_i^* \geqslant r_{ij} \\[2mm] \dfrac{r_i^*}{r_{ij}} & r_i^* \leqslant r_{ij} \end{cases} \qquad （10\text{-}27）$$

式中，r_{ij} 为第 j 枚导弹的第 i 个评价指标值，r_i^* 为理想评价指标向量 r^* 的第 i 个评价指标值。显然，在导弹效能评价排序的问题中，只需要讨论其他导弹武器与构造的理想系统各评价指标的接近程度，即只讨论联系度，不讨论差异度和对立度。形成联系矩阵 A 就是计算被评价导弹武器系统 $r_j (j=1,2,\cdots,7)$ 与理想导弹武器系统评价指标向量 r_i^* 对应评价指标的同一度，于是可得联系矩阵 $A_{10\times 7}$：

$$A_{10\times7} = \begin{bmatrix} 0.8 & 1 & 0.8 & 0.8 & 0.67 & 0.8 & 0.67 \\ 1 & 1 & 1 & 1 & 1 & 0.95 & 0.84 \\ 0.8 & 0.8 & 0.8 & 1.0 & 0.8 & 0.8 & 0.65 \\ 0.45 & 0.5 & 0.24 & 1 & 0.14 & 0.36 & 0.26 \\ 0.31 & 0.27 & 0.43 & 1 & 0.22 & 0.28 & 0.3 \\ 0.25 & 1 & 0.75 & 0.75 & 1 & 0.75 & 0.3 \\ 0.3 & 1 & 0.92 & 1 & 0.37 & 0.36 & 0.34 \\ 0.78 & 1 & 1 & 1 & 0.78 & 0.78 & 1 \\ 0.67 & 1 & 1 & 0.5 & 0.5 & 0.67 & 0.67 \\ 0.1 & 0.33 & 0.2 & 0.14 & 0.5 & 0.33 & 1 \end{bmatrix}$$

4. 评价指标合成

采用对各项评价指标值与其相对应的权重系数进行线性叠加的方法，计算出各枚导弹的综合评价指标值，计算公式为 $Y=\omega^T\times A$。计算得到：

$Y = \{y_1 \quad y_2 \quad y_3 \quad y_4 \quad y_5 \quad y_6 \quad y_7\} = \{0.641 \ 0.794 \ 0.729 \ 0.856 \ 0.578 \ 0.607 \ 0.595\}$

式中，$y_j(j=1,2,\cdots,7)$ 为第 j 枚导弹的综合评价指标值。

5. 结果分析

根据综合评价指标值计算的结果列出综合评价排序表，见表 10-5。

表 10-5　综合评价排序表

序号	1	2	3	4	5	6	7
导弹	花岗岩	宝石	日炙	捕鲸叉	奥托马特	雄风II	飞鱼
国别	俄	俄	俄	美	法意	中国台湾	法
综合评价指标值	0.856	0.794	0.729	0.641	0.607	0.595	0.578

从表 10-5 中可以看出，总体上俄罗斯的反舰导弹武器在世界各国当中处于领先地位，通过增大导弹的几何尺寸和发射重量来获得导弹的超声速远程飞行，这种俄罗斯传统的反舰导弹设计方法在上述三种导弹身上得到了明显的体现。捕鲸叉是美国在 20 世纪 70 年代初研制的一种全天候高亚声速反舰导弹，具有体积小、抗干扰能力强等优点，但其巡航速度较慢影响了其排名。奥托马特是意大利和法国联合研制的中程反舰导弹，并经过数次改进，其射程达 180km，且具有速度快、命中概率高等优点。雄风Ⅱ是中国台湾在雄风Ⅰ的基础上发展

的一种中程多用途亚声速反舰导弹，具有一定的突防能力和抗干扰能力，但其系统反应较慢，巡航速度较低，飞行高度较高，射程较近，其综合作战效能排名靠后也是理所当然。飞鱼是法国在 20 世纪 70 年代中期研制的第二代亚声速反舰导弹的佼佼者，强调了体积小、弹道低、精度高等特点，在反舰导弹的竞争中后来居上并大受欢迎，是目前全球装备较多的反舰导弹。特别值得一提的是，虽然排名最后，但飞鱼导弹在数次实战中均表现出了优秀的战术性能，这是值得我们以后深入研究的。

思考题

1. 何谓集对分析？简述基于集对分析的综合评价法的基本原理。
2. 简述集对、联系度、联系数的定义。
3. 简述关联度的定义，并写出关联度的计算方法。
4. 结合实例说明基于集对分析的综合评价法的应用。

参考文献

[1] 周华任，张晟，穆松. 综合评估方法及其军事应用[M]. 北京: 清华大学出版社，2015.

[2] 杜栋，庞庆华，吴炎. 现代综合评价方法与案例精选（第2版）[M]. 北京: 清华大学出版社，2008.

[3] 马亚龙，邵秋峰，孙明等. 评估理论和方法及其军事应用[M]. 北京: 国防工业出版社，2013.

[4] 徐吉辉，谢文俊. 综合评价理论、方法与军事应用[M]. 北京: 国防工业出版社，2014.10.

[5] 郭亚军. 综合评价理论、方法及拓展[M]. 北京: 科学出版社，2012.

[6] 王新华，李堂军，丁黎黎. 复杂大系统评价理论与技术[M]. 济南: 山东大学出版社，2010.

[7] 王硕，张礼兵，金菊良. 系统预测与综合评价方法[M]. 合肥: 合肥工业大学出版社，2006.

[8] 张涛，郭波，雷洪涛等. 面向任务的维修保障能力评价方法[M]. 北京: 国防工业出版社，2013.

[9] 陈正伟. 综合评价技术及应用[M]. 成都: 西南财经大学出版社，2013.

[10] 蔡文军，李晓松. 海军舰船装备保障能力评估理论与方法[M]. 北京: 国防工业出版社，2013.

[11] 朱石坚，辜健，楼京俊等. 舰船装备综合保障工程[M]. 北京: 国防工业出版社，2010.

[12] 李智舜，吴明曦，薛亚等. 军事装备保障学[M]. 北京: 军事科学出版社，2009.

[13] 赵焕臣，许树柏，和今生. 层次分析法: 一种简易的新决策方法[M]. 北京: 科学出版社，2009.

[14] 成刚. 数据包络分析方法与MaxDEA软件[M]. 北京: 知识产权出版社，2014.

[15] 秦寿康. 综合评价原理与应用[M]. 北京: 电子工业出版社，2003.

[16] 党建武. 神经网络技术及应用[M]. 北京: 中国铁道出版社, 2000.

[17] 邓聚龙. 灰色系统基本方法[M]. 武汉: 华中理工大学出版社, 1987.

[18] 王莲芬. 网络层次分析法与决策科学[M]. 北京: 国防工业出版社, 2011.

[19] 赵克勤. 集对分析及其初步应用[M]. 杭州: 浙江科学技术出版社, 2000.

[20] 彭张林, 张强, 杨善林. 综合评价理论与方法研究综述[J]. 中国管理科学, 2015, 23(8): 245-253.

[21] 朱石坚, 基于层次分析法的引进装备保障战略决策[J]. 海军工程大学学报, 2015, 27(5): 63-70.

[22] 吴陵生, 刘传旭. 新装备战斗力生成评价指标体系构建与评估[J]. 装备指挥技术学院学报, 2006, 17(6): 6-10.

[23] 史睿冰, 姚兴太, 史圣兵等. 基于层次分析法的通信系统效能评估[J]. 计算机工程与设计, 2013, 34(12): 4131-4136.

[24] 卢紫毅, 范建华. 基于层次分析法的战术通信网络效能评估[J]. 现代电子技术, 2010, 34(1): 57-60.

[25] 张南, 牛腾冉, 徐建华等, 基于模糊综合评价法的某型布雷装备系统效能评估[J]. 兵器装备工程学报, 2017, 38(8): 25-31.

[26] 徐健. 基于模糊综合评价法的武器装备研制进度风险评估[J]. 价值工程, 2014(1): 314-315.

[27] 时和平. 基于模糊综合评判方法的装备维修人员保障能力评估[J]. 现代电子技术, 2008, 1(264): 96-98.

[28] 杨先德, 汪民乐, 朱亚红. 机动导弹系统生存能力的综合评价[J]. 战术导弹技术, 2010(5): 71-74.

[29] 翟楠楠, 刘晓东, 吴诗辉等. 基于 CCA/DEA 的装备维修保障绩效评价. 火力与指挥控制[J]. 2016, 41(12): 2144-2149.

[30] 么树熹. 基于 DEA 方法的武器装备保障效率研究[J]. 战术导弹技术, 2007(4): 33-35.

[31] 王伟. 装备保障系统效能综合评估方法研究[D]. 国防科学技术大学, 2009.5.

[32] 周志华. 机器学习[M]. 北京: 清华大学出版社, 2017.4.

[33] 宋彦学, 张志峰, 霍亮. 基于 BP 神经网络的武器装备研制项目风险评估模型[J]. 兵工自动化, 2007, 26(5): 40-42.

[34] 周伟祝, 宦婧, 孙媛, 王永安. 一种基于神经网络的装备保障方案评估模

型[J]. 计算机仿真，2013, 30(2): 303-307.

[35] 崔凯旋，石全，张文宇，等. 粗糙集理论在装备保障训练效果评估中的应用[J]. 指挥控制与仿真，2012, 34(3): 129-134.

[36] 王道重，韩建立，唐金国等，基于粗糙集的多岛礁要地防空威胁评估[J]. 海军航空工程学院学报，2017, 32(6): 571-575.

[37] 曾孝文，胡虚怀，严权峰. 一种基于粗糙集理论的属性值约简改进算法[J]. 电子技术，2017(1): 1-3.

[38] 崔凯旋，石全，张文宇等. 粗糙集理论在装备保障训练效果评估中的应用[J]. 指挥控制与仿真，2012, 34(3): 129-134.

[39] 丁世飞，齐丙娟，谭红艳. 支持向量机理论与算法研究综述[J]. 电子科技大学学报，2011, 40(1): 2-9.

[40] 李勘. 基于支持向量机的武器装备研制项目风险评价方法[J]. 上海交通大学学报，2008, 42(11): 1851-1854.

[41] 赵建忠，徐廷学，甄伟等. 基于改进支持向量机的导弹备件消耗预测[J]. 现代防御技术，2013, 41(2): 177-182.

[42] 崔正骅，黄健，高明光. 基于支持向量机的武装直升机能力评估仿真[C]. 系统仿真技术及其应，2013, 41(2): 285-289.

[43] 周文明，陈军生，宋吉星等. 基于支持向量机的装备技术准备能力预测算法[J]. 系统工程与电子技术，2013, 35(9): 1903-1907.

[44] 王红军，徐小力. 支持向量机理论在设备状态趋势预测上的应用研究[J]. 兰州理工大学学报，2005, 31(6): 36-39.

[45] 高松，韩建立，滕克难等. 基于可拓学的武器装备体系效能评估[J]. 海军航空工程学院学报，2018, 33(6): 546-552.

[46] 葛峰，韩建立，张光宇. 基于可拓学理论的无人机可靠性评价研究[J]. 舰船电子工程，2019, 33(6): 173-178.

[47] 王增民，吴冲. 可拓学在工程项目管理绩效评价中的应用，科技管理研究，2009(10): 106-108.

[48] 鞠巍，童幼堂，王泽等. 基于集对分析法的反舰导弹武器作战效能评估[J]. 战术导弹技术，2010(6): 13-15.

[49] 陈宝雷，单志伟，陈守华等. 基于集对分析的战时装备保障方案优化模型[J]. 兵工自动化，2009, 28(1): 41-44.

[50] 杜保，赵修平. 基于集对同一度的装备研制方案评价模型[J]. 舰船电子工程，2010, 30(11): 134-136.

[51] 史宪铭，朱敦祥，李震等. 基于集对论的装备维修保障核心能力评估[J]. 指挥控制与仿真，2019, 41(1): 64-67.

[52] 张鑫，韩建立，刘坚等. 基于集对分析和 AHP 的某型导弹保障性评估[J]. 舰船电子工程，2021, 41(2): 123-127.

反侵权盗版声明

电子工业出版社依法对本作品享有专有出版权。任何未经权利人书面许可，复制、销售或通过信息网络传播本作品的行为；歪曲、篡改、剽窃本作品的行为，均违反《中华人民共和国著作权法》，其行为人应承担相应的民事责任和行政责任，构成犯罪的，将被依法追究刑事责任。

为了维护市场秩序，保护权利人的合法权益，我社将依法查处和打击侵权盗版的单位和个人。欢迎社会各界人士积极举报侵权盗版行为，本社将奖励举报有功人员，并保证举报人的信息不被泄露。

举报电话：（010）88254396；（010）88258888

传　　真：（010）88254397

E-mail： dbqq@phei.com.cn

通信地址：北京市万寿路 173 信箱

　　　　　电子工业出版社总编办公室

邮　　编：100036

2011.

[23] 方明亮，刘华．商务谈判与礼仪：[M]．北京：科学出版社，2011.

[24] 方其．商务谈判——理论、技巧、案例[M]．北京：中国人民大学出版社，2011.

[25] 李澍晔，刘燕华．商场谈判三十六计[M]．天津：天津社会科学院出版社，2011.

[26] 潘马琳．商务谈判实务[M]．北京：北京交通大学出版社．2012.

[27] 贾蔚，栾秀云．现代商务谈判理论与实务[M]．北京：中国经济出版社，2006.

[28] 王永峰．世界上最会谈判的人[M]．北京：企业管理出版社，2006.

[29] 井润田，席酉民．国际商务谈判[M]．北京：机械工业出版社，2006.

[30] 毛国涛．商务谈判[M]．北京：北京理工大学出版社，2006.

[31] 潘肖珏，谢承志．商务谈判与沟通技巧（第二版）[M]．上海：复旦大学出版社，2006.

[32] 郭芳芳．商务谈判教程——理论·技巧·实务[M]．上海：上海财经大学出版社，2006.

[33] 杨晶．商务谈判[M]．北京：清华大学出版社，2005.

[24] 杨群祥．商务谈判与推销[M]．大连：东北财经大学出版社，2005.

[35] 方其．商务谈判——理论、技巧、案例[M]．北京：中国人民大学出版社，2004.

[36] [美]杰勒德·尼伦伯格，卡莱罗．谈判的艺术[M]．陈琛．许皓皓，译．北京：新世界出版社，2012.

[37] [美]罗伊·J．列维奇，戴维·M．桑德斯．布鲁斯·巴里．商务谈判[M]．程德俊，译．北京：机械工业出版社，2012.

[38] [美]希比．国际商务合同[M]．倪晓宁，刘楠．译．北京：中国人民大学出版社，2012.

[39] [美]斯图尔特·戴蒙德．沃顿商学院最受欢迎的谈判课[M]．杨晓红，李升炜，王蕾，译．北京：中信出版社，2012.

[40] [英]马什．合同谈判手册[M]．章汝桐，主译．上海：上海翻译出版公司，1988.

[41] [美]罗杰·道森．优势谈判[M]．刘祥亚，译．重庆：重庆出版社，2008.

参 考 文 献

[1] 杨易. 商务谈判艺术[M]. 北京：金盾出版社，2011.

[2] 姚风云，范成存，朱光. 商务谈判与管理沟通[M]. 北京：清华大学出版社，2011.

[3] 张翠英. 商务谈判理论与实训[M]. 北京：首都经济贸易大学出版社，2008.

[4] 张立强. 经典谈判谋略[M]. 北京：地震出版社，2009.

[5] 张佩星. 高手谈判技巧[M]. 北京：机械工业出版社，2011.

[6] 张强. 商务谈判学理论与实务[M]. 北京：中国人民大学出版社，2010.

[7] 赵莉. 商务谈判[M]. 北京：电子工业出版社，2013.

[8] 甘长银. 商务谈判的辩证思维模式及其语用功能[J]. 商务外语研究，2016（02）：22-28.

[9] 马红梅. 现代商务谈判语言研究[D]. 四川师范大学，2008：4-64.

[10] 梦莹. 语言表述与商务谈判的技巧分析[J]. 中国商论，2016（07）：157-159.

[11] 泽慧，肖文科. 商务谈判的语言和非语言技巧[J]. 南昌教育学院学报，2010，25（05）：145-146.

[12] 丁建忠. 商务谈判[M]. 北京：中国人民大学出版社，2006.

[13] 樊建廷. 商务谈判[M]. 哈尔滨：东北财经大学出版社，2007.

[14] 李昆益. 商务谈判技巧[M]. 北京：对外经贸大学出版社，2007.

[15] 贾书章. 现代商务谈判理论与实务[M]. 武汉：武汉理工大学出版社，2007.

[16] 何志勇. 吴显英. 现代商务谈判理论与实务[M]. 哈尔滨：哈尔滨出版社，2007.

[17] 丁溪. 国际商务谈判[M]. 北京：中国商务出版社，2009.

[18] 张国良. 赵素萍. 商务谈判[M]. 杭州：浙江大学出版社，2010.

[19] 王贵奇. 如何与客户谈判[M]. 北京：中国经济出版社，2010.

[20] 张守刚. 商务沟通与谈判[M]. 北京：人民邮电出版社，2010.

[21] 刘园. 国际商务谈判[M]. 北京：中国人民大学出版社，2011.

[22] 朱春燕，陈俊红. 孙林岩. 商务谈判案例[M]. 北京：清华大学出版社，